LES MISÈRES
DE LONDRES

IV

LES TRIBULATIONS DE SHOKING

POISSY. IMP. ARBIEU, LEJAY ET CIE

LES MISÈRES
DE LONDRES

PAR

PONSON DU TERRAIL

IV

LES TRIBULATIONS DE SHOKING

PARIS
E. DENTU, ÉDITEUR
LIBRAIRE DE LA SOCIÉTÉ DES GENS DE LETTRES
PALAIS-ROYAL, 17 ET 19, GALERIE D'ORLÉANS

1868

Tous droits réservés.

LES MISÈRES DE LONDRES

QUATRIÈME PARTIE

UN DRAME DANS LE SOUTHWARK

I

Le lendemain du jour où miss Ellen s'en allait chez le révérend Peters Town; tandis que l'homme gris s'esquivait, au beau milieu de White Hall, et à deux pas de Scotland Yard, le quartier général de la police, une scène toute différente se passait sur la Tamise.

Un homme descendait au long de la gare de Charing cross, dans ce chemin creux formé avec des planches et qui conduit à l'un des embarcadères des bateaux à vapeur, vers neuf heures du soir.

Cet homme n'était autre que Shoking ; mais Shoking fort bien vêtu et que tout le monde eût pris sinon pour un lord, au moins pour un gentleman.

Les bateaux à vapeur marchent assez avant dans la soirée, jusqu'à dix ou onze heures ; il n'y a que ceux qui descendent jusqu'à Greenwich qui cessent leur service dès sept heures en été et dès cinq heures en hiver.

Cependant, comme la nuit était froide, les voyageurs étaient peu nombreux sur le ponton d'embarquement.

Deux femmes et un homme s'y trouvaient seuls lorsque Shoking arriva.

On entendait siffler le penny-boat qui était encore de l'autre côté de Westminster, et dont on apercevait le panache noir à travers le brouillard.

Shoking était chaudement enveloppé dans un waterproof tout neuf.

Néanmoins, il soufflait dans ses doigts et poussait de temps en temps des *brrr!* pleins d'énergie.

Une des deux femmes qui se trouvaient sur le ponton, et qui paraissait assez misérable, disait en même temps à sa compagne :

— Pourvu qu'il y ait de la place tout auprès de la chaudière et que nous puissions nous chauffer un peu !

Shoking n'avait jamais trop aimé la solitude, il était même bavard à ses heures.

Il entendit donc le vœu émis par la femme et, s'approchant d'elle :

— Vous pouvez vous rassurer, ma chère, dit-il, il n'y a jamais grand monde à bord, à cette heure et par ce temps-ci.

— C'est que j'ai bien froid, dit-elle.

Shoking regarda les vêtements qui couvraient cette femme.

Une méchante robe de laine et un lambeau de châle : c'était tout.

Pas de bas aux pieds, une loque de chapeau sur la tête et un pauvre fichu croisé sur le cou et dissimulant sans doute l'absence de linge.

— Allez-vous loin ? demanda Shoking.

— A Rotherithe, au-dessous du pont de Londres. Je serais bien allée à pied, car voici près d'un quart d'heure que j'attends le penny-boat, continua cette femme ; mais je suis tout à fait lasse. J'ai marché tout le jour, aujourd'hui.

— Ah! vraiment? fit Shoking qui ne demandait pas mieux que de causer.

— Je suis allée trois ou quatre fois depuis ce matin du Southwark, qui est mon quartier, à la Cité.

— Quatre bonnes trottes, dit Shoking ; cela fait au moins huit ou neuf milles, en comptant l'aller et le retour.

— A peu près, dit la femme.

Puis elle ajouta avec un soupir :

— Et tout cela pour rien.

Le penny-boat arrivait en ce moment, et il accosta le ponton.

Shoking n'eut donc pas le temps de questionner la femme sur le but de ces quatre voyages accomplis en un jour.

Il sauta du ponton sur le petit bateau à vapeur où il y avait à peine une dizaine de personnes, ce qui permit à la femme qui se plaignait du froid d'aller s'asseoir tout auprès de la chaudière.

Ce que voyant, Shoking s'assit auprès d'elle et recommença la conversation.

— Ah! dit-il, vous êtes allée quatre fois dans la Cité?

— Oui, monsieur et pour rien.

Shoking attendit qu'elle s'expliquât.

Sans doute cette femme ne demandait pas mieux, car elle reprit sur-le-champ :

— Je suis allée à White cross.

— La prison pour dettes?

—Justement. Mon mari y est.

— Pauvre homme! dit Shoking. Est-ce pour beaucoup d'argent?

— Oh! non, monsieur, et une personne charitable, qui m'est venue voir hier, m'a remis la somme nécessaire à le libérer.

— Alors vous l'avez fait sortir?

— Jusqu'à présent je n'ai pas pu, monsieur.

— Comment cela?

— Oh! c'est tout une histoire, et vous allez voir combien les pauvres gens sont quelquefois malheureux et poursuivis par une malchance énorme.

— Je vous écoute, dit Shoking, tandis que le bateau à vapeur descendait rapidement la Tamise.

— Mon mari se nomme Paddy, poursuivit-elle. Il a été en prison à la requête d'un certain Pussex, boulanger, qui a demeuré longtemps dans notre quartier et qui est maintenant à Rotherithe, où il est retiré des affaires. C'est chez lui que je vais en désespoir de cause.

— Mais, dit Shoking, je croyais qu'on n'avait qu'à se présenter à la prison pour dettes, avec l'argent, pour que le prisonnier soit mis en liberté sur-le-champ.

— Je le croyais aussi, dit la femme. C'est hier soir qu'on m'a donné l'argent. Je me suis donc levée de grand matin, et il était à peine jour quand je me suis présentée.

Le portier-consigne, M. Golmish, m'a refermé le guichet sur le nez en me disant :

— Il est trop matin. Venez à midi.

— Je m'en suis retournée, parce que j'ai deux enfants et que j'appréhende toujours de les laisser seuls trop longtemps.

— Et vous êtes revenue à midi ?

— Oui, monsieur. Cette fois on m'a laissée entrer et j'ai pu voir mon mari. Mais quand j'ai voulu payer, on m'a dit que M. Cooman seul, le gouverneur, pouvait recevoir mon argent, et que M. Cooman, qui ne s'absentait jamais, se trouvait, par extraordinaire, ce jour-là, hors de White cross, parce qu'il déjeunait chez le lord-mayor avec les aldermen, dans la grande salle du Guild'hall.

On m'a dit qu'il ne rentrerait qu'à deux heures, et j'ai été encore obligée de m'en aller.

— Pauvre femme! dit Shoking.

— À deux heures je suis revenue.

— Et vous avez trouvé sir Cooman?

— Oui, monsieur; mais quand je lui ai montré mon argent, il m'a dit que ce n'était pas le compte; et la vérité, c'est qu'on a mis un zéro de trop et qu'au lieu de dix guinées, c'est cent.

J'ai eu beau soutenir que Son Honneur se trompait.

Son Honneur était un peu ému des suites du déjeuner et il m'a mise à la porte.

C'était la troisième fois que je m'en retournais sans mon mari.

— Et vous êtes revenue une fois encore?

— Oui, monsieur. Je me souvenais parfaitement de l'homme qui a accosté mon mari; c'est un recors du nom de Calmiche qui loge précisément tout à côté de chez nous, dans Adam's street.

Je suis donc revenue dans le Southwark, et j'ai trouvé Calmiche, à qui j'ai conté la chose.

Il est convenu que j'avais raison, qu'on avait fait erreur sur les livres, et il m'a offert de m'accompagner.

Le recors a eu beau démontrer à Son Honneur, sir Cooman, qu'il était impossible qu'un pauvre diable comme mon mari eût jamais dû cent livres.

Son Honneur a répondu :

— Et bien! que le créancier donne quittance pour dix, et il sortira.

— C'est ce qui fait que vous allez à Rotherithe?

— Oui, monsieur.

Tandis que Shoking causait avec cette femme, laquelle, on le devine, n'était autre que celle chez qui miss Ellen s'était présentée la veille, le penny-boat avait dépassé le pont de Londres et allait bientôt atteindre le ponton de Rotherithe.

L'homme qui s'était embarqué à Charing cross en même temps que Shoking et les deux femmes s'était, jusque-là, tenu à l'avant.

Mais, en ce moment, il s'approcha et regarda attentivement Shoking :

— Hé! par saint George, patron de la libre Angleterre, dit-il tout à coup, je ne me trompe pas, c'est bien lord Wilmot!

A ce nom Shoking tressaillit et fronça légèrement le sourcil.

— Vous me connaissez ?

— Parbleu !

Et John, le rough, car c'était lui, vint se placer sous le rayon de lumière que projetait la lanterne suspendue au-dessus de la machine du bateau.

II

Shoking ne manquait pas absolument de mémoire, mais il était distrait, et puis il connaissait tant de monde qu'il se demanda tout d'abord, en regardant le rough, où il avait vu cet homme qui le saluait du titre de lord.

Cependant Shoking avait lu cet article du *Times* qui racontait le merveilleux sauvetage de John Colden, article dans lequel un rough, qui avait servi de complice à l'homme gris, figurait comme ayant fait des révélations à la police.

Mais Shoking ne pensa point tout d'abord qu'il avait devant lui le personnage que l'homme gris avait employé pour pénétrer dans la maison de Calcraff.

Ce dernier s'aperçut tout de suite que Shoking ne le reconnaissait pas.

— Vraiment, mon ami, dit Shoking, qui prit un ton paternel et protecteur, vous savez qui je suis ?

— Oui, vous vous nommez lord Wilmot.

— C'est bien possible.

— Vous êtes un lord philanthrope.

— J'aime mes semblables, dit modestement Shoking.

— Et, continua le rough, vous tenez le parlement, où vous siégez, au courant des misères du peuple anglais.

— Afin de les soulager, dit Shoking, qui n'était pas fâché de rentrer un peu dans son rôle de lord Wilmot.

En ce moment, le penny-boat aborda le ponton de Rotherithe.

Shoking se tourna vers la femme de Paddy :

— Ma chère, dit-il, j'espère que votre créancier sera de bonne foi et que votre mari sera mis en liberté.

Néanmoins, puisque l'indiscrétion de ce garçon vous a appris mon nom, sachez que je suis un homme puissant et que je puis vous être utile.

Donnez-moi votre nom et votre adresse, et

j'enverrai demain un de mes gens savoir où en est l'affaire. S'il est besoin que j'intervienne, j'interviendrai.

— Ah! mylord, répondit la femme avec émotion, c'est le bon Dieu qui m'a mise sur votre chemin. Mon mari se nomme Paddy et nous demeurons dans Adam's street, quartier du Southwark.

Shoking tira un carnet de sa poche, prit un crayon et inscrivit le nom de Paddy et celui d'Adam's street.

Puis il sauta du bateau sur le ponton et se mit à gravir d'un pas leste l'escalier qui montait sur le quai.

En face de cet escalier, il y avait une ruelle, que Shoking enfila.

Où allait-il ?

Sans doute chez le landlord de cette taverne qui faisait face au cimetière dans lequel s'étaient réunis l'homme, les chefs fenians et l'abbé Samuel, la veille de l'exécution de John Colden.

Shoking avait marché si vite, qu'il croyait avoir laissé assez loin derrière lui les voyageurs du penny-boat.

Cependant, il entendit tout à coup derrière

lui un pas d'homme et, se retournant, il reconnut le rough.

— Ah! c'est toi? dit-il.

— Oui, mylord.

— Tu vas donc à Rotherithe?

— Comme vous voyez.

— Est-ce ton quartier?

— Non. Je descendais plus bas; mais quand je vous ai vu vous arrêter ici, j'ai débarqué pareillement.

— Pourquoi? demanda Shoking.

— Mais parce que j'étais bien aise de causer un brin avec vous.

— Hein? fit Shoking.

Le rough était déguenillé; de plus, il était de haute taille, paraissait robuste, et la ruelle était déserte.

— Eh! eh! pensa le bon Shoking, je ne serais vraiment pas de force avec lui, dans le cas où il lui plairait de me dévaliser. Soyons diplomate.

— Oh! oh! reprit-il, vous voulez causer un brin avec moi?

— Oui, mylord.

— Puis-je t'être utile

— Je le crois, mylord.

— Voyons, parle, je t'écoute.

Et Shoking ralentit le pas.

Le rough le plaça à côté de lui.

— C'est singulier, dit-il, que Votre Honneur ne me reconnaisse pas.

— Je t'ai déjà vu quelque part, mais où? je ne sais pas.

— Dans une foule de tavernes, autrefois.

— Bon!

— Et il y a quinze jours, à la porte de Jefferies, le valet de Calcraff.

Ceci fut un trait de lumière pour Shoking.

— Ah! dit-il, c'est à toi que j'ai donné une poignée de couronnes?

Oui, mylord.

— Eh bien! reprit Shoking, parle : que puis-je faire pour toi?

— Me rendre un grand service.

— Vraiment?

— Figurez-vous, dit le rough, que je suis allé quelques jours après notre dernière rencontre, chez maman Brandy, au *Black Horse*.

— Fort bien! je connais la maison.

— J'ai soutenu que vous étiez un lord.

— Et on s'est mis à rire?

— Oui. Mais un homme qui s'appelle l'homme gris...

Shoking tressaillit.

— Après? fit-il.

— L'homme gris me dit que j'avais raison et que vous étiez un lord : et nous nous sommes en allés, lui, moi et une femme du nom de Betsy.

Shoking fit alors un pas en arrière.

— Mais, alors, misérable, dit-il, c'est toi qui as volé la clef de Betsy !

— Oui, mylord.

— Qui as accompagné l'homme gris chez elle ?

— Parfaitement.

— Et qui as ensuite fait des révélations à la police ?

— C'est moi, dit froidement le rough, et c'est pour cela que je vous ai suivi ce soir.

— Mais que me veux-tu donc, drôle? dit Shoking, essayant de reprendre les grands airs de lord Wilmot.

— Là ! ne vous fâchez pas, dit le rough, et écoutez-moi.

Shoking avait bonne envie de prendre la fuite mais le rough ne lui en donna pas le temps.

Il passa son bras sous le sien et, le maintenant ainsi, il poursuivit :

— Je ne suis pas méchant homme, dit-il, et je ne trahis pas les camarades pour le plaisir de les trahir. Si Betsy ne m'avait pas dénoncé, je n'aurais jamais rien dit; mais Betsy ayant parlé, la police a mis la main sur moi.

Alors j'ai dit ce que je savais.

La police s'est mise à rire, lorsque j'ai soutenu que vous vous appeliez lord Wilmot.

— Ah! vraiment? fit Shoking en se mordant les lèvres.

— Elle a fait des recherches...

— Par exemple!

— Et elle a reconnu qu'aucun lord de ce nom n'existait au parlement.

— Après? fit dédaigneusement Shoking.

— Alors, reprit le rough, elle m'a donné une mission.

— A toi?

— A moi. Et la mission sera bien payée. J'aurai cent livres, si je réussis.

— Que dois-tu donc faire?

— Découvrir le prétendu lord Wilmot.

— Bon!

— Et le conduire à Scotland Yard, où il faudra bien qu'il donne des renseignements...

— Sur qui?

— Sur l'homme gris qu'on cherche et qu'on ne trouve pas...

— Mon ami, dit Shoking essayant de payer d'audace, c'est un vilain métier que tu ferais-là

— Un métier qui rapporte cent livres est toujours un bon métier.

— J'en connais un meilleur, dit Shoking.

— Lequel ?

— Ce serait de venir chez moi demain, à Hampsteadt. Au lieu de cent livres, tu en aurais deux cents.

— Il vaut mieux tenir que courir, demain n'est pas aujourd'hui, répondit le rough.

Et il lonna un croc en jambe à Shoking, qui jeta un cri et tomba.

— Maintenant, mon bonhomme, dit-il en se jetant sur lui, nous allons bien voir si tu es ou non lord Wilmot.

En même temps il appuya deux doigts sur ses lèvres et fit entendre un coup de sifflet.

III

Shoking essaya de te débattre, poussant des cris étouffés.

Mais le rough était robuste, et il le maintint sous son genou.

Puis, tirant un couteau de sa poche, il en appuya la pointe sur la gorge de Shoking, lui disant :

— Tout lord que tu peux être, si tu cries, je te tue !

Au temps de sa grande misère et dans les plus mauvais jours de son existence problématique, Shoking avait déjà la faiblesse de tenir à la vie.

Qu'on juge donc si maintenant qu'il était dans l'aisance, jouait parfois le rôle de lord, portait de beaux habits et avait toujours quelques guinées dans sa poche, il se souciait de mourir.

Shoking était d'ailleurs de la famille des philosophes, et il savait que la résistance à une force supérieure est non-seulement inutile, mais encore ridicule, sinon dangereuse.

Il se tint donc pour averti et cessa de crier.

Alors le rough siffla une seconde fois.

Puis il dit en ricanant :

— Attendons un moment, les camarades vont venir.

A Londres, les voleurs ont coutume de s'avertir, à de certaines heures périlleuses, par un coup de sifflet.

John savait cela.

Il n'avait à Rotherithe, où le hasard l'avait amené sur les pas de Shoking, ni complices, ni gens qui lui dussent obéir, mais il avait fait ce calcul fort simple que partout il y a des policemen, et que très-certainement, il en verrait accourir que ces deux coups de sifflet auraient mis en éveil.

John ne se trompait pas.

Bientôt des pas précipités retentirent à l'extrémité opposée de la ruelle et deux policemen accoururent au pas de course.

Ils virent Shoking à terre, et John se tenant sur lui.

A première vue, Shoking qui était bien vêtu, était un gentleman victime d'un rough, car John était couvert de haillons.

Ils se jetèrent donc sur ce dernier, et le prirent à la gorge et lui arrachèrent son couteau.

Shoking se crut sauvé.

John n'avait opposé aucune résistance.

Cependant, comme Shoking se relevait et remerciait déjà les policemen comme ses libérateurs, John se mit à rire :

— Hé ! pardon, camarades, dit-il, connaissez-vous cela ?

En même temps, il tira de sa poche une petite plaque de cuivre garnie d'une courroie et la passa à son bras gauche.

Les policemen, à la vue de cette plaque, tombèrent stupéfaits.

Cette plaque était l'insigne d'un brigadier de policemen, par conséquent d'un chef.

Lorsque, à Scotland Yard, on avait interrogé John, il s'était fait fort de retrouver le prétendu lord Wilmot et de l'arrêter ; mais il avait demandé pour cela qu'on lui donnât des pleins pouvoirs.

Alors on lui avait remis cette plaque, qu'il n'aurait qu'à exhiber pour acquérir l'assistance d'un ou de plusieurs policemen, aussitôt qu'il en aurait besoin.

Et ceux-ci, dès-lors, s'inclinèrent, tout en trouvant quelque peu étrange d'avoir à obéir à un chef en guenilles.

— Eh ! dit John en souriant, vous avez cru que je dévalisais Son Honneur ?

Et il montrait en souriant d'un air moqueur Shoking stupéfait.

— En effet, balbutièrent les deux policemen.

— Son Honneur que vous voyez là, dit John, est un homme excessivement dangereux, que j'ai été chargé d'arrêter.

— Ne croyez pas un mot de cela ! s'écria Shoking, cet homme est un imposteur !

— Bah ! dit John, c'est ce que nous verrons à Scotland Yard.

Et, s'adressant aux policemen :

— Allons, vous autres, dit-il, donnez-moi un coup de main.

— Que voulez-vous faire ? demanda l'un des agents.

— Je veux que vous m'aidiez à reconduire monsieur.

— Où cela ?

— A Scotland Yard.

Shoking se débattait comme un beau diable.

— Mes amis, disait-il aux policemen, ne croyez pas cet homme, qui est un voleur et un misérable ; cette plaque qu'il vous montre, il l'a volée.

— La preuve que je ne suis pas un voleur, dit John, c'est que vous pouvez fouiller Son Honneur et vous verrez que je ne lui ai rien pris.

— Parce que tu n'as pas eu le temps, misérable, répondit Shoking.

Notre héros avait su trouver un accent d'autorité qui intimida quelque peu les policemen.

— Allons à Scotland Yard, disait John, et vous verrez que j'ai le droit de faire ce que j'ai fait.

Les policemen se regardaient, hésitant.

Enfin, l'un d'eux parut avoir trouvé la solution de cette question épineuse et embarrassante.

Il dit à John :

— Vous prétendez être un agent supérieur de la police ?

— Voyez ma plaque.

— Et vous, continua le policeman s'adressant à Shoking, vous dites être un gentleman paisible que cet homme a voulu dévaliser.

— Je le jure, dit Shoking.

— D'où veniez-vous ?

— De Charing cross.

— Ou alliez-vous ?

— A Rotherithe où nous sommes.

— Alors, vous connaissez du monde, ici ? dit encore le policeman, et il ne vous sera pas difficile de vous mettre en présence de gens qui affirmeront votre identité.

Mais Shoking avait sans doute de bonnes

raisons pour ne pas dire ce qu'il venait faire à Rotherithe et qui il allait visiter, car il répondit :

— Vous vous trompez, je ne connais personne à Rotherithe.

— Alors qu'y venez-vous faire ?

— Me promener.

— En pleine nuit ?

— Je suis un gentleman excentrique, dit froidement Shoking.

Mais cette raison, qui eût satisfait sans doute bon nombre d'Anglais, ne satisfit point le policeman.

— Écoutez, dit-il, ce n'est pas à cette heure-ci qu'il se trouvera du monde à Scotland Yard pour dire si vous avez raison ou si cet homme dit la vérité. Les chefs de police sont couchés, et il faudra attendre demain pour que tout s'éclaircisse.

— Nous attondrons demain, dit John.

— Aussi, reprit le policeman, ce n'est pas à Scotland Yard que nous allons vous conduire.

— Et où cela ? demanda John.

— Vous allez voir. Allons, suivez-nous !

Il fit signe à son compagnon de prendre John par le bras, et il passa en même temps, le sien sous celui de Shoking.

— Mais où voulez-vous me conduire ? demanda pareillement celui-ci.

— Vous le verrez.

Et les deux policemen firent redescendre Shoking et le rough vers le ponton d'embarquement.

On entendit, en ce moment, siffler la machine d'un petit bateau à vapeur qui remontait la Tamise.

— Voilà notre affaire, dit l'un des policemen.

Et il secoua la corde de la cloche du ponton.

A ce bruit, le petit bateau à vapeur, qui aurait passé sans doute devant le ponton sans s'arrêter, se mit à stopper et s'approcha peu à peu.

IV

John, le rough, se serait laissé mener au bout du monde, pourvu qu'on ne le séparât point de Shoking.

Il était bien certain qu'à un moment donné il lui serait facile de se faire reconnaître, et que, par conséquent, il toucherait la prime qui lui avait été promise pour la capture du prétendu lord Wilmot.

Le petit bateau à vapeur, qui passait au large juste au moment où l'un des policemen avait sonné la cloche, s'était donc rapproché tout aussitôt du ponton d'embarquement.

Alors Shoking commença à comprendre.

Le bateau n'était pas destiné à transporter des voyageurs, il servait de chaloupe au bateau-prison.

Car il y a sur la Tamise, auprès de Temple Bar, un vieux navire démâté, rasé comme un ponton, éternellement à l'ancre, et qui sert de violon à tous les maraudeurs du fleuve.

Ce navire s'appelle le *Royaliste*.

Il est commandé par un vieil officier invalide, qui a sous ses ordres, non des matelots, mais des guichetiers.

A l'intérieur, le *Royaliste* est aménagé comme une vraie prison.

Il a trois chaloupes qu'il met à l'eau chaque soir.

Ces chaloupes sont pourvues d'une petite machine à vapeur.

Mais la plupart du temps, elle ne fonctionne pas et est remplacée par quatre matelots, qui manœuvrent la chaloupe à l'aviron.

Pourquoi?

C'est que ces chaloupes font ce qu'on appelle des rondes de nuit.

La Tamise est immense de largeur, au-dessous du pont de Londres surtout; et c'est un joli champ de déprédations.

Les docks sont gardés; chaque barque, chaque magasin ouvrant sur le fleuve est surveillé; néanmoins les vols sont nombreux; le *voleur d'eau*, comme on l'appelle, s'attaque à tout, depuis les vieux cordages jusqu'aux planches pourries.

Véritable chiffonnier aquatique, le *ravageur* emporte tout ce qui lui tombe sous la main.

Il est bon nageur; il plonge à merveille quand il est poursuivi; il se glisse comme un poisson entre les coques de deux navires, ou leste comme un gabier de misaine, il se réfugie dans la mâture de quelque brick dont l'équipage est à terre.

C'est pour donner la chasse à ces malfaiteurs nocturnes, que l'amirauté a créé le service de nuit, qui a son état-major sur le *Royaliste*.

Et c'était précisément une des trois chaloupes, la *Louisiane*, dont les policemen avaient reconnu la machine à vapeur.

Au coup de cloche, les hommes qui la montaient avaient manœuvré vers le ponton.

— Avez-vous du monde à nous donner? demanda le chef.

— Oui, répondit le policeman.

— Qu'est-ce que c'est?

— Vous allez voir.

Le mécanicien renversa la vapeur et la chaloupe accosta le ponton.

En même temps, le chef de l'équipe sauta dessus et aborda les deux policemen et leurs prisonniers.

— Bon! dit-il, je vois ce que c'est; ce gentleman a été dévalisé par ce rough.

— Vous n'y êtes pas, camarade, répondit John d'un ton moqueur.

— Vraiment?

— Voici ce dont il est question, reprit un des policemen. Cet homme que voilà, — et il désignait John, — prétend qu'il a une mission de la police.

— Et j'ai quelque raison de le prétendre, répondit John, qui montra sa plaque.

— Ce gentleman, poursuivit le policeman, qu'il dit avoir mission d'arrêter, persiste à dire qu'il ne le connaît pas. Tout cela me paraît assez louche, et je crois que vous ferez bien de les emmener tous les deux à bord du *Royaliste*.

— Je ne demande pas mieux, dit John, pourvu que demain on avise à Scotland Yard.

— On avisera, dit le commandant de la chaloupe.

— Mais je proteste! s'écria Shoking, je proteste, comme tout Anglais libre a le droit de le faire. On ne peut pas arrêter un gentleman sur la dénonciation de ce misérable.

— Protestez, dit John ; si on vous a causé des dommages, vous le ferez valoir demain.

— Allons! en route! cria le matelot qui commandait la chaloupe.

Et il poussa Shoking qui, à son grand déplaisir, fut obligé de quitter le ponton et de s'embarquer.

— Je vous les confie, dit le policeman.

— Ils seront entre bonnes mains, répondit le matelot.

John s'était embarqué sans résistance.

— Bah! disait-il, je ferai valoir la mauvaise nuit que je vais passer. Son Honneur, sir Richardman, ajoutera bien cinq livres à la prime.

— Misérable! hurlait Shoking, tu seras puni de ton insolence!

La chaloupe vira de bord et remonta vers le pont

Londres, tandis que les policemen regagnaient les ruelles étroites de Rotherithe.

Il y avait déjà deux prisonniers à bord; deux ravageurs qu'on avait surpris, volant du cordage dans un magasin, au bord de l'eau.

On leur avait mis les fers aux pieds et aux mains, et ils étaient couchés au fond de la barque, comme du bétail.

L'un leva les yeux sur Shoking qui continuait à se lamenter et à protester contre les violences dont il était l'objet.

— Tiens, dit-il, il me semble que je te connais, toi.

— Vous vous trompez, dit Shoking.

— C'est un lord, ricana John le rough, tu ne dois pas connaître des lords, toi.

— Bah! un lord! c'est Shoking... reprit le prisonnier.

— Du tout, fit Shoking... je me nomme lord Wilmot.

— La! dit John en s'adressant au commandant de la chaloupe, vous avec entendu, capitaine?

— Quoi donc

— Que ce gentleman a dit qu'il se nommait lord Wilmot?

— Je l'ai entendu, en effet.

— Et vous en témoignerez au besoin ?

— Sans doute.

Shoking se mordit les lèvres et s'adressa ce court monologue :

— Shoking, mon ami, vous êtes un parfait imbécile. Vous n'avez plus qu'une chose à faire pour compléter votre œuvre, dénoncer la retraite de l'homme gris, votre bienfaiteur, et dire ce que vous alliez faire à Rotherithe.

S'étant ainsi admonesté, Shoking ne parla plus, ne réclama plus.

Seulement il n'eut désormais qu'une idée fixe, échapper à ses gardiens.

Et comme la chaloupe marchait bon train, et qu'on avait négligé d'attacher mons Shoking, l'ex-mendiant eut une inspiration :

— L'eau est froide, se dit-il, mais je suis bon nageur... et si nous passions en certain endroit, je n'hésiterais pas à faire un plongeon.

Mais pour que Shoking mît à exécution son projet, il fallait que la chaloupe passât en *certain endroit*.

Et Shoking attendit, tout en s'asseyant sans affectation à l'avant de la chaloupe, qui soulevait une écume blanche et remontait le courant.

V

L'endroit où Shoking aurait voulu passer était en effet admirablement propice à ses projets.

Auprès du pont de Londres, sous la troisième arche, se trouvent amarrés une dizaine de petits bateaux à divers propriétaires.

La Tamise, on le sait, n'a pas de quais. Les dernières maisons de la Cité plongent dans l'eau, et ceux qui passent au large, peuvent, du milieu du fleuve, apercevoir de grands magasins ouverts à fleur d'eau.

Les barques amarrées sous le pont de Londres, appartiennent donc à des marchands ou à des armateurs de la cité qui ont journellement affaire dans les docks, et trouvent plus commode de s'y rendre par eau que par terre.

Les arches du pont de Londres sont gigantesques; mais c'est sous la troisième que, par les temps de brouillard, il est le plus prudent de passer.

Le penny-boat, le steamer ou la simple chaloupe qui suivent le chemin en remontant, passent alors au milieu d'une véritable petite flottille. Le courant est moins dur à couper, et on n'y risque pas d'être rejeté contre une des piles du pont.

Shoking savait tout cela et Shoking s'était dit :

— John est plus fort que moi, et à la boxe c'est un homme dangereux ; tout à l'heure il ma renversé sous lui comme il eût fait d'un enfant ; mais si nous étions à la nage tous les deux, je ne le craindrais plus... ni lui, ni les matelots de la chaloupe qui, parce que je suis un gentleman, ont négligé de me mettre les fers aux mains et aux pieds.

La chaloupe montait vers London-Bridge à toute vapeur.

Même en été, le brouillard pèse la nuit sur le fleuve jaune.

Par conséquent, par une nuit d'hiver comme celle-là, il était assez opaque pour ne permettre d'apercevoir le pont qu'à une faible distance.

A cent mètres à peine, les arches noires estompèrent la brume, et le matelot commandant cria :

— Nous gouvernons droit sur une des piles du pont : pare à virer.

Celui qui était à la barre donna un vigoureux coup de gouvernail, et Shoking, plongé jusque là dans l'anxiété, eut un battemement de cœur.

La chaloupe, changeant brusquement de direction, se dirigeait maintenant en droite ligne vers la troisième arche.

Or ce que voulait Shoking, c'était passer par là où il était à peu près sûr de son affaire, et voici comment :

En supposant que Shoking se fût brusquement jeté à l'eau en pleine Tamise, un cri se faisait entendre, on stoppait sur-le-champ, la chaloupe prenait la dérive et, gouvernée à l'aviron, donnait la chasse au fugitif, qui n'avait pas le temps de faire dix brasses et était repêché sur-le-champ.

Mais si, au contraire, la chaloupe passait au milieu de la flottille de petites barques, elle ne pouvait stopper que difficilement sur-le-champ, car elle courait risque de briser les embarcations à droite et à gauche, et pour peu que Shoking fût plongeur, il avait toutes les chances possibles de s'échapper.

Dès lors, Shoking eut donc un léger battement de cœur, en voyant la chaloupe gouverner droit sur la troisième arche du pont.

Shoking avait toujours passé, au Wapping et

dans tous les public-houses où on le rencontrait autrefois, pour un homme doux, timide et pas du tout aventureux.

John le rough, assis à l'avant de la chaloupe, était si content de sa prise, que l'idée que cette prise pouvait lui échapper désormais ne lui vint même pas.

D'ailleurs, il faisait froid, l'eau de la Tamise devait être glacée, et John se fût lui-même traité de fou s'il eût supposé un seul instant que Shoking était homme à braver une pareille température.

Shoking, cependant, était résolu.

Shoking se disait:

— L'eau est froide; mais, outre qu'il ne fera pas chaud, cette nuit à bord du *Royaliste*, demain matin je passerai très-certainement un fort vilain quart d'heure en comparaissant devant le chef de la police, qui ne manquera pas de m'envoyer à Cold-Bath fields, savoir si un lord comme moi ne peut pas tourner le moulin.

La chaloupe, nous l'avons dit, était montée par quatre hommes, un matelot commandant, un pilote, un mécanicien et un chauffeur, qui, la vapeur renversée, redevenaient de simples matelots et reprenaient l'aviron.

Les deux prisonniers étaient couchés sur le dos; le matelot commandant s'enveloppait le plus possible dans son manteau, et John le rough supputait le nombre de jours heureux qu'il aurait à vivre sans rien faire, quand il aurait touché le prix de sa trahison.

Le pont se dessinait maintenant dans le brouillard avec une grande netteté, et, par un effet de mirage, il paraissait prêt à se renverser sur la chaloupe.

Shoking profita de l'obscurité complète qui se fit tout à coup pour se rapprocher du bord, et comme la chaloupe entrait à toute vapeur sous l'arche, le matelot commandant tressaillit tout à coup, car il entendit un bruit sourd et quelque chose comme un clapotement.

— Un homme à l'eau! cria-t-il.

Mais un nouveau bruit, identique au premier, se fit, suivi d'un juron.

C'était John le rough qui, lui aussi, s'était jeté dans la Tamise à la poursuite de son prisonnier.

— Stoppe! cria le matelot commandant.

Mais celui qui était à la barre répondit:

— C'est impossible ici; au delà du pont...

. . . .

Et en effet, la chaloupe passa sous l'arche et

pendant ce temps, Shoking plongeant sous la barque, nageait entre deux eaux, profitait de l'obscurité et faisait le moins de bruit possible.

Mais John le rough le suivait de près.

Lui aussi était bon nageur, et il tenait trop à son prisonnier pour renoncer ainsi à sa poursuite.

Alors, dans les ténèbres opaques qui régnaient sous l'arche, commença une lutte vraiment fantastique.

Shoking nageait rapidement, mais le rough le suivait de près.

Ils ne se voyaient ni l'un ni l'autre, mais ils se devinaient au clapotement de l'eau qu'ils soulevaient.

— Je finirai bien par t'atteindre! criait John : à moi de la chaloupe, à moi!

La chaloupe avait fini par s'arrêter.

Mais Shoking passait comme une anguille à travers les barques, et tout à coup John n'entendit plus rien.

C'est que Shoking était parvenu à se hisser dans un bateau et à s'y tenir immobile.

— Ah! brigand! ah! coquin de lord! hurlait John que le froid saisissait, je le rattraperai!...

La chaloupe avait allumé son fanal de poupe;

elle manœuvrait en arrière et redescendait maintenant vers le pont.

Soudain les rayons du fanal percèrent les ténèbres qui régnaient sous l'arche, et John jeta un cri.

Il avait aperçu Shoking debout dans une bar ue.

— Ah! je te tiens! s'écria-t-il.

Et, en deux brassées, il eut atteint le bateau et se cramponna au bordage.

Mais Shoking avait saisi un aviron qui se trouvait au fond de la barque et comme le rough se soulevait hors de l'eau, il jeta un cri terrible.

Shoking lui avait appliqué sur la tête un vigoureux coup d'aviron, et le flot noir de la Tamise s'était refermé aussitôt sur John le rough...

La chaloupe arrivait en ce moment.

Mais déjà Shoking avait disparu.

Il s'était rejeté à l'eau, et nageait vigoureusement vers le bord, que la chaloupe était encore engagée au milieu des petites barques qui gênaient de plus en plus la manœuvre.

Shoking était sauvé!

VI

Shoking n'avait peur que d'un homme, le rough.

Or, le rough avait disparu sous l'eau, et il était probable que s'il n'était pas mort du coup d'aviron, du moins il s'était noyé.

Dès lors, Shoking n'avait plus peur.

Car le rough seul pouvait affirmer avec quelque autorité que Wilmot et Shoking ne faisaient qu'un, et, par conséquent, faire arrêter Shoking comme complice de l'homme gris, que la police recherchait.

Quant aux hommes de la chaloupe, Shoking s'en moquait.

Bien avant qu'elle ne se fût debrouillée au milieu des petits bateaux, Shoking avait touché le bord, et il s'était retrouvé dans les ténèbres.

La Tamise, nous l'avons dit, n'a pas de quais, et elle baigne le pied des maisons.

Celle auprès de laquelle Shoking aborda était un magasin d'huile de foi de morue, dont les portes, qui donnaient sur la rivière, demeuraient ouvertes, une température humide et basse convenant à cette sorte de marchandise.

Il n'y avait qu'un seul gardien dans ce magasin, où Shoking se glissa.

Mais ce gardien valait une patrouille entière.

C'était un de ces gros chiens de Terre-Neuve, chiches de voix, qui dédaignent d'aboyer, mais sautent à la gorge d'un homme et l'étranglent tout net.

Shoking entendit un sourd grognement, puis il vit luire dans l'obscurité deux points lumineux.

Mais il était dit que cette nuit-là Shoking se tirerait à son honneur des plus grands périls.

Il avait échappé au rough, il s'était sauvé des mains de ceux qui faisaient la police de la Tamise; sa mémoire devait lui rendre clémente la terrible mâchoire du chien.

Shoking était un enfant de la cité de Londres; il savait tout ou à peu près; il avait mendié, couché, travaillé même, à peu près partout.

On l'avait employé dans les docks à porter des fardeaux, et sur les navires à décharger des gueuses de lest.

Seulement, le plus beau temps de sa misère avait été aussi le plus bel âge de sa paresse, et quand Shoking avait touché le salaire de trois jours de travail, il avait huit jours de fainéantise sur la planche.

Or donc, le grognement et les deux points lumineux fixés sur lui firent surgir dans sa mémoire, avec la spontanéité de l'éclair, un double souvenir.

Il se rappela qu'au dock Sainte-Catherine, il avait travaillé pour le compte d'un marchand d'huiles, M. Simpson, et que ce M. Simpson, qui avait un magasin sur la Tamise, avait un chien du nom de Sultan.

Aussitôt, et comme les deux points lumineux s'agitaient dans l'espace, semblables à des étoiles filantes, et que le terrible gardien s'élançait sur lui, Shoking cria :

— Paix donc, Sultan!

Les deux points lumineux s'arrêtèrent et le grognement s'éteignit aussitôt.

— Hé! mon petit Sultan, dit Shoking d'une voix caressante, tu ne reconnais pas les amis?

Évidemment flatté de s'entendre appeler par son nom, le chien s'était calmé subitement.

— Mon petit. Sultan! répéta Shoking avec câlinerie.

Alors le chien s'approcha, non plus menaçant et la gueule ouverte, mais en chien intelligent qui veut savoir à qui il a affaire.

Shoking étendit hardiment la main et se mit à caresser le terre-neuve.

Cependant celui-ci ne se fût pas laissé prendre peut-être à ces amabilités, si Shoking n'eût été ruisselant de cette eau noire, limoneuse et salée de la Tamise.

Or, la spécialité première d'un terre-neuve étant de sauver les gens qui se noient, il était évident que la sympathie de Sultan était acquise à Shoking, du moment où celui-ci sortait de l'eau.

Et comme si le chien eût su comprendre textuellement ses paroles, Shoking lui dit encore :

— Je ne suis pas un voleur, mon bon Sultan, et tu n'as rien à craindre pour ton huile, pouah! mais j'ai failli me noyer...

Le chien comprit-il? Nous n'oserions l'affirmer : mais il se frotta contre Shoking avec un grognement d'amitié, et dès lors, Shoking fut chez lui.

A l'abri dans le magasin, sûr que, si on le

venait pousuivre jusque-là, le chien ferait son métier de gardien, Shoking attendit.

Il attendit que la chaloupe eût exploré la Tamise dans tous les sens, en amont et en aval du pont de Londres.

Comme le brouillard est sonore, il entendit même retentir au loin la voix du matelot commandant qui disait :

— Après ça, camarades, ça ne nous regarde qu'à moitié. Nous n'avons rien de commun avec les policemen, et il n'y a que la police de la Tamise qui nous regarde. On nous confie deux hommes, ils se sauvent... nous ne pouvons pas les rattraper... bonsoir!...

Et Shoking aperçut dans le brouillard le fanal de la chaloupe qui virait de bord et qui remontait vers le pont de Londres, sous lequel elle disparut de nouveau.

Alors il se dit :

— Je suis déjà bien mouillé, je ne risque pas grand' chose à me rejeter à l'eau, d'autant mieux que j'ai de l'argent dans ma poche et que je connais un fripier dans le Borough, de l'autre côté de la Tamise, qui me louera des habits secs pour une demi-couronne.

Sur cette réflexion, Shoking caressa une seconde fois le chien et lui dit :

— Adieu, Sultan... tu es un chien fidèle... et je le dirai à ton maître quand je le verrai...

Puis il piqua résolûment une tête dans la Tamise.

Jamais un homme ne se jette impunément à l'eau, en présence d'un terre-neuve.

Sultan n'était peut-être pas fâché, du reste, d'avoir un prétexte pour quitter son poste.

A peine Shoking commençait-il à nager vigoureusement, qu'il entendit l'eau clapoter auprès de lui et qu'il sentit sur son visage la chaude haleine du chien.

Sultan nageait côte à côte avec Shoking.

— Oh ! oh ! fit celui-ci, pas de bêtises, mon ami, ne va pas t'imaginer que je me noie au moins. Tu me ferais boire plus qu'à ma soif, en croyant me sauver.

Mais Shoking avait mal jugé Sultan.

Sultan était un chien intelligent, qui avait tout aussitôt apprécié le mérite de Shoking, comme nageur, et c'était simplement pour lui faire la conduite qu'il s'était mis à l'eau.

Il se contenta donc de nager auprès de lui, comme un camarade, et il se paya le plaisir d'aborder de l'autre côté de la Tamise, à cent mètres au-dessous du pont de Londres, tout auprès de Shoking.

Shoking était haletant, néanmoins il crut poli de faire ses compliments à Sultan.

— Tu es un bon chien, répéta-t-il, je le dirai à ton maitre. Adieu, Sultan.

Et il le caressa.

Le chien eut un grognement amical; puis il pensa que Shoking n'avait plus besoin de lui, et il se remit tranquillement à l'eau pour regagner le magasin d'huile, tandis que Shoking gagnait une des ruelles étroites du Borough.

Hélas! Shoking ne se doutait pas que Sultan, ami si intelligent jusque-là, allait commettre à son préjudice la plus déplorable des bévues.

En effet, comme il était déja au milieu de la Tamise, le chien heurta son poitrail à quelque chose de mou et de flasque qui flottait sur l'eau.

Il flaira et reconnut un homme.

Cet homme n'était autre que John le rough, évanoui à la suite du coup d'aviron.

Et le chien, obéissant à son instinct de sauveteur, prit les haillons du rough à pleines dents, et se mit à tirer l'homme évanoui après lui, nageant vigoureusement dans la direction du magasin.

Apres s'être montré l'ami de Shoking, Sultan commettait la déplorable action de sauver son ennemi mortel.

Ah! si Shoking l'avait su, comme il eût retiré sur-le-champ son estime et son amitié au terre-neuve.

Mais Shoking, en ce moment, était à la recherche du fripier qui lui pourrait louer des habits secs et lui faire prendre un air de feu devant le poêle.

VII

Le Borough est le quartier situé sur la rive droite de la Tamise, qu'on trouve au bout du pont de Londres.

A l'ouest s'étend le Southwark; à l'est, toujours sur la même rive, Rotherithe.

Très-bruyant le jour, ce quartier est noir et silencieux la nuit.

Au delà des larges voies qui rayonnent à l'entour de la gare de London-Bridge, on trouve des ruelles étroites et sombres dans lesquelles vit une population insdustrieuse et interlope.

Il y a une rue, dont les maisons sont hautes et noires, qui est pleine de fripiers.

Le fripier ferme sa boutique fort tard ; cela tient peut-être à ce que les gens qui ont recours à lui, et que retient une certaine honte, préfèrent s'aller affubler la nuit des habits d'occasion dont ils ont besoin.

Shoking, par exemple, n'avait pas de tels préjugés, et s'il eût eu besoin de se vêtir en gentleman, il serait tout aussi bien entré chez son ami Sam en plein jour et au grand soleil.

Donc, si Shoking entra dans la rue des fripiers à dix heures du soir et alla frapper à la porte de Sam, c'est que ses vêtements étaient ruisselants et qu'il avait alsolument besoin d'en changer.

Sam est l'abréviation familière de Samuel.

Celui qui portait ce nom était un petit juif entre deux âges qui faisait plus d'un métier.

Il était fripier, prêteur d'argent, expert en matières d'or et d'argent, et il avait inventé un outil pour percer les perles.

Avec tout cela, il n'était pas riche, en dépit des commérages du quartier, qui le croyait millionnaire, et le plus clair de son bien était une jolie fille du nom de Katt, qui trônait dans sa boutique depuis le matin jusqu'au soir.

Katt était la fille unique de Sam, qui était veuf depuis longues années.

Elle savait attirer les chalands, retenir les indécis et les décider à acheter, pousser à la dépense ceux dont la bourse paraissait bien garnie, et le vieux juif avait coutume de dire que Katt était sa meilleure marchandise.

Ce fut donc à la porte de Sam que s'en alla frapper Shoking.

Sam était absent; il s'en était allé dans Hay-Markett acheter la défroque d'un gentleman qui partait pour les Indes.

Katt était seule.

Elle connaissait Shoking pour l'avoir vu, tout dernièrement, s'habiller des pieds à la tête avec l'argent de lord Palmure.

— Bonjour, gentleman, lui dit-elle.

Shoking fut évidemment flatté de l'appellation et il répondit :

— Bonsoir, miss Katt, vous êtes vraiment aussi jolie que la fille d'un lord de Belgrave square.

Puis il s'approcha du comptoir, sur lequel brûlait une petite lampe à esprit de vin, dont les rayons tombèrent sur ses habits ruisselants et couverts de boue en maint endroit.

— Ah! mon Dieu! fit la jeune fille, que vous arrive-t-il donc, monsieur Shoking?

— Hélas! un malheur, comme vous voyez. Je suis tombé dans la Tamise et j'ai failli me noyer.

— Vous êtes tombé dans la Tamise?

— Oui. J'avais peut-être trop bien dîné et je ne marchais pas très-droit en sortant de la taverne de la Tempérance, qui est bien celle de Londres où on se grise le plus facilement. J'ai traversé la Cité, je suis descendu par Sermon lane pour gagner le bateau-ponton et attendre le penny-boat. Il faisait très-noir et, dame! au lieu de mettre le pied sur le ponton...

— Vous l'avez mis à côté?

— Justement.

— Et vous êtes tombé à l'eau?

— Comme vous le dites, ma jolie Katt. C'est pourquoi vous me voyez ici à pareille heure. Vous pensez bien que je ne puis rester ainsi.

— Oh! certainement non.

Et, tout en écoutant Shoking, Katt jetait un coup d'œil sur la coupe de ses habits et se disait:

— Voilà qui ne sort pas de notre boutique. Il paraît qu'il a fait fortune, ce bon Shoking.

Puis tout haut et avec quelque embarras :

— Je ne sais vraiment, monsieur Shoking, si j'aurai des habits assez convenables pour vous.

Shoking sourit :

— Écoutez, ma petite Katt, dit-il, je puis bien me confier à vous. Je vais à Rotherithe voir des parents qui ne sont pas riches et que j'aime autant ne pas humilier, car il faut vous dire que j'ai fait un petit héritage et que je suis à mon aise.

— Ah ! vraiment ? fit Katt.

— Mon Dieu, oui, dit Shoking, j'ai quelque chose, à présent, comme trois cents livres de revenu.

— Un joli denier, murmura Katt.

— Par conséquent, je vais vous demander la permission de décrocher cette vareuse, ce chapeau goudronné et ce pantalon bleu, et d'aller passer le tout dans votre arrière-boutique.

Katt prit une perche munie d'un crochet et enleva au ratelier qui régnait tout le long des murs de la boutique, les objets que lui désignait Shoking.

Après quoi elle poussa une porte, qui laissa voir une chambre au milieu de laquelle ronflait un poêle de faïence.

— Voulez-vous une chemise? dit-elle encore.

— Une chemise et des bas, dit Shoking.

Et il passa dans cette seconde chambre, qui servait à *l'essayage*, comme on dit, et dans laquelle il y avait une grande glace qui permettait aux clients de se voir de la tête aux pieds.

Shoking referma la porte.

Puis, en un tour de main, il se fut débarrassé de ses habits mouillés, se roula ensuite dans une couverture de laine, afin de se sécher, et demeura quelques minutes auprès du poêle.

Après quoi il fit sa toilette nouvelle et posa crânement, en arrière de sa tête, le chapeau goudronné.

— J'ai l'air d'un vrai matelot de Sa Majesté, se dit-il alors, et, si je rencontre les deux policemen qui voulaient m'envoyer coucher sur le *Royaliste*, ils ne me reconnaîtront pas.

En effet, Shoking était tout à fait métamorphosé.

Il reprit sa bourse dans la poche du pantalon qu'il venait de quitter, et repassa dans la boutique.

— Vous devez être plus à votre aise ainsi? lui dit Katt en souriant.

— Ah! cela est vrai, fit-il.

En même temps il ouvrit sa bourse et posa une demi-guinée sur le comptoir.

— Mais pourquoi payez-vous maintenant? monsieur Shoking, dit Katt, puisque vous me laissez vos autres habits.

— C'est que je ne suis pas sûr de revenir moi-même les chercher.

— Ah!

— J'enverrai peut-être mon domestique, ajouta le bon Shoking avec une naïve emphase.

Et comme Katt s'apprêtait à prendre sur la demi-guinée un modeste salaire et à lui rendre la monnaie, il lui dit :

— Gardez tout, ma chère.

Katt fut littéralement éblouie et son étonnement durait encore que Shoking était déjà loin.

Shoking avait besoin de rattraper le temps perdu.

— L'homme gris ne doit pas savoir ce que je suis devenu, pensait-il, et je dois pourtant lui porter des nouvelles de John Colden.

Ce disant, Shoking arpentait Troley street, arrivait dans Élisabeth street et s'engageait dans le dédale de petites ruelles qui séparent le Borough de Rotherithe.

Une demi-heure après, il arrivait en face de la chapelle dans le cimetière de laquelle, la veille de l'exécution de John Colden, s'étaient assemblés les chefs fenians, l'abbé Samuel et l'homme gris.

Mais Shoking n'entra point dans le cimetière.

Il s'en alla, au contraire, au public-house qui se trouvait en face.

Le public-house ne renfermait que deux buveurs et le landlord.

Celui-ci cligna imperceptiblement de l'œil en voyant Shoking s'attabler.

Puis il quitta son comptoir, puisa une chope de stout et la porta à Shoking, auquel il dit tout bas :

— Ces gens-là vont s'en aller. Attendez.

— Oui, fit Shoking d'un signe de tête.

Le landlord ne se trompait pas. Les deux hommes, qui étaient des ouvriers du port, achevèrent leur pinte d'ale, jetèrent six pence sur la table et s'en allèrent.

Alors Shoking s'approcha du comptoir :

— Comment va-t-il ? dit-il tout bas.

— Assez bien ce soir, et la fièvre se dissipe.

— Peut-on le voir ?

— Oui, mais attendez que je ferme. Depuis hier, il y a des figures sinistres dans le quartier, et je me méfie.

Shoking tressaillit.

— Serions-nous donc découverts ? dit-il.

— Je ne sais pas... mais j'ai peur... murmura le landlord.

VIII

Le land lord alla donc poser les volets à la devanture du public-house, éteignit le bec de gaz qui brûlait au-dessus du comptoir et ne laissa allumée qu'une petite lampe à schiste.

Puis il revint s'asseoir auprès de Shoking :

— Oui, lui dit-il, j'ai peur... figurez-vous que depuis hier soir, on voit dans Rotherithe une foule de visages inconnus. Les uns font le tour de la chapelle et du cimetière, les autres viennent ici boire et regardent partout.

— Vous pensez donc, dit Shoking, que ce sont des gens de police ?

— Je le crains; seulement, jusqu'à présent, une chose me rassure, reprit le landlord.

— Laquelle?

— Je crois bien qu'ils ont vent que le condamné enlevé sur l'échafaud par les fenians est dans Rotherithe, mais ils ne savent pas où.

— Ah! vous croyez?

— Oh! j'en suis sûr; je crois même que le dernier endroit qu'ils soupçonnent, c'est ma maison

— Dieu vous entende! murmura Shoking avec émotion.

— Malheureusement, poursuivit le landlord, John est hors d'état de quitter le lit. Il a éprouvé une si grande émotion sur l'échafaud que, vous le savez, il a été fou pendant quarante-huit heures

— Oui, certes, je le sais, dit Shoking.

— Maintenant, il a retrouvé sa raison, mais le médecin qui le voit, dit qu'il ne pourra pas quitter le lit avant huit jours; et d'ici là, je tremblerai à toute minute.

— Mais, dit Shoking, en admettant qu'il pût s'en aller tout de suite, où irait-il?

— Je ne sais pas. Londres est si grand!...

— Enfin, reprit Shoking, l'essentiel est qu'il se rétablisse. Nous ne pouvons pas avoir fait pour rien un si grand effort. Puis-je le voir?

— Oui, nous allons descendre.

Le landlord s'en retourna vers la porte, et l'entre-bâilla.

Puis il jeta un regard furtif sur les abords du public-house.

— Personne! dit-il.

Il ferma la porte, revint auprès de Shoking et prit la petite lampe à schiste.

Après quoi, il souleva la trappe de la cave qui se trouvait auprès du comptoir.

On descendait dans la cave, non par un escalier, mais par une de ces échelles à degrés larges et plats qu'on appelle *échelles de meunier*.

Le landlord passa le premier et Shoking le suivit.

La cave du public-house ressemblait à toutes les caves.

Elle était carrée et ne paraissait pas avoir d'autre issue.

Des tonneaux de plusieurs dimensions étaient rangés tout à l'entour, et l'un de ces tonneaux était haut de près de deux mètres.

Le landlord s'en approcha, tourna le robinet placé au centre et tout aussitôt le fond s'ouvrit, tournant, comme une porte, sur des gonds invisibles.

Alors Shoking vit un passage dans lequel, en se baissant un peu, deux hommes pouvaient marcher de front.

C'était le chemin de la cachette où était John Colden, le condamné à mort.

Une fois entrés dans le tonneau, le landlord, qui avait toujours la petite lampe à la main, pressa un ressort, et le fond mobile reprit sa place accoutumée, de telle façon que si alors on était descendu dans la cave, on n'aurait pas remarqué cette futaille plus que les autres.

John Colden était couché dans une sorte de salle basse à l'extrémité de ce corridor auquel le tonneau servait d'entrée.

Cette salle prenait de l'air par un trou percé dans une voûte au-dessus de laquelle passait un des nombreux égouts dont la ville de Londres est sillonnée; et elle n'était pas éclairée par la lumière du jour.

Auprès d'un lit de camp était une lampe qui brûlait sur une petite table.

Assis devant cette table, Shoking aperçut un homme de haute taille, au front basané, qui n'était autre que celui des quatre chefs feniane qui venait d'Amérique.

John n'avait plus ni la fièvre ni le délire, sa

raison lui était revenue, et il reconnut Shoking.

— Comment vas-tu, mon pauvre ami? dit Shoking en lui prenant la main.

— Je ne souffre pas, dit John, mais je suis anéanti, je n'ai aucune force, et il me semble que je ne pourrais pas me tenir debout.

— La force te reviendra, dit Shoking.

John Colden eut un sourire mélancolique.

— Vous vous êtes tous donné bien du mal pour me sauver, dit-il.

— C'était notre devoir, dit Shoking, tous pour un, un pour tous.

— Il n'est arrivé malheur à personne? demanda encore John Colden.

— A personne, jusqu'à présent...

— L'homme gris?...

— Il est aussi bien caché que toi.

— L'enfant?...

— A l'abri de toute poursuite derrière les murs de Christ's hospital.

— Et toi?...

— Ah! moi, dit Shoking en souriant, je l'ai échappé belle cette nuit.

— Vraiment?

— Tu vas voir...

Et Shoking raconta à John Colden ses aventures de la soirée.

— Vois-tu, dit gravement John Colden, ce n'est ni la police ni les ennemis naturels de l'Irlande qu'il nous faut craindre, ce sont les traîtres !

— Oh ! dans tous les cas, fit Shoking, ce n'est pas celui-là qui nous gênera désormais.

Il faisait allusion à John le rough.

— Tu es sûr de l'avoir tué ?

— Dame ! répondit naïvement Shoking, je l'ai étourdi suffisamment pour qu'il se noie, dans tous les cas.

John essaya de se soulever, mais les forces lui manquèrent.

— Voilà qui est bizarre, fit-il en souriant ; je n'avais pas peur de la mort, je marchais à l'échafaud, résigné et d'un pas ferme... on me sauve et la peur me prend... à telle enseigne que j'ai manqué en mourir.

— L'homme gris, répondit Shoking, m'a expliqué cela ; mais je ne suis pas un savant comme lui, et je ne me rappelle par les mots baroques dont il s'est servi.

En parlant ainsi, Shoking tira sa montre.

Car il avait une montre maintenant, le mendiant Shoking, dont le rêve, jadis, était d'être un *pauvre présenté* à la Workhouse de *Mile end road*.

— Par saint George, dit-il, l'homme gris, qui ne m'a pas vu depuis deux jours, doit me croire mort ou prisonnier. Minuit! je file, et je vais lui porter de tes nouvelles.

Sur ces mots, Shoking serra la main du malade et reprit avec le landlord le chemin du tonneau.

Cinq minutes après, il quittait le public-house, dont les abords étaient toujours déserts.

Cependant comme il longeait le cimetière, un bruit confus et presque imperceptible arriva à son oreille.

La nuit était noire et le brouillard épais.

Shoking s'arrêta.

Alors le bruit lui parut plus distinct.

C'étaient deux voix d'hommes causant tout bas dans le cimetière.

A force de regarder, Shoking finit par distinguer deux ombres noires au-dessus d'une tombe, et il ne douta plus que ce ne fussent les deux personnes qu'il entendait causer.

Alors Shoking se coucha à plat-ventre et colla son oreille au sol.

La terre, comme on le sait, est toujours sonore, en hiver surtout, et le procédé qu'employait Shoking est connu de toute éternité.

L'Indien dans la savane, l'Arabe au désert, le chasseur au fond des bois, quand ils veulent entendre à une grande distance, se couchent et appliquent leur oreille sur le sol.

Shoking, demeuré debout, n'eût saisi que par lambeaux la conversation de ces hôtes nocturnes du cimetière.

Son oreille collée à terre, il entendit fort distinctement ce qu'ils disaient.

Et il se prit à écouter avec attention.

IX

Ce que ces hommes, dont la voix, était du reste parfaitement inconnue à Shoking, disaient entre eux, pouvait être tout à fait insignifiant pour lui et ne se rapporter ni à John Colden, ni à l'homme gris, ni même à lui, Shoking.

A Londres, il y a toujours une certaine quantité de vagabonds qui se trouvent sans gîte.

Comme on les traque dans les rues, et que les policemen les conduisent aux postes de police, les uns se réfugient dans les parcs et couchent sur une branche d'arbre; les autres ne dédaignent pas d'enjamber la clôture d'un cimetière et d'aller chercher un asile parmi les morts.

Ces deux hommes qui causaient tout bas pouvaient donc appartenir à cette catégorie de gens sans aveu qui ne trouvent ni feu ni abri, la nuit venue.

Cependant, aux premiers mots qu'il entendit, Shoking, s'applaudit d'avoir prêté l'oreille.

L'un de ces deux hommes disait :

— Vois-tu, je suis sûr de ce que j'avance.

— Tu crois qu'on l'a caché dans Rotherithe?

— Oui.

— Mais comment peux-tu le savoir?

— J'étais devant Newgate la nuit même de l'exécution, et je vais te dire comment j'y étais...

— Voyons?

— Je n'ai jamais manqué d'aller voir pendre depuis dix ans.

Par conséquent, je m'étais mis en route dès six heures du soir.

Voilà que, dans Farringdon road, je trouve tant de monde, mais tant de monde, que je me doute qu'il y a quelque chose d'extraordinaire. Puis j'entends parler le patois des côtes d'Irlande, que je comprends et que je parle moi-même très-bien, attendu que lorsque j'étais matelot, je suis resté deux ans à Cork.

La foule marchait et je me laissais entraîner par elle; un homme m'adressa la parole en irlandais et me dit :

— A-t-on donné le signal ?

Je réponds à tout hasard et dans la même langue :

— Pas encore.

Mon interlocuteur reprend :

— C'est du haut de Saint-Paul, n'est-ce pas ?

— Je crois que oui.

Emporté par la foule, je me trouve dans Old Bailey.

— Ça fait que tu as tout vu ?

— Tout, et j'ai suivi la foule quand elle s'est retirée, emportant le pendu qui avait perdu connaissance. Je crois bien qu'il n'y avait que moi d'Anglais dans tout ce monde.

— Mais comment sais-tu ?...

— Attends donc ! Les policemen bousculés, les Irlandais sont descendus au pas de course vers la Tamise; comme j'étais au milieu d'eux, j'ai été porté par le flot, et j'ai pu voir quatre grands gaillards sauter dans une barque, y coucher le pendu et pousser au large.

— Ça ne prouve encore rien.

— Mais si, car la barque a pris la dérive et je l'ai suivie des yeux.

— Dans la direction de Rotherithe?

— Oui.

— Mais qui te dit qu'elle s'y est arrêtée?

— Attends encore... Le lendemain, je descends à Charring cross et je prends le penny-boat pour m'en aller à Greenwich. Nous touchons à London-Bridge, et voilà que, parmi les passagers qui montent à bord, je reconnais un des quatre hommes qui avaient emporté le pendu dans la barque.

Quand le penny-boat a touché à Rotherithe, cet homme est descendu.

— Et tu n'a pas eu l'idée de le suivre?

— Non, parce que je n'avais pas encore lu dans les journaux qu'il y avait une prime de cent livres pour qui découvrirait l'endroit où on a caché le condamné.

Mais quand j'ai su cela, je me suis dit que le pendu devait être à Rotherithe et qu'un jour ou 'autre je retrouverais mon grand Irlandais, que je le suivrais alors... et que je finirais bien par découvrir la retraite de John Colden.

— Et c'est pour cela que nous passons ici les nuits et les jours?

— Oui.

— Jusqu'à présent nous n'avons rien vu... rien trouvé...

— Patience! cela viendra.

Shoking n'en entendit pas davantage : il était fixé.

Il se releva donc sans bruit et s'éloigna sur la pointe du pied.

— Voilà deux gaillards qu'il faudra surveiller, se dit-il; mais le mal n'est pas aussi grand que je le supposais. Ce n'est pas la police de Scotland Yard qui est sur nos trousses, c'est une police particulière, née de la spéculation privée. On assommera les deux drôles, et tout sera dit.

Cette réflexion faite, Shoking reprit le chemin du Borough, en prenant ses jambes à son cou.

Il y a plus d'une lieue de Rotherithe au Southwark, mais Shoking n'avait jamais été plus alerte et plus jeune.

Il regagna donc le Borough, puis le Southwark et arriva enfin dans la cathédrale des catholiques, Saint-George church.

Les alentours de l'église étaient déserts, et un

silence profond régnait sur la place qui sert de ceinture au cimetière.

La flèche du clocher se perdait dans le brouillard. Cependant, tout en haut, on voyait une petite lumière, qui ressemblait à une étoile perdue dans ce ciel nuageux.

Shoking regarda cette lumière et il eut un battement de cœur.

— Allons, se dit-il, le maître a été sage, il n'est pas sorti ce matin.

Et Shoking se mit à suivre la grille qui entourait le cimetière et arriva à cette porte que le sacristain ouvrait au petit jour et par laquelle la malheureuse mère de Dick Harrisson s'introduisait dans le champ du repos, pour venir prier sur la tombe de son enfant.

Cette grille était entre-bâillée.

Shoking la poussa et pénétra dans le cimetière.

Maintenant il ne tremblait plus, comme cette nuit où il était venu, en compagnie de l'homme gris, déterrer la bière de Dick Harrisson.

Shoking n'avait plus peur des morts, Shoking était devenu philosophe et esprit-fort en la société de l'homme gris.

Ce fut donc d'un pas assuré qu'il s'achemina,

au travers des tombes, vers cette petite porte qui se trouvait derrière l'église.

Puis il frappa doucement.

La porte s'ouvrit, mais aucune lumière n'apparut, et Shoking entra dans l'église, qui était plongée dans les ténèbres.

— Est-ce vous? dit une voix.

— C'est moi, répondit Shoking.

Alors une main prit la sienne et la voix ajouta:

— Venez... il est là-haut... il vient de rentrer...

— Comment! dit Shoking, il a osé sortir ce soir encore!

— Oui.

— Quelle imprudence!

Le vieux sacristain, car c'était lui à qui avait affaire Shoking, le conduisit jusqu'à l'entrée du clocher et lui fit poser le pied sur la première marche.

— Maintenant, dit-il, vous savez le chemin?

— Oui. C'est tout en haut.

— Moi, je reste ici et je veille, dit le vieillard.

Shoking monta jusqu'à cette petite salle que nous connaissons et dans laquelle Jenny l'Irlandaise et son fils s'étaient cachés pendant deux jours et deux nuits.

IV

Cette salle servait maintenant d'asile à l'homme gris qui avait, depuis le sauvetage de John Colden, toute la police de Londres à ses trousses. Shoking le trouva assis devant une petite table couverte de papiers et de livres.

Il lisait et fumait.

— Ah! te voilà, dit-il en regardant Shoking. D'où viens-tu donc?

Shoking raconta succinctement toutes ses aventures de la soirée.

L'homme gris fronça légèrement le sourcil quand Shoking en arriva à cette conversation qu'il avait entendue dans le cimetière de Rotherithe.

— Il est certain, dit-il enfin, que John ne peut rester éternellement à Rotherithe.

— Mais s'il sort et qu'on le prenne?... observa Shoking.

— Tu dis qu'il a retrouvé la raison?

— Oui.

— Qu'il n'a plus la fièvre?

— Non.

— Alors, je puis agir.

Et, comme Shoking paraissait ne pas comprendre, l'homme gris ajouta :

— J'ai le moyen de rendre John méconnaissable, et, de blanc et blond qu'il est, le faire mulâtre avec des cheveux noirs et crépus.

Alors, tu comprends que Calcraff lui-même ne le reconnaîtrait pas.

— Mais, dit Shoking, pourquoi n'avoir pas usé de ce moyen tout de suite?

— Parce que son état de fièvre ne le permettait pas, dit l'homme gris. Je l'aurais tué…

— Et… maintenant?

— S'il n'a plus la fièvre, je répondis de lui.

A ces dernières paroles, Shoking se gratta l'oreille, et l'homme gris se prit à sourire.

— Je gage que tu as quelque chose à me dire? fit-il.

— Oui, dit Shoking.

— Eh bien! va, je t'écoute…

Et l'homme gris roula avec flegme une cigarette entre ses doigts…

X

Shoking s'était gratté l'oreille; mais il ne faudrait pas en conclure qu'il fût excessivement embarrassé.

En Angleterre, l'art oratoire est un jeu; le

peuple est convié aux meetings; il entend parler, il apprend à parler, il sait parler au besoin.

L'éducation politique est universelle; et par conséquent chacun sait exprimer sa pensée.

Les uns vont droit au but; les autres préfèrent le chemin fleuri des circonlocutions et savent tourner les difficultés.

Shoking appartenait à cette dernière école, la pensée de son discours n'était jamais que dans le post-scriptum.

— Maître, dit-il, jamais l'Irlande n'a eu si grand besoin d'être dirigée.

— Tu crois? fit l'homme gris.

— La lutte existait dans l'ombre, poursuivit Shoking. L'Angleterre savait bien que l'Irlande conspirait, mais elle méprisait l'Irlande.

— Ah! vraiment?

— Aujourd'hui, reprit Shoking, encouragé par cette petite phraséologie qui avait son mérite relatif, l'Irlande est sortie des ténèbres.

— Ah! ah!

— Elle a jeté le masque, elle a défié sa vieille ennemie, elle a amené la lutte au soleil.

— Après?

— L'Irlande a osé ravir un condamné à l'échafaud, poursuivit Shoking. qui le prenait de plus en plus au sérieux.

L'Irlande est forte et l'Angleterre a peur.

— Continue, continue, dit l'homme gris en souriant; tu parles comme feu O'Connell.

— Elle est forte et elle est faible, ajouta Shoking, usant des oppositions familières aux grands orateurs.

— Explique-toi.

— Elle était forte hier, car elle avait un chef qui la dirigeait, qui la conseillait, qui pouvait...

— Et ce chef, interrompit l'homme gris, où est-il donc maintenant?

— Il se cache, dit Shoking.

— Bon!

— Et c'était précisément à cela que j'en voulais venir. Pourquoi ce chef se cache-t-il?

— Parce que la police est à ses trousses, et que s'il était pris...

— Si John Colden était pris, se hâta de dire Shoking, on le pendrait de nouveau.

— Et si le chef dont tu parles était pris, dit l'homme gris, on le pendrait également.

C'était là que Shoking attendait l'homme gris, comme le chasseur attend le gibier au coin d'un bois.

— Mais John Colden ne sera pas pris, dit-il.

— Tu crois ?

— Ou si on le prend, on ne le reconnaîtra pas.

— Eh bien ?

— John Colden est donc plus heureux que ce chef dont je parle, et qui peut être reconnu au premier jour.

— Mon bon Shoking, dit l'homme gris en souriant, tu penses bien que je ne t'ai pas écouté si longtemps, sans deviner dès les premiers mots où tu voulais en venir ?

A son tour, Shoking, qui jusque-là avait parlé les yeux baissés, regarda l'homme gris.

— Tu te dis, poursuivit ce dernier, que du moment où je puis rendre John Colden méconnaissable et le soustraire, par conséquent, à toute poursuite, je pourrais bien en faire autant pour moi-même.

— C'est la vérité pure, dit Skoking.

— Oui, et tu as raison en apparence, reprit l'homme gris.

— N'est-ce pas ? fit naïvement Shoking.

— Mais tu as tort, en réalité.

— Ah !

— A ton tour, suis donc mon raisonnement.

— Voyons ? dit Shoking.

— Qu'est-ce que John Colden? Un pauvre diable d'Irlandais, qui était cordonnier de son état, qui n'a jamais été beau et qui ne perdra pas grand'chose à troquer ses cheveux roux contre des cheveux crépus.

— Ça, c'est vrai, fit Shoking.

— Moi, dit l'homme gris, j'ai trente-huit ans, regarde-moi...

— Oh! vous êtes beau, fit naïvement le mendiant.

— Et j'ai besoin de mon physique, ajouta l'homme gris, car je veux être aimé.

Shoking tressaillit.

— Il y a par le monde une femme, une jeune fille, continua cet homme étrange, qui s'est déclarée ma mortelle ennemie.

— La fille de lord Palmure, n'est-ce pas?

— Oui.

— Eh bien? fit Shoking haletant.

— Eh bien! j'ai mis dans ma tête qu'elle m'aimerait, comprends-tu?

— Mais... pourquoi?...

Un nouveau sourire glissa sur les lèvres de l'homme gris.

— Vous l'aimez donc, vous? demanda naïvement Shoking.

— Pas encore.

— Alors...

— Quand elle m'aimera, dit-il encore, l'Irlande triomphera. Tu vois donc bien que j'ai besoin de mon physique.

— Mais, dit Shoking, qui, en bon Anglais qu'il était, ne désertait pas facilement la discussion, cette jeune fille est votre ennemie.

— Mortelle.

— Et comment donc pourrait-elle vous aimer?

— Elle m'aimera, dit froidement l'homme gris, parce que le chemin le plus sûr pour arriver à l'amour s'appelle la haine.

Shoking se courba ébloui.

— O maître ! maître ! dit-il, qui donc êtes-vous ?

— Je suis un ange déchu, répondit-il, à qui Dieu a donné le repentir et laissé la force et la volonté.

Puis tout s'éteignit.

Cette auréole, qui avait un moment couronné ce front large et scintillant d'intelligence, disparut, et l'homme gris redevint cet homme triste et doux que Shoking avait rencontré pour la première fois dans la taverne du Blak horse.

— Donc, reprit-il après un silence, écoute-moi bien.

— Parlez, maître.

— Occupons-nous de John Colden.

— Il ne faut pas que Newgate le reprenne; il faut qu'il puisse aller et venir librement dans Londres; et qu'il continue à servir notre cause.

— Bon! fit Shoking, d'un signe de tête.

L'homme gris tira de sa poche un carnet dont il arracha un feuillet et, sur ce feuillet, il écrivit quelques mots au crayon.

— Demain matin, dit-il, tu iras chez un *chemist dispensary*.

— Oui, maître.

— Et tu le prieras de te composer la potion que j'indique là-dessus. Puis tu retourneras à Rotherithe, et tu feras avaler cette potion à John Colden, en deux fois à deux heures d'intervalle.

— Et il deviendra mulâtre?

— En une heure.

— Mais... les cheveux?

— Tu laisseras quelques gouttes de la potion au fond du vase, et tu les verseras ensuite sur ta main, après quoi tu en frotteras les cheveux de John, et de rouges qu'ils sont, ils deviendront noirs.

— Je le ferai, dit Shoking, qui ne douta pas un seul instant du résultat.

— Comment va la fille de Jefferies? demanda encore l'homme gris.

— Elle se lève et se promène dans le jardin.

— C'est bien : j'irai la voir demain.

— Vous oserez donc sortir?

— Oui.

— Mais s'il vous arrive malheur?

— Bah! fit l'homme gris, l'heure de ma mort est loin encore...

Adieu, Shoking; exécute fidèlement mes ordres et ne te mets plus martel en tête.

Et sur ces derniers mots, l'homme gris congédia Shoking d'un geste.

XI

Cependant la femme que Shoking avait rencontrée sur le penny-boat et qui, disait-elle, était allée quatre fois de suite à White cross sans pouvoir faire mettre son mari en liberté, bien qu'elle se présentât avec l'argent, cette femme avait dit la vérité.

Notre ancienne connaissance, sir Cooman, s'était entêté et Paddy avait dû coucher ce soir-là encore à White cross.

Il est vrai que la femme de Paddy était allée à Rotherithe, et qu'elle avait fini par trouver le créancier impitoyable qui avait fait mettre son mari en prison pour la misérable somme de dix livres.

Le créancier était dur, mais il était loyal ; d'ailleurs il avait trop grande envie de toucher son argent pour hésiter à reconnaître que c'étaient dix livres et non pas cent qui lui étaient dues.

— Rentrez chez vous, ma chère, avait-il dit à la femme de Paddy, et venez demain à six heures à White cross. J'y serai et tout s'arrangera.

La femme de Paddy qui se nommait Lisbeth s'en était donc retournée dans le Southwark, en se disant :

— Miss Ellen attendra vainement Paddy cette nuit, mais je n'y puis rien.

Elle avait donné à souper à ses enfants, les avait couchés ensuite et s'était mise au lit à son tour ; mais elle n'avait pas dormi, tant son impatience était grande.

Le lendemain tout était allé comme sur des roulettes.

Sir Cooman avait reconnu son erreur et gratifié Paddy d'une demi-couronne à titre de dommages-intérêts, et Paddy s'en était allé triomphant au bras de sa femme.

C'est un dur séjour pour un pauvre diable en guenilles que White cross; le créancier consigne le moins d'aliments possible, loge son débiteur en un taudis, et si pauvre que le prisonnier ait jamais été quand il était libre, il regrette ce temps-là.

Paddy avait donc éprouvé une si grande joie qu'il avait oublié de demander à sa femme quel était le bienfaiteur généreux qui lui rendait la liberté.

Ce ne fut que dans la rue qu'il lui fit cette question.

— Mais c'est miss Ellen, dit-elle.

Paddy fit un mouvement de surprise et presque de crainte.

— Ah! dit-il ensuite, elle a donc bien besoin de moi!

— Oui, et elle t'attendait hier soir.

— Où cela?

— A la porte de son jardin.

Paddy demeura silencieux un moment :

— Femme, dit-il enfin, écoute-moi bien.

— Parle.

— Miss Ellen, si belle, si noble, si riche, est une méchante créature.

— Je le sais, dit froidement Lisbeth, mais du moment où elle a besoin de nous, elle payera bien.

— Et si elle nous fait commettre une mauvaise action?

Lisbeth haussa les épaules :

— Quand on est pauvre comme nous, et qu'on a deux enfants à nourrir, dit-elle, on ne doit pas se montrer difficile sur le choix de la besogne.

— Femme, dit encore Paddy, je regrette presque d'être sorti de White cross.

— Cela ne m'étonne pas, dit Lisbeth avec humeur, tu as toujours été fainéant.

Ce reproche piqua Paddy au vif.

— Écoute bien, femme, reprit-il. Tu sais que je finis toujours par faire ce que tu veux.

— Il le faut bien.

— Pour que miss Ellen, qui n'a pas eu pitié de notre détresse, revienne, il faut qu'elle médite quelque chose d'abominable. Si tu le veux, je lui servirai d'instrument, mais s'il m'arrive malheur et que je finisse un jour ou l'autre au bout d'une corde, à la porte de Newgate, tu ne te plaindras pas ?

— Non, dit Lisbeth d'un air sombre.

— Alors, c'est bien, dit Paddy, et tu as raison. Les pauvres gens comme nous ne sauraient choisir leur besogne.

Et, dès ce moment, Paddy fut résigné à obéir aveuglément à miss Ellen.

Il revint donc dans le Southwark et rentra dans la maison.

Ses enfants lui sautèrent au cou, et le malheureux se dit :

— Il faut bien vivre... en attendant que la mort vous prenne.

Lisbeth lui dit alors :

— Miss Ellen t'attendait hier soir, mais il est probable qu'elle t'attendra ce soir encore.

— J'irai, dit Paddy.

Il se mit à table avec ses enfants. Grâce aux libéralités de miss Ellen, il y avait presque l'abondance dans la maison.

Lisbeth alla chercher deux tranches de roatsbeef, des pommes de terre, un morceau de pudding et de la bière brune.

Paddy demeura à table jusqu'au coucher du soleil.

Puis il sortit.

— Je vais aller voir les camarades du quartier, dit-il.

Cela signifiait :

— Je vait parcourir tous les public-houses des environs.

— Souviens-toi qu'*elle* t'attend, lui cria Lisbeth comme il franchissait le seuil de la maison.

— Oui, oui, dit Paddy.

Et il s'en alla.

Ce fut précisément dans le public-house devant lequel, l'avant-veille, miss Ellen avait été insultée par deux hommes du peuple, et où l'homme gris était intervenu tout à coup et l'avait sauvée de ce mauvais pas, que Paddy entra.

Il n'y avait pas grand monde à cette heure-là dans l'établissement.

Deux roughs buvaient de la petite ale mélangée de gin, et se trouvaient debout devant le comptoir. Mais l'un d'eux connaissait Paddy.

— Tiens, dit-il en lui tendant la main, te voilà? d'où sors-tu donc?

— Je viens de Greenwich, où j'ai travaillé

deux mois, dit Paddy qui ne se souciait pas d'avouer qu'il sortait de White cross.

— As-tu gagné de l'argent?

— Pas beaucoup. On paye mal partout, maintenant.

Les deux roughs se regardèrent et parurent se consulter tacitement.

— Toi, dit enfin celui qui avait le premier adressé la parole à Paddy, tu es un solide gaillard, il me semble, et je crois me rappeler que tu as un coup de poing qui vous jette un homme par terre comme la massue d'un boucher.

— Hum! hum! fit modestement Paddy, qui en effet était taillé en hercule.

— Nous avons envie de t'associer, dit cet homme.

— A quoi?

A une besogne qui rapporte plus d'argent qu'un an de travail dans les docks ou les arsenaux.

— Qu'est-ce donc? fit Paddy.

— Avale ton verre de genièvre et sortons. On cause toujours mieux en plein air.

Paddy ne se le fit pas répéter deux fois; il vida son verre d'un trait, jeta deux pence sur le comptoir et sortit.

— Tu sais ce qui s'est passé il y a quelques jours? dit le rough.

On a enlevé un condamné sur l'échafaud.

— Je le sais, dit Paddy; car à White cross on était assez bien au courant des nouvelles.

— La police a offert une prime de cent livres à qui lui ferait retrouver le condamné.

— Vraiment?

— Puis, ce matin, les journaux ont annoncé que la police doublait la somme. Est-tu pour les Irlandais, toi?

— Non, dit Paddy.

— Alors, tu travailleras avec nous?

— Mais à quoi?

— Je suis sur la trace du condamné. Veux-tu en être? Nous passons toutes les nuits dans Rotherithe où nous soupçonnons qu'on le cache. Si nous le trouvons, il faudra jouer des poings et peut-être même du couteau, mais deux cents livres de prime, c'est un joli salaire, hein?

— Je ne dis ni oui ni non, dit Paddy.

— Pourquoi?

— Parce que j'ai affaire ce soir.

— Où cela?

— Dans Belgrave square.

— Tu as tort de ne pas venir avec nous.

— Mais je puis aller vous rejoindre.
— A Rotherithe?
— Oui.
— A quelle heure?
— Vers minuit.
— Eh bien ! dit le rough, aussi vrai que je me nomme Nichols, et que je suis bon Anglais, si tu viens, tu seras bien reçu.
— Où vous trouverai-je ?
— Près de la chapelle ; peut-être serons-nous dans le cimetière.
— J'irai, dit Paddy.

Et il leur serra la main à tous deux et prit le chemain du pont de Wesminster, se disant :

— Je ne sais pas ce que miss Ellen attend de moi, mais j'aimerais encore mieux donner un coup de main à ceux-là, bien que ce soit une vilaine besogne qu'ils me proposent.

XII

Pénétrons, à présent, dans l'hôtel Palmure, traversons le vaste jardin qui en dépend et entrons dans un petit pavillon qui s'élève à l'angle nord-ouest.

C'est là que miss Ellen travaille le soir depuis deux jours.

Après avoir soupé en tête à tête avec son père, qui la quitte pour aller au parlement, miss Ellen s'installe dans ce pavillon qui lui sert de salon de lecture, en été, et dans lequel, elle a fait allumer un grand feu.

Les domestiques ont reçu l'ordre de ne pas venir la déranger.

Miss Ellen a passé la soirée précédente dans ce pavillon.

Cependant elle sortait de temps à autre et allait entre-bâiller la petite porte qui donne sur une ruelle, et par laquelle Paddy, qu'elle attendait, devait entrer.

Mais Paddy n'est point venu.

Miss Ellen a attendu toute la nuit ; le brouillard commençait à refléter les premiers rayons de l'aube, lorsqu'elle s'est décidée à rentrer dans ses appartements.

Pendant la journée qui a suivi, elle s'est informée plusieurs fois au suisse de l'hôtel, pour savoir si un homme du peuple ne s'était pas présenté.

Mais le suisse n'avait vu personne.

La journée écoulée, le soir venu, miss Ellen est retournée dans le pavillon.

Il est dix heures du soir.

Celui qui s'approcherait du pavillon entendrait un chuchotement de voix, et s'il appliquait son œil contre les persiennes du rez-de-chaussée, il apercevrait miss Ellen causant avec un homme vêtu de noir, grand, maigre, de mine austère et les cheveux grisonnants.

C'est le révérend Peters Town.

Le révérend s'est introduit par la porte du jardin que miss Ellen est allée lui ouvrir, car ce rendez-vous était pris de l'avant-veille.

Tous deux parlent bas : de temps en temps, miss Ellen se lève, va à la fenêtre et écoute.

— Vous attendez donc quelqu'un, miss Ellen ? demande le révérend.

— J'attends cet homme dont je vous ai parlé, qui devait venir hier soir...

— Et qui n'est pas venu ?

— Ce qui m'étonne très-fort, car j'ai donné à sa femme la somme nécessaire pour le faire sortir de White cross.

— Et quelle somme devait-il ?

— Dix guinées.

— Alors, dit le révérend, rassurez-vous : il

viendra ce soir, très-certainement, mais il n'aurait pu venir hier.

— Pourquoi?

— Parce qu'il était encore en prison.

Et le révérend raconta, en souriant, qu'étant allé lui-même le matin à White cross pour faire élargir le sacristain de Saint-Paul qui s'était laissé emprisonner, on lui a raconté que sir Cooman le gouverneur, avait trop déjeuné la veille et qu'il avait pris un zéro pour deux, ce qui signifiait qu'il avait vu double.

— Alors, reprit miss Ellen, tout est pour le mieux. Cet homme peut nous être d'une grande utilité.

— Ah! vraiment?

— Je vous ai dit que sa femme avait vécu des charités d'un prêtre catholique.

— L'abbé Samuel, le chef occulte des fenians.

— Un des chefs, oui, mais pas le chef suprême.

— Soit.

— Par cet homme nous pourrons suivre l'abbé Samuel, et par l'abbé Samuel, découvrir la retraite de l'homme gris.

— Fort bien, dit le révérend d'un signe de

tête. Mais, convenez, miss Ellen, que sur cette libre terre d'Angleterre, la légalité nous tue.

— Que voulez-vous dire?

— L'abbé Samuel est l'âme du clergé catholique à Londres.

— Bien. Après?

— Personne n'en doute; il est un des chefs du parti irlandais.

— J'en suis convaincue.

— Il savait qu'on délivrerait John Colden.

— Sans aucun doute.

— Peut-être même l'avait-il préparé à cet événement, car il a obtenu la permission de passer avec le condamné cette nuit qui devait être la dernière.

— Eh bien?

— Dans un autre pays, la police n'en demanderait pas davantage.

Elle ferait arrêter l'abbé Samuel, le mettrait en prison, et confierait à un juge habile le soin de lui arracher des aveux.

— Cela est vrai, dit miss Ellen, mais l'Angleterre est le pays de la légalité; il lui faut constater le flagrant délit pour priver un homme de sa liberté.

— Cela est d'autant plus vrai que nous n'avons

pu, nous, poursuivit le revérend Péters Town, mettre en prison l'un des sacristains de Saint-Paul.

— Pourquoi ?

— Vous avez lu dans les journaux que la veille du jour où John Colden devait être pendu, à six heures du soir, un rayon gigantesque de lumière électrique avait couronné la coupole de Saint-Paul?

— En effet.

— C'était le signal qui devait pousser des quatre coins de Londres les fenians vers Newgate.

— Qui donc avait allumé le rayon ?

— On s'est livré à une enquête qui a amené des preuves morales, mais pas une preuve matérielle.

— Et les preuves morales?...

— Sont accablantes pour le sacristain. Il y en a deux à Saint-Paul. A huit heures du soir, on ferme les portes de l'église et eux seuls y demeurent.

Or, le matin même, l'un des deux avait été arrêté pour une dette assez importante et conduit à White cross.

L'autre était donc seul, ce soir-là.

On l'a questionné le lendemain, et il a répondu qu'il ne savait pas ce qu'on voulait dire, et qu'il n'avait pas vu de lumière électrique.

On a fouillé par toute l'église, depuis la coupole, où une porte qui se ferme produit le fracas d'un coup de canon, jusques aux caveaux qui renferment les tombeaux de Nelson et du duc de Wellington ; on n'a rien retrouvé.

— Cependant pour produire de la lumière électrique, il est besoin d'un appareil, observa miss Ellen.

— Enfin, dit encore le révérend Peters Town, il a été prouvé que le créancier qui a fait arrêter l'autre sacristain est précisément le beau-père de celui-ci.

Eh bien! il a fallu se contenter de congédier cet homme qui, nous n'en pouvons douter, est affilié aux Irlandais...

— Chut! fit tout à coup miss Ellen, écoutez!...

Et elle se leva et s'approcha de la croisée, qu'elle ouvrit.

On venait de frapper trois coups à la petite porte du jardin.

— C'est l'homme que nous attendons, dit la jeune fille, je vais lui ouvrir.

Elle quitta le pavillon et courut à la petite porte.

C'était Paddy, en effet.

— Suis-moi, lui dit miss Ellen, qui reprit le chemin du pavillon.

Il parut surpris à la vue du révérend Peters Town; mais Ellen lui dit :

— Monsieur est un ami à moi devant qui tu peux parler.

Paddy, je puis faire ta fortune.

Paddy s'inclina.

— J'espère bien, en effet, dit-il, que milady me donnera de l'ouvrage, car j'ai refusé tout à l'heure une besogne assez lucrative.

— Ah! fit miss Ellen, et en quoi consistait-elle cette besogne ?

— Il paraît que la police promet une prime de deux cents livres à qui retrouvera John Colden.

Le prêtre et la jeune fille tressaillirent.

— Eh bien? fit cette dernière.

— Et deux camarades du quartier qui croient être sur les traces du condamné, m'ont proposé de les aider.

— Ah! vraiment! fit miss Ellen.

Et un rayon de joie brilla dans ses yeux...

Quant au révérend Peters Town, son visage pâle s'était légèremeut coloré.

XIII

Que se passa-t-il dès lors entre le révérend Peters Town, miss Ellen et Paddy?

C'est ce que les deux premiers ne dirent pas; mais, en s'en allant, environ une heure après, Paddy murmura :

— Cette fois, j'ai bien vendu mon âme à ces deux démons.

On a beau vouloir être honnête, quand on est misérable et dans les mains des riches, il faut toujours finir par être criminel.

Et Paddy, ayant étouffé un soupir, sortit à grands pas de Belgrave square et regagna le pont de Westminster.

Ce pont est comme la limite naturelle qui sépare le beau du laid, l'opulence de la misère, les palais des maisons noires, enfumées, fétides où grouille une population chétive et sans cesse aux prises avec la faim.

Paddy s'arrêta au milieu du pont dont les

nombreux réverbères reflétaient leurs rayonnements sur les eaux noires de la Tamise.

Un vent violent qui soufflait du nord-ouest avait déchiré le brouillard, et on apercevait en haut les étoiles, en bas les fauves reflets de l'eau dans laquelle se miraient les becs de gaz.

Paddy s'arrêta au milieu du pont, s'accouda au parapet et promena ses regards tour à tour de la rive gauche où tout était splendeur, à la rive droite où régnaient l'ombre et la souffrance.

Le Parlement, qui baigne ses assises dans le fleuve, flamboyait comme un phare gigantesque.

C'était l'heure où les législateurs forgent des ois nouvelles et s'occupent de gouverner le monde.

De l'autre côté du pont, le Southwark était plongé dans les ténèbres.

Çà et là, cependant, une lumière tremblotante apparaissait au haut de quelque édifice.

Une surtout attira l'attention de Paddy.

Celle-là paraissait comme suspendue entre la terre et le ciel, et tout autre qu'un homme du quartier s'y serait trompé peut-être.

Mais Paddy avait presque toujours vécu dans

le Southwark, et il reconnut le clocher de Saint-George, la cathédrale des catholiques, et dans cette lumière qui brillait, la lampe nocturne du vieux gardien qui couchait dans le clocher.

— Ma parole d'Anglais, murmura-t-il enfin, la vue de Saint-George me fait penser à une chose, c'est que Nichols et son compagnon pourraient bien faire fausse route.

Paddy s'assit sur le parapet du pont, à peu près à égale distance des deux rives, tantôt contemplant la façade illuminée du Parlement, car les nobles lords ne siégent que le soir, tantôt reportant son regard sur les maisons tristes du Southwark, et fixant de nouveau cette petite lampe nocturne qui avait tout d'abord attiré son attention.

Puis il se tint le discours suivant :

— Rotherithe est un quartier protestant; il ne s'y trouve que fort peu de catholiques, et les Irlandais qui travaillent dans les docks préfèrent loger sur la rive gauche, dans le Wapping.

Nichols pourrait donc bien s'être trompé en prenant Rotherithe pour le centre de ses investigations.

Le condamné qu'on a enlevé se nommait John Colden, il était catholique; par conséquent il est probable que ses sauveurs sont catholiques pareillement : d'où je conclus qu'il est plutôt dans le Southwark qu'à Rotherithe.

Et Paddy, fixant une dernière fois la lumière qui brillait dans le clocher de Saint-George, ne put s'empêcher de tressaillir.

— J'ai mon idée, moi aussi, murmura-t-il.

Alors il se remit en marche, passa le pont et s'enfonça dans les ruelles obscures du Southwark, se dirigeant vers Adam's street.

Une demi-heure après, il arrivait chez lui.

Les deux enfants dormaient, mais la femme veillait.

Lisbeth, assise auprès du poêle dans lequel brûlait un reste de coke, prêtait l'oreille au moindre bruit qui lui venait du dehors.

Vingt fois elle avait tressailli, croyant entendre le pas de son mari.

Enfin Paddy entra.

Il était pâle, mais résolu.

— Bonsoir, femme! dit-il.

Il regarda les deux enfants, couchés côte à côte sur le grabat qui leur servait de lit.

— On voit qu'ils ont bien soupé aujourd'hui, fit-il avec un accent d'amère ironie.

— Grâce à miss Ellen, notre bienfaitrice, dit Lisbeth.

Paddy haussa imperceptiblement les épaules.

— As-tu vu miss Ellen? demanda-elle.

— Oui.

Paddy s'assit auprès du poêle et tira de sa poche une pipe qu'il bourra.

Puis il se mit à fumer silencieusement.

— Paddy, fit Lisbeth avec inquiétude, tu n'as pas l'air content.

— Peuh! dit-il, il y a des jours où on n'est pas en belle humeur.

— Miss Ellen t'a-t-elle mal reçu?

— Au contraire.

— T'a-t-elle donné de la besogne ?

— Oui.

Et il continua de fumer.

Puis après un nouveau silence, que la femme n'avait osé interrompre :

— Quel jour vient l'abbé Samuel ici?

— Demain. Tu sais bien que je t'ai dit qu'il nous venait visiter tous les dimanches.

— Ah! c'est juste. C'est un brave homme, n'est-ce pas?

— Il nous a donné du pain, dit Lisbeth.

Un sourire cruel qui ressemblait au ricanement d'un damné passa sur les lèvres de Paddy.

— Eh bien! dit-il, nous le trahirons, cependant.

Lisbeth tressaillit.

— Nous le trahirons, parce que miss Ellen le veut ainsi.

— Ah!

— Et ne dis-tu pas qu'il faut vivre, que de pauvres gens comme nous n'ont pas le choix de leur besogne, qu'il sont forcément les esclaves de qui les paye?...

— C'est vrai, soupira Lisbeth.

— Eh bien! le bon plaisir de miss Ellen est que nous trahissions l'abbé Samuel.

— Mais comment?

— Tu verras... tu verras... Maintenant, laisse-moi te dire quel est le prix de la trahison.

— Parle, dit Lisbeth, dont l'œil eut un éclair de sombre convoitise.

— Quand j'aurai livré l'abbé Samuel à ses ennemis, ou plutôt un homme dont l'abbé Samuel est l'ami, et dont miss Ellen est l'ennemie mortelle, nous quitterons Londres.

— Ah!

— Et nous irons habiter dans le comté de

Lancastre une maison, entourée de terres et de prairies, que nous donnera la généreuse miss Ellen.

— Et je serai fermière? dit Lisbeth.

— Oui, fit tristement Paddy. Eh bien ! femme, veux-tu que nous renoncions à tout cela, veux-tu que nous soyons honnêtes?

— Et tes enfants ? dit Lisbeth.

Paddy jeta un sombre regard sur les deux petits qui continuaient à dormir d'un sommeil paisible.

— Tu as raison, dit-il.

Il baissa la tête, garda de nouveau un silence farouche, puis tressaillit au son d'une cloche qui se fit entendre.

— Voici le quart après onze heures qui sonne, dit-il en se levant.

— Où vas-tu? demanda Lisbeth.

— A Rotherithe.

— Quoi faire?

— Exécuter les ordres de miss Ellen, répondit Paddy. Nichols doit m'attendre dans le cimetière.

Bonsoir, femme.

Et Paddy s'en alla, après avoir laissé tomber

un regard de tendresse sur ses deux enfants endormis.

Et comme le bruit de ses pas s'éteignait dans l'éloignement, Lisbeth murmura :

— Après tout, cet abbé Samuel n'est qu'un Irlandais, et trahir un Irlandais, c'est bien mériter de la libre Angleterre !

XIV

Paddy s'en alla donc à Rotherithe.

Il marchait d'un pas rapide et, tout en cheminant, il se disait :

— Nichols ne se doute pas, j'en suis bien certain, que je gagnerai dix fois plus que lui à retrouver le condamné à mort. La police paye bien, mais miss Ellen paye encore mieux.

Pour cette première besogne-là, se dit-il encore, je n'ai pas grande répugnance.

Après tout, je ne connais pas cet homme, et il n'y a pas grand inconvénient à le rendre à Calcraff; ce n'est pas un Irlandais de plus ou de moins qui empêchera la terre de tourner.

Mais l'autre... ce prêtre qui a donné du pain

à mes enfants!... Ah! vraiment! je suis un grand misérable !

Mais c'est Lisbeth qui le veut... Ah! ah! ah!

Et il ricanait comme un damné, le pauvre diable que la misère étreignait et que sa femme dominait au point de le courber sous sa volonté de fer.

Nichols, on s'en souvient, lui avait donné rendez-vous dans le cimetière.

C'était là que, depuis deux nuits, il avait établi son quartier général.

Nichols était un véritable enfant des quartiers populeux de Londres, un rough d'aussi pure race que John, l'ennemi de Shoking.

Nichols avait fait un peu tous les métiers, y compris celui de voleur, attendu qu'il avait tourné le moulin pendant deux ans.

Il savait tout, avait tout vu, et certes il était bien homme à gagner la prime offerte par la police.

Partout ailleurs qu'en Angleterre, Nichols se serait bien gardé de prendre des associés, son flair et son instinct lui auraient suffi.

Mais partout ailleurs aussi, il lui aurait suffi de découvrir la retraite du condamné et d'aller ensuite avertir la police, qui aurait fait son affaire de l'arrestation.

En Angleterre les choses ne se passent point ainsi.

Le domicile est inviolable, et la police ne pénètre dans les maisons qu'avec un ordre formel du parlement, ce qui n'arrive pas deux fois en un siècle.

Ce qu'il fallait donc, c'était d'abord que Nichols découvrît l'endroit où était caché le condamné ; qu'ensuite, il pénétrât dans cet endroit ; qu'avec de hardis compagnons, il s'en emparât de gré ou de force et qu'il le portât dans la rue.

Là seulement, la police était chez elle et pourrait s'en emparer.

C'était donc pour cela que Nichols qui s'était adjoint déjà un premier associé, n'avait point dédaigné de proposer un tiers dans l'affaire à Paddy, et avait fait cette sage réflexion que si John Colden avait eu dix mille hommes pour l'arracher à l'échafaud, il devait nécessairement avoir conservé des gardes du corps.

Par conséquent, ils ne seraient pas trop de trois hardis et robustes compagnons pour enlever John Colden.

Celui que Nichols avait pris comme premier

associé, était un vigoureux Écossais de la halle aux poissons qu'on appelait Macferson.

Il avait de larges épaules, un coup de taureau et dans les rixes du Wapping, son cou de ppoing était estimé l'égal de celui du matelot Williams.

Mais, en revanche, Macferson était une véritable brute inintelligente, comme on en pourra juger par la conversation qu'il avait avec Nichols, au moment où Paddy les rejoignit.

Ils s'étaient couchés dans le cimetière qui était plein de hautes herbes et ils causaient à voix basse.

— Je ne comprends pas, disait Macferson, que tu aies dit à Paddy de venir nous rejoindre.

— Nous aurons besoin de lui, répondait Nichols.

— Pourquoi?

— Nous ne serons pas trop de trois.

— Oh! moi, j'assommerais bien une dizaine d'Irlandais à coups de poing.

— C'est possible, mais il se peut qu'il y en ait vingt-quatre, et moi je ne me sens pas ta force.

— Et puis, continua l'Écossais, pourquoi passons-nous la nuit ici?

— Tu ne l'as pas compris?

— Non.

— Nous partions cependant de ce principe que John Colden est caché à Rotherithe.

— Bon !

— Quel est le point central de Rotherithe ? c'est l'église et le cimetière, pas vrai ?

— Soit.

— Nous avons donc plus de chance ici que partout ailleurs d'avoir des nouvelles du gibier que nous chassons.

— Si on veut, dit l'Écossais, mais moi j'ai une autre idée ?

— Laquelle ?

— Rotherithe n'est pas bien grand.

— Après ?

— Nous allons frapper à toutes les portes, j'enfonce d'un coup d'épaule celles qui ne s'ouvrent pas, et nous finissons bien par trouver John Colden.

— Tu es une brute, dit Nichols, mais silence !

Et Nichols qui avait entendu un léger bruit, se souleva à demi et prêta l'oreille.

Un pas se faisait entendre dans l'éloignement et se rapprochait peu à peu du cimetière.

Enfin, Nichols aperçut une forme noire qui s'approchait du mur.

— Ce doit être Paddy, fit-il tout bas.

La forme noire enjamba le mur et sauta dans le cimetière.

C'était Paddy, en effet.

Nichols le reconnut à sa haute stature.

— Là, par ici! fit-il à mi-voix.

Paddy s'approcha.

— Ah! ah! continua Nichols, je savais bien que tu viendrais nous rejoindre.

— Les temps sont assez durs, répondit Paddy, pour qu'on ne fasse pas fi de l'argent du gouvernement.

Et il vint s'asseoir dans l'herbe du cimetière, auprès de ses compagnons.

— Ah ça! dit-il alors, vous croyez donc que le condamné à mort est à Rotherithe?

— C'est mon idée, fit Nichols.

— Pourquoi?

— Mais parce que ce n'est ni dans le Wapping où tout le monde se connaît, ni dans le quartier Saint-Gilles, qu'on aurait osé le cacher.

— Oui, mais ce peut être dans le Southwark.

Nichols tressaillit.

— Aux environs de Saint-George, continua Paddy.

— Non, dit Nichols; il est ici, j'en suis sûr.

Une seconde fois Nichols se dressa subitement et imposa silence de la main à ses deux compagnons.

— Un pas se faisait entendre de l'autre côté du mur du cimetière.

Mais un pas furtif, inégal, et qui trahissait sinon une hésitation, du moins une certaine prudence.

Nichols enjamba le mur et sauta hors du cimetière.

Il vit alors un homme qui cherchait à se dissimuler dans l'ombre de la porte d'une maison voisine.

Il courut à lui et le prit à la gorge.

Mais l'homme résista.

— Eh! dit-il, si vous êtes pick-pocket, mon camarade, vous en serez pour vos peines. Je n'ai pas un penny et je me mouche avec mes doigts, faute de mouchoir.

— John! exclama Nichols.

— Tiens, c'est Nichols! dit John le rough, car c'était bien lui que Shoking avait assommé la veille d'un coup d'aviron et que Sultan, le chien terre-neuve, obéissant à son instinct de sauvetage, avait tiré sur la berge de la Tamise, assez à temps pour l'empêcher de se noyer.

XV

Revenons maintenant à Shoking que nous avons vu, la veille de ce même jour où Paddy rejoignait Nicolas et l'Écossais Macferson, quitter l'homme gris qu'il laissait dans le clocher de Saint-George, et s'en aller, muni de cette ordonnance mystérieuse au moyen de laquelle John Colden devait changer de peau et de couleur.

Il était trop tard ce soir-là pour trouver un chemin ouvert.

D'ailleurs, d'après la conversation qu'il avait entendue, Shoking pensa qu'il n'y avait pas absolument péril en la demeure et qu'il pouvait attendre au lendemain.

Il s'éloigna donc de Saint-George, gagna la Tamise et le pont de Westminster, de l'autre côté duquel il était à peu près sûr de trouver, sinon une station de voitures, au moins quelque cab errant à vide.

En effet, il en vit un qui débouchait en ce moment devant l'église, par l'avenue Victoria.

Shoking héla le cocher, monta dans la voiture et se fit conduire à Hampsteadt.

Depuis que l'homme gris se cachait, c'est-à-dire depuis l'enlèvement de John Colden, Shoking seul prenait soin de la fille de Jefferies.

Parfaitement au courant du traitement imaginé par l'homme gris, Shoking faisait aspirer deux fois par jour à la jeune fille les émanations de phénol et de goudron mélangés qui devaient guérir ses poumons.

Jérémiah revenait promptement à la vie; elle commençait même à quitter son lit, et, sur l'ordre de Shoking, si vers midi un furtif rayon de soleil traversait le brouillard, les domestiques la portaient auprès de la fenêtre.

Chaque matin et chaque soir Jefferies venait; mais il ne venait plus seulement pour voir sa fille; il venait encore pour savoir si l'homme gris était toujours bien caché.

Shoking s'en retourna donc à Hampsteadt.

Au milieu de ses perplexités et de ses terreurs, Shoking n'avait pu rester cependant indifférent aux agréments et aux avantages de sa nouvelle position.

Les domestiques continuaïent à l'appeler mylord; il était bien logé, bien nourri, et son valet de chambre ne le laissait jamais sortir sans mettre de l'or dans ses poches.

Enfin, ce soir-là, sa dernière inquiétude venait de disparaître. Il s'était débarrassé de John le rough.

Du moment où il était établi que Shoking était un lord excentrique, il était tout naturel qu'il changeât de costume et revînt souvent à ses premiers habits.

Chez la jolie fille du fripier Sam, il avait troqué ses vêtements mouillés contre un costume de matelot.

Le cocher du cab n'avait fait aucune difficulté de le prendre, car il savait que le marin qui a reçu sa paye est généreux et ne marchande pas.

Shoking ne le fit pas repentir de sa confiance, il lui donna une belle demi-couronne toute neuve et une autre pièce de six pence.

Puis il tira de sa poche la clef de la grille et entra dans le jardin.

Tout le monde était couché au cottage, à l'exception du valet de chambre qui avait ordre de toujours attendre mylord.

Shoking ne daigna pas donner à ce valet la moindre explication sur son changement de costume; il se borna à demander des nouvelles de

Jérémiah auprès de qui Jefferies avait passé la soirée, et il gagna sa chambre et se coucha après avoir vidé un petit verre de sherry.

Puis il dormit huit heures de suite et ne s'éveilla que pour déjeuner.

Hampsteadt, nous l'avons déjà dit, est à peu près désert en hiver.

Cependant, au coin du Heath Mount, on trouve un pharmacien chimiste.

Comme c'était chez cet industriel patenté que Shoking avait déjà commandé plusieurs remèdes pour Jérémiah, ce fut dans cette officine qu'il porta la nouvelle ordonnance de l'homme gris.

Le chemist dispensary savait que lord Wilmot avait chez lui une jeune fille malade et que le médecin qui la soignait était un docteur français.

Plusieurs fois il avait témoigné quelque étonnement à la vue des ordonnances que Shoking lui apportait.

Mais en pharmacien qui a le plus grand respect du médecin, son chef direct dans l'échelle scientifique, il avait toujours préparé les drogues demandées.

Ce jour-là cependant il ne put s'empêcher de manifester une véritable surprise.

— Excentrique! murmura-t-il en relisant deux fois l'ordonnance, très-excentrique!

— Ah! vraiment? fit Shoking.

— Est-ce encore pour la jeune fille?

— Oui, répondit Shoking. Faut-il longtemps pour préparer cela?

— Quatre heures.

— Soit, dit Shoking. Je reviendrai ce soir.

Et il retourna au cottage.

La journée s'écoula, la nuit vint. Shoking retourna chez le chemist, qui lui remit une petite fiole de trois pouces de long sur un pouce de diamètre, et lui demanda en échange deux livres sterling.

— Ah ça, pensa le naïf lord Wilmot, c'est donc du diamant dissous qu'on me donne là?

Et il emporta la fiole.

Mais il était beaucoup trop tôt encore pour aller à Rotherithe.

Avec la nuit, la peur reprenait Shoking.

John le rough était mort, il en avait la conviction; mais les deux policemen qui l'avaient remis, lui Shoking, aux mains des matelots du *Royalist*, mais ces derniers aussi étaient peut-être de service, et Shoking ne voulait pas se trouver de nouveau face à face avec eux.

— Pourvu que j'aille à Rotherithe vers minuit, c'est tout ce qu'il faut, se dit-il.

Il retourna au cottage et y changea de nouveau de vêtements, reprenant ainsi la vareuse, le pantalon flottant et le chapeau ciré du matelot que la jolie fille du fripier Sam lui avait loué la veille. Shoking ne songea pas à prendre le bateau à vapeur. Il monta dans un cab et se fit conduire au pont de Londres, sur la rive gauche.

Il y a là, un public-house qui demeure ouvert toute la nuit et qui est fréquenté surtout par de gros marchands de poissons du quartier. Shoking y passa le reste de la soirée, avalant des verres de gin et des sandwiches. Ce ne fut que lorsque minuit sonna qu'il se décida à quitter l'établissement. Il traversa le pont de Londres, s'enfonça dans l'est de Borough et gagna Rotherithe, toujours silencieux et désert à pareille heure. Il arriva ainsi jusqu'auprès du cimetière, lorgnant du coin de l'œil le public-house dans la cave duquel était caché John Colden.

Soudain quatre hommes qui paraissaient sortir de dessous terre surgirent autour de lui, l'un d'eux le prit à la gorge et s'écria :

— Ah! cette fois, tu ne m'échapperas pas!

Shoking sentit ses cheveux se hérisser, car dans

cet homme il venait de reconnaître John le rough, qu'il croyait mort et la proie des poissons grands et petits qui grouillent dans les flots bourbeux de la Tamise.

XVI

Pour comprendre la scène qui allait suivre cette arrestation de Shoking il est nécessaire de nous reporter au moment où Nichols et John le rough s'étaient reconnus sous un bec de gaz. L'explication n'avait pas été longue.

— Tiens, avait dit Nichols, tu restes donc à Rotherithe maintenant?

— Non, mais j'y viens pour mes affaires.

Il n'y a pourtant pas grand'chose à faire à Rotherithe? C'est un pauvre quartier... Et les gens qui courent après six pence sont plus communs que ceux qui ont une guinée en poche.

— Je ne dis pas non, fit le rough. Mais s'il n'y a rien à faire pour moi ici, comment peut-il y avoir de la besogne pour toi?

— Oh! moi, c'est différent... Et je suis ici...

— Peut-être pour la même affaire que moi.

— Là-dessus les deux roughs s'étaient regardés dans le blanc des yeux.

— Tu cherches quelque chose, hein! fit Nichols. Moi aussi. C'est une belle somme, hein?

— La prime.

— Bon! fit Nichols, nous y sommes; mais la place est déjà prise, mon garçon.

— Eh bien! part à deux.

— Ce n'est plus à deux, c'est à quatre.

— Oh! oh! pourquoi donc çà?

— Parce que nous sommes déjà trois, ce qui fait que c'est beaucoup trop.

— Bon! dit froidement le rough, alors cherchons chacun de notre côté. Seulement... Peut-être moi tout seul ferai-je de meilleure besogne que vous trois.

— Et pourquoi donc?

— Mais, parce que j'ai des renseignements.

— S'il en est ainsi, dit-il, cherchons ensemble. John parut réfléchir une minute. Écoute, dit-il enfin, hier je n'aurais pas accepté; mais, aujourd'hui ce n'est plus seulement l'appât de la prime qui me tient.

— Qu'est-ce donc?

— C'est le désir de me venger.

Et John raconta à Nichols ses aventures de la nuit précédente, jusques et y compris le coup d'aviron qu'il avait reçu sur la tête.

— A partir de ce moment, continua-t-il, je ne sais pas trop ce qui s'est passé. Je suis allé au fond de l'eau. Comment ne me suis-je pas noyé? Je n'en sais rien. J'étais évanoui. Quand je suis revenu à moi, je n'étais plus dans la Tamise. Je me trouvais couché sur le dos, étendu sur un lit de gravier. Quelque chose de chaud était auprès de moi et j'avais comme une haleine brûlante sur le visage. Le jour commençait à poindre et j'ai pu me rendre compte de ma situation. J'étais sur le sable au bord de l'eau. A demi courbé sur moi, un gros chien me réchauffait de son corps, et sa gueule ouverte au-dessus de mon visage laissait passer un souffle qui avait fini par me ranimer. Je me suis levé, j'ai caressé le chien, et je me suis mis à me promener un moment, cherchant à me souvenir de ce qui s'était passé. J'ai d'abord eu l'espoir que les matelots de la chaloupe avaient repris le prétendu lord Wilmot, et je me suis dit:

— Évidemment, quand ils me verront revenir, ils verront bien que j'étais un homme de la police et ils me laisseront emmener le prisonnier à Scotland yard. C'était logique, n'est-ce pas?

— Oui, fit Nichols, mais les matelots ne l'avaient pas rattrapé?

— Hélas! non. Seulement, je me suis fait un

autre raisonnement que je t'engage à suivre bien attentivement. — Puisque tu es comme moi à la recherche du condamné John Colden, tu dois savoir comment il a été sauvé?

— On a coupé la corde avec un fusil à vent.

— Et celui qui l'a coupée est un homme que nous avons connu au Black horse et qu'on appelait l'homme gris.

— Shoking était son ami, donc Shoking, que j'ai trouvé hier ici, venait pour voir John Colden ; donc John Colden est caché par ici.

— Tout cela s'enchaîne à merveille, dit Nichols.

— Quand on a flanqué un coup d'aviron sur la tête d'un homme et qu'on l'a vu couler à pic dans l'eau, on a toutes les raisons du monde de le croire mort, poursuivit John.

Donc Shoking me croit mort et il reviendra ici, s'il n'est déjà revenu.

— Alors nous le suivrons?

— Non pas : nous nous emparerons de lui, et nous le forcerons de parler.

— Comment?

— Cela me regarde. Qu'il te suffise de savoir que du *Royalist* je suis allé à Scotland yard, où on m'a donné des pouvoirs plus étendus encore.

Voilà comment John le rough était entré dans

l'association déjà formée entre Nichols, Macferson et Paddy pour gagner la prime offerte, et comment, s'étant blottis auprès du mur du cimetière, tous les quatre avaient arrêté Shoking qui s'en allait, sans défiance, porter à John Colden le moyen de changer de physionomie et presque de peau.

— Ah! s'était alors écrié John, je te tiens, cette fois, et nous sommes en nombre : tu ne nous échapperas pas.

Shoking était devenu pâle comme la mort.

Il n'essaya même pas de se défendre, il ne songea pas à crier. John lui donna un croc-en-jambe et le jeta par terre. En même temps Paddy prit son mouchoir et le bâillonna, tandis que Nichols et l'Écossais Macferson tiraient un paquet de cordes de leur poche et lui liaient les bras et les jambes.

— Maintenant, dit Nichols, qu'allons-nous en faire?

John regarda l'Écossais : — Tu es solide, toi, dit-il.

— Assez, fit modestement Macferson.

— Eh bien! charge-le sur ton épaule.

— C'est fait, dit l'Écossais, qui enleva Shoking de terre aussi facilement qu'un paquet de plumes.

— Et où allons-nous? demanda Nichols.

— A la Tamise, répondit John.

Shoking frissonna jusqu'à la moelle des os.

Évidemment on allait le jeter à l'eau tout garrotté, et cette fois Sultan, le bon terre-neuve, ne serait plus là pour l'empêcher de se noyer.

XVII

La Tamise, dans son trajet à travers Londres, ressemble bien plus à un port qu'à un fleuve.

Pendant le jour, on a peine à compter les bateaux à vapeur; la nuit, on aperçoit à gauche et à droite, en amont et en aval, des forêts de mâts et des quantités d'embarcations grandes et petites, à l'ancre.

En descendant de Rotherithe au bord de l'eau, si on tourne à gauche, au lieu de prendre à droite, pour aller rejoindre le ponton d'embarquement du penny-boat, on trouve amarrée tout au bord, une grosse barque pontée, à la proue arrondie, ressemblant à ces lourdes péniches hollandaises qui remontent les canaux à l'intérieur des terres, après avoir bravement tenu la mer.

Cette barque n'a pas de mâts. On dirait une maison plutôt qu'un navire. Que fait-elle là? Sert-elle de magasin ou d'arsenal? A sa première vue il serait difficile de le dire. Un nom est écrit en lettres blanches sur la proue : Manning. Qu'est-ce que Manning?

Un marchand de chevaux célèbre par toute l'Angleterre, qui fait des e*[nvo]is* considérables sur tout le continent. Une fois par mois, la grosse embarcation, remorquée par un petit bateau à vapeur, quitte Rotherithe et descend la Tamise jusqu'à la mer.

Elle a quelquefois cent chevaux à son bord.

A l'intérieur, elle est emménagée comme une immense écurie; et chaque cheval, soutenu par des sangles, a son box particulier.

Ce fut vers cette barque singulière que John, qui précédait ses trois compagnons, dont l'un portait Shoking sur ses épaules, dirigea la petite troupe nocturne.

Il n'est pas un vagabond sans feu ni lieu qui n'ait couché une fois dans Manning house, comme on appelle la barque pontée.

Il suffit de se hisser à bord et de descendre du pont à l'intérieur par le panneau, qu'on ne songe jamais à fermer, attendu qu'il n'y a absolument rien à voler.

M. Manning n'habite pas Londres; il a ses écuries à sept ou huit lieues, sur la route de Manchester, et sa barque, dont on ne saurait que faire, quand elle est revenue à Rotherithe, n'est gardée par personne.

— Ici, dit John qui grimpa le premier sur le pont, nous serons tout à fait chez nous, et nous pourrons causer avec Sa Seigneurie lord Wilmot.

Shoking, voyant qu'on ne le jetait pas à l'eau sur-le-champ, commençait à respirer un peu et rassemblait tout ce qu'il avait de courage et de présence d'esprit.

Les quatre roughs montèrent donc à bord du Manning house avec leur prisonnier. Puis ils descendirent à l'intérieur par l'échelle du grand panneau. La nuit était sombre, et le dedans de la péniche était plongé dans une obscurité profonde. John tira de sa poche un briquet phosphorique et alluma une petite mèche de cire jaune repliée sur elle-même comme un écheveau de fil.

Alors les reflets de la mèche éclairèrent l'intérieur de la barque, disposée, nous l'avons dit, comme une écurie. Mais il y avait une cale asez profonde au-dessous du plancher des chevaux et dans laquelle on pénétrait par une ouverture pratiquée au milieu même de l'écurie.

— C'est en bas que nous serons à l'aise, dit John, qui descendit encore le premier.

L'Écossais le suivit, portant toujours Shoking

dans ses bras. Personne ne savait ce que voulait faire John ; mais Shoking avait les plus affreux pressentiments. La calle était à peu près vide. Cependant quelques bribes de fumier et une brassée de paille se trouvaient dans un coin.

— Mes enfants, dit alors John le rough, nous sommes ici au-dessous du niveau de l'eau ; d'ailleurs la calle n'a pas de sabords. Je vais fermer le grand panneau et nous serons chez nous. S'il plaît à Sa Seigneurie de crier, elle le fera tout à son aise ; je ne pense pas que ses cris soient entendus.

— Les misérables ! pensait Shoking, dont le cœur ne battait plus, ils vont peut-être m'écorcher vif.

John prit une poignée de paille, la porta au milieu de la calle et y mit le feu.

— Je ne comprends pas, dit Macferson qui avait déposé son fardeau sur le plancher.

Shoking non plus ne comprenait pas.

Mais il fut bientôt fixé, lorsqu'il vit John lui délier les jambes et lui ôter ses chaussures.

— Mylord, dit alors le rough avec un ton d'ironie parfaite, nous allons avoir l'honneur de vous interroger et nous aurons la douleur de nous porter à certaines extrémités, si vous n'êtes pas gentil. Et il lui ôta son bâillon.

— Misérables! dit Shoking qui retrouva alors l'usage de la parole, et à qui la peur donna du courage; vous serez tous pendus, un jour ou l'autre, si vous me faites le moindre mal.

— Cela dépend de Votre Seigneurie, dit John.

Puis il ajouta après un moment de silence :

— Votre Seigneurie ne demeure pas à Rotherithe, je suppose?

— Non, dit Shoking.

— Cependant elle y est venue hier.

— Que vous importe!

— Elle y est revenue aujourd'hui... nous désirerions savoir pourquoi; vous le voyez, mylord, je suis un homme sans rancune, ricana John. Je ne vous demande nullement compte du coup d'aviron que vous m'avez flanqué sur la tête, hier.

Nous ne sommes ni des gens méchants, ni des malfaiteurs, mylord, poursuivit John; nous sommes d'honnêtes industriels, à la recherche d'un homme en échange duquel la police de Scotland yard nous comptera de belles guinées toutes neuves. Puisque vous venez à Rotherithe, c'est que vous savez bien certainement où se trouve John Colden,

— J'ignore ce que vous voulez dire, répondit Shoking d'une voix étranglée.

John se tourna vers Macferson l'Écossais. — As-tu compris maintenant? lui dit-il.

Eh bien, toi qui es fort...

L'Écossais prit dans ses robustes bras les deux bras de Shoking et les tira en arrière, ce qui fit casser la corde qui les liait.

En même temps John s'empara des jambes et, tirant à lui de son côté, il approcha la plante des pieds de la paille qui flambait. Shoking poussa un cri de douleur au contact de la flamme.

— Voilà qui délie singulièrement la langue la plus paresseuse, dit John en ricanant.

Shoking poussa un véritable hurlement. La flamme caressait toujours ses pieds nus.

Mais Shoking se disait, au milieu des souffrances inouïes qu'il endurait :

— Mieux vaut mourir mille fois que de trahir l'homme gris.

Cependant John le vit, une seconde après, faire de la main un signe désespéré.

— Ah! ah! fit-il.

— Retirez-moi du feu, s'écria Shoking et je parlerai!

— A la bonne heure? dit John.

Et il poussa du pied les débris de paille enflammée.

XVIII

Shoking n'était pourtant pas un traître; il fût mort au milieu des plus affreux supplices, plutôt que de vendre l'homme gris.

Comment donc pouvait-il consentir à parler?

Au milieu de ses souffrances, Shoking n'avait pas complétement perdu la tête.

Il lui était même venu une fort belle idée qu'il songeait à mettre à exécution; et s'il parlait de révéler la retraite de John Colden, c'est qu'il voulait à tout prix gagner du temps.

— Eh bien! Votre Seigneurie, dit John le rough, qui acheva d'éteindre la paille sous ses pieds, nous vous écoutons.

Shoking avait préparé son petit roman.

— Ah! mon pauvre John, c'est pourtant l'orgueil qui m'a perdu. J'ai consenti, pour le vain plaisir de faire quelques heures le rôle de lord, à un esclavage qui met ma vie en danger.

— Il est certain, dit John toujours railleur, que Votre Seigneurie aurait été rôtie à petit feu, si elle n'était redevenue raisonnable.

— Mon bon John, poursuivit Shoking, j'ai

encore moins peur de toi et des tiens que d'*eux*.

Et il souligna ce mot d'un geste d'effroi. S'ils savent que je les ai trahis, ils me tueront; je crois même qu'ils me couperont par morceaux.

— Et nous, si tu ne parles pas, nous te mettrons une pierre au cou et nous t'enverrons au fond de la Tamise deviser avec les poissons.

— Je parlerai, dit Shoking. — Mais il faut que vous me fassiez la promesse, de me protéger, de me défendre. Oh! il me vient une idée, acheva Shoking en se frappant le front.

— Voyons? fit John.

— Veux-tu me conduire tout de suite à Scotland yard? tu toucheras la prime... et moi je serai bien tranquille en prison. Les autres ne pourront pas venir m'assassiner à Newgate ou à Mil-bank.

— Je te conduirai à Scotland yard quand tu nous auras conduits à la maison où est John Colden.

— C'est impossible! dit Shoking.

— Alors je vais rallumer la paille, dit froidement le rough.

— Mais attend donc, reprit Shoking, et tu vas voir que tu n'as pas besoin de moi. Je vais vous indiquer la rue, la maison, vous donner le mot de passe à l'aide duquel vous entrerez et serez considérés comme des amis.

— Et pendant que nous nous embarquerons avec les prétendues indications que tu nous donneras, tu prendras la fuite ?

— Oh ! non, dit John, nous ne sommes pas simples à ce point.

— Vous vous trompez, dit Shoking, et la preuve, c'est que je veux bien rester ici prisonnier, sous la surveillance de deux d'entre vous, pendant que les deux autres iront s'assurer que je vous ai dit la vérité.

— Mais pourquoi ne veux-tu pas venir avec nous ?

— Parce que j'ai peur. D'*eux*, et, mourir pour mourir, j'aime autant que ce soit de votre main.

Shoking avait prononcé ces mots avec cet accent d'entêtement auquel John ne se trompa point.

Les Anglais sont peut-être le peuple le plus têtu de la terre. Quand un fils de John Bull a dit une chose d'une certaine façon, rien ne saurait le faire changer d'avis.

— Eh bien ! répondit John après un moment de silence, je veux bien consentir à ce que tu me demandes, mais à une condition : si tu nous as trompés, ce que nous saurons dans une heure, nous t'étranglerons, et tu iras passer la nuit au fond de la Tamise.

— Je n'ai pas l'intention de vous tromper, dit Shoking avec un accent de franchise dont John fut la dupe.

— Maintenant, parle.

Shoking avait son idée, car sans cela, il n'eût point menti avec tant de calme.

— Vous perdez votre temps à tourner autour de la chapelle de Rotherithe et à errer dans le cimetière, dit-il.

— C'est pourtant à Rotherithe que se cache John Colden, dit John.

— Oui, mais pas où vous croyez.

— Où est-il donc?

— Dans Love lane, au numéro dix-neuf. Vous verrez une maison noire à trois étages. Avec une porte basse et un judas percé dans le milieu.

— Vous frapperez au judas et vous direz à la personne qui viendra vous ouvrir : *La Mersey charrie ses glaçons!*

— Pourquoi ces paroles?

— C'est le mot de passe.

— Et on nous ouvrira?

— Oui, et on vous fera ce signe-ci.

Et Shoking eut un geste de fantaisie que John répéta sur-le-champ.

— Et que répondrons-nous?

— Vous répondrez par celui-là.

Et Shoking eut un autre geste.

— Alors, poursuivit-il, vous passerez pour des amis de l'Irlande et vous serez admis à voir John Colden, qui passe, parmi les Irlandais, pour avoir le don de guérir les malades, depuis qu'il a miraculeusement échappé à la corde de Calcraff.

Shoking avait su imprimer à sa voix un accent de sincérité, à son visage une expression de franchise telles que John en fut dupe.

— Eh bien! dit-il en se tournant vers Nichols et Paddy, qu'en pensez-vous?

— Je pense qu'il faut faire ainsi. Mais que deux de nous doivent rester ici et garder Shoking jusqu'à notre retour.

— Oh! fit l'Écossais Macferson, vous pouvez bien vous en aller tous les trois.

— Je suffirai bien, ajouta-t-il, à garder notre homme.

— Dans la calle?

— Oui, et tenez, dit Macferson, pour plus de sûreté, quand vous serez remontés, fermez le panneau.

— C'est ce que nous comptions faire, dit John.

Et tous trois remontèrent l'échelle, et quand ils furent dans l'entre-pont, John laissa retomber le panneau. Macferson l'entendit pousser la clavette qui servait de fermeture.

— Maintenant, dit-il, nous sommes prisonniers tous les deux.

— Prisonniers et dans les ténèbres, fit Shoking.

— Ça m'est égal, fit encore l'Écossais, je n'ai pas peur de la nuit.

La paille avait, en brûlant, dégagé une fumée épaisse qui était montée dans l'entre-pont et devait sortir par les écoutilles de la barque. Shoking avait fait cette réflexion, pleine de sagesse, que cette fumée serait peut-être signalée par la police de la Tamise, et qu'une chaloupe du *Royalist*, venant à passer par là, s'imaginerait que le feu était à bord et viendrait le délivrer avant le retour de John. Mais Shoking avait encore une autre corde à son arc.

— J'ai gardé l'ordonnance de l'homme gris, se dit-il, et il y a encore des pharmaciens dans Londres.

Sur ces mots, qu'il s'adressa *in petto*, Shoking, favorisé par l'obscurité, tira de sa poche le flacon destiné à convertir John Colden en nègre, le déboucha sans bruit et, le portant à ses lèvres, avala les deux tiers de son contenu.

XIX

A peine eut-il bu que Shoking éprouva une bizarre sensation de froid. On eût dit qu'on le prenait par les cheveux et qu'on le plongeait sous la glace. Puis à cette impression en succéda une autre tout à fait opposée. Après avoir eu froid, Shoking eut trop chaud. Cependant il ne perdit ni sa présence d'esprit, ni son sang-froid.

— C'est la drogue qui agit, pensa-t-il.

En ce moment, Shoking ne pensait qu'à une chose, devenir méconnaisable pour John, à ce point que le rough ne pût jamais le reconnaître.

Depuis une heure que cette merveilleuse idée lui était venue, de se servir pour lui-même de cette fiole qu'il portait à John Colden quand il était tombé aux mains de ses ennemis, Shoking n'avait nullement songé à son physique, lequel, si l'homme gris avait dit vrai, serait singulièrement modifié et probablement d'une façon peu avantageuse.

D'ailleurs Shoking était revenu des enthousiasmes de la jeunesse et de l'amour, et il estimait qu'un morceau de roastbeef, un pot de bière et une bonne pipe auprès d'un poêle bien chaud, valent mieux que toutes les femmes du monde. Donc, au premier abord, Shoking n'avait vu aucun inconvénient à devenir noir.

La sensation de chaleur ayant succédé à la sensation de froid, Shoking se rappela que l'homme gris lui avait dit qu'il suffirait à John Colden de frotter sa barbe et ses cheveux avec le reste de la mystérieuse liqueur pour en changer la couleur. Il versa donc dans le creux de sa main le reste du liquide contenu dans le flacon et se frotta la tête en tous sens. Shoking n'avait pas de barbe, en outre il commençait à devenir chauve.

Il avait accompli tout cela dans les ténèbres les plus profondes, n'entendant auprès de lui que le souffle bruyant de l'Écossais, son gardien.

De temps en temps ce dernier allongeait la main et touchait Shoking. Shoking n'avait rien dit tout d'abord, mais quand il pensa que sa métamorphose était opérée, il s'écria :

— Ah ça ! qu'est-ce que tu me veux, camarade ?

— Rien, dit Macferson. Je m'assure que tu es toujours là.

— Je suis là parce que ça me plaît, dit Shoking.

— Et que je te garde, dit Macferson.

Shoking partit d'un éclat de rire. Si je voulais m'en aller, dit-il, je m'en irais.

— Voilà ce que je voudrais voir pour le croire, dit l'Écossais.

— Sais-tu qui je suis? reprit Shoking.

— Oui, tu t'appelles Shoking et tu te fais passer pour lord.

— Aujourd'hui, je suis Shoking en effet, demain je serai lord, et après demain autre chose, si ça me plaît, attendu, fit gravement Shoking, que je ne suis pas un homme.

— Bah! ricana l'Écossais.

— Je suis le diable, ajouta Shoking.

Macferson, nous l'avons dit, n'était pas précisément un homme intelligent. C'était un de ces épais montagnards d'Écosse qui viennent à Londres, comme les Auvergnats viennent à Paris. L'Écossais est superstitieux, le diable joue un assez grand rôle dans ses récits d'hiver, sous le toit de sa chaumière. Les fées, les willis et les nains ne sont pas étrangers à son éducation. Macferson, dans son enfance, avait beaucoup entendu parler du diable. S'il ne l'avait pas vu réellement, il croyait néanmoins s'être trouvé avec lui, par une froide nuit de brouillard, dans un vallon des monts Cheviot, alors qu'il était berger.

Cependant Shoking, en disant être le diable, ne le convainquit point.

— Tu te moques de moi, lui dit il.

— Alors tu penses que je suis un homme?

— En chair et en os : la preuve en est que je te touche.

Sur ces mots, Macferson serra le bras de Shoking à le lui broyer. Shoking continuait à ricaner, et son rire avait quelque chose de diabolique qui ne laissait pas que d'émouvoir l'Écossais.

— As-tu des allumettes sur toi? dit Shoking.

— Toujours.

— Eh bien! je vais te prouver que je suis le diable.

— Et comment cela?

— Tout à l'heure, quand la paille flambait et que je me moquais de vous en poussant des cris, car le feu ne me fait pas peur, tu m'as bien regardé, n'est-ce pas?

— Sans doute.

— Comment suis-je? demanda Shoking.

— Mais tu es un homme comme un autre.

— Bon! et mes cheveux de quelle couleur sont-ils?

— Ils sont roux.

— Et ma peau?

— Elle est blanche.

— Tu te trompes, dit Shoking, ma peau est noire.

— Allons donc!

— Mes cheveux sont blancs.

L'Écossais serra les poings.

— Si tu continues à te moquer de moi, fit-il, je t'assomme.

— Je ne me moque pas, répondit Shoking. Puisque tu as des allumettes sur toi, frottes en une par terre, et tu vas voir si je n'ai pas changé de peau.

L'Écossais qu'une sorte de terreur superstitieuse commençait à envahir, prit dans sa poche un briquet qui renfermait de ces allumettes bougies qui éclairent près de deux minutes. La bougie frottée sur le briquet crépita et la flamme jaillit.

— Mais regarde donc! dit Shoking.

Il ne s'était pas vu encore mais il avait tellement foi dans la prédiction de l'homme gris, qu'il ne doutait pas un seul instant que la métamorphose annoncée ne se fût opérée.

Soudain l'Écossais jeta un cri. La clarté répandue par l'allumette s'était projetée sur son compagnon et l'Écossais épouvanté venait d'apercevoir un homme tout noir avec des cheveux blancs comme neige.

— Tu vois bien que je suis le diable, répéta Shoking avec un éclat de rire strident.

Mais le rustre en doutait maintenant si peu qu'il se mit à pousser des cris affreux et se réfugia tout en haut de l'échelle qui conduisait à l'entre-pont.

Alors Shoking s'écria :

— Je suis le diable ! crains ma vengeance !

Et il se leva et posa un pied sur l'échelle.

L'allumette venait de s'éteindre et tout était rentré dans les ténèbres.

Mais Shoking, lui aussi, avait un briquet ; et l'Écossais, qui faisait de vains efforts pour soulever le panneau de l'entre-pont, revit tout à coup la cale éclairée et Shoking, noir comme le plus noir démon, mettant le feu au reste de paille qui était dans un coin.

Alors l'épouvante de l'Écossais tripla ses forces. Il s'arc-bouta sur l'échelle, fit un levier de ses deux épaules et donna une si violente secousse que la clavette du panneau se brisa et que le panneau s'ouvrit. Et Macferson, éperdu, les cheveux hérissés, se sauva dans l'entre-pont d'abord, puis sur le pont. Shoking s'était fait un brandon avec de la paille enflammée et il poursuivait l'Écossais.

— Ah! tu as osé garder le diable! disait-il. Attends... tu vas voir!...

Et il monta sur le pont à son tour.

Alors Macferson se mit à courir en poussant des cris et, arrivé à la muraille du pont, sentant déjà sur lui la flamme que brandissait Shoking, il n'hésita plus et sauta dans la Tamise.

— Tu vas te noyer! lui cria encore Shoking; cela t'apprendra à braver le diable!

Et, tandis que l'Écossais, fou de terreur, fendait l'eau glacée, Shoking, libre et méconnaissable, s'assit sur le pont et se dit : — Maintenant, je ne serai pas fâché de voir revenir John le rough.

XX

Love Lane, c'est-à-dire la ruelle de l'Amour, dans Rotherithe est une petite rue assez triste, habitée par des gens paisibles et qui n'ont jamais connu les orages et les grandes passions.

Il ne s'y trouve pas non plus la moindre maison de nuit, le moindre public-house mal famé, et on y chercherait vainement un échantillon de ce fleuve de nudités qui se répand chaque soir, dans le beau quartier, sous les arcades de Regent street, et dans Hay-markett.

Love Lane, à neuf heures du soir, est désert; et le watchman évite d'y passer, de peur de réveiller les habitants, en criant les heures de la nuit.

Ce fut pourtant dans cette rue que John le rough, Nichols et Paddy arrivèrent un quart d'heure après avoir laissé Shoking dans la péniche, sous la garde de Macferson l'Écossais.

— Je ne sais pas, dit-il en entrant, pourquoi cet animal de Shoking a eu si grand'peur de venir avec nous. Les rues sont désertes, et je ne vois pas le moindre Irlandais sur pied.

— Moi, dit Nichols, je n'ai pas bonne idée. Je crois qu'il a été plus malin que nous, et que la maison qu'il nous indique pourrait bien être une souricière où nous tomberions tous les trois.

— Puisque nous avons le mot de passe...
Nichols haussa les épaules.

— Nous allons bien voir, dit John : si la figure qui viendra nous ouvrir ne nous revient qu'à moitié, nous n'entrerons pas.

— Il faut pourtant, observa Paddy, que nous retrouvions John Colden, mais moi j'ai une autre idée... — Je crois que ce Shoking s'est moqué de nous et que le condamné n'est pas à Rotherithe.

— Où serait-il donc, selon toi?

— Dans le Southwark.

— Allons donc!

— Enfin, nous verrons, dit Paddy. En attendant, frappons ici.

Et il s'arrêta devant la maison qui portait le numéro dix-neuf, et qui était bien celle désignée par Shoking. Une première déception les attendait. La porte n'avait pas de judas grillé. Néanmoins John sonna. Aucun bruit ne se fit à l'intérieur. John sonna une seconde fois, puis une troisième. Enfin une fenêtre s'ouvrit au premier étage et une voix chevrotante dit :

— Si vous venez chercher monsieur le curé, vous venez trop tard. Il est parti depuis une heure pour aller assister un malade auprès de la chapelle.

John et Paddy se regardèrent avec stupeur. La porte à laquelle ils sonnaient était celle d'un clergyman. Néanmoins John ne se tint pas pour battu. Il voulut faire usage du prétendu mot de passe que lui avait donné Shoking :

— La Mersey est prise, dit-il.

— Cela m'est bien égal, répondit la voix chevrotante. Et le sacristain referma la fenêtre.

— Eh bien ! fit Nichols, me croirez-vous. Shoking s'est moqué de nous.

— Il nous le payera, dit John furieux, et tout de suite, encore.

Et John prit sa course, remonta Love Lane et ne voulut rien entendre. Nichols et Paddy prirent le parti de le suivre. La colère donnait à John des jambes et de la force ; il ne mit pas dix minutes à regagner le bord de la Tamise. Ses deux compagnons avaient peine à le suivre. Cependant, au moment où il s'accrochait à la corde qui servait d'échelle pour monter sur le pont du bateau-écurie, Nichols l'arrêta.

— Voyons, dit-il, calme-toi et pas de bêtises. Que vas-tu faire ?

— Étrangler Shoking.

— Ce à quoi je m'oppose, dit Nichols. La police ne t'a-t-elle pas promis une prime si tu lui amenais le prétendu lord Wilmot ?

— Oui, certes.

— Eh bien ! nous voulons notre part de cette prime, comme tu auras celle de l'autre. Par conséquent, au lieu de noyer ou d'étrangler Shoking, il faut le conduire à Scotland yard.

John soupira ; il lui en coûtait de ne pas se venger tout de suite. Néanmoins, comme il était

Anglais, et que tout Anglais est un homme pratique, il se résigna, pensant que les guinées de sir Richardson valaient mieux que le stupide plaisir de tordre le cou à Shoking.

— Soit, dit-il, je ferai ce que vous voudrez.

Et il monta le premier. Paddy et Nichols le suivirent. La nuit était toujours noire, et John traversa tout l'avant de la péniche, sans rien voir d'extraordinaire, et sans apercevoir une ombre noire, immobile et adossée à la muraille du pont. Il arriva au panneau de l'entrepont, posa le pied sur l'échelle, tira un briquet de sa poche et se procura de la lumière. Mais soudain un cri d'étonnement lui échappa. Le panneau de la cale qui se trouvait au bas de l'échelle et qu'il avait pris soin de fermer en s'en allant, était grand'-ouvert..

— Par saint George! exclama-t-il, qu'est-ce que cela veut dire?

Il sauta à pieds joints dans la cale. La cale était vide. Macferson et Shoking avaient disparu. Paddy et Nichols répétèrent ce cri d'étonnement qu'avait poussé John.

— Macferson n'est pourtant pas un traître! disait Nichols.

John furieux remonta sur le pont et, tout à coup,

il aperçut l'ombre noire. Il courut à elle et le rayonnement de la bougie qu'il portait tomba sur un homme entièrement noir et à demi-nu.

— Un nègre! exclama Nichols.

— Joli moricaud! dit Paddy.

Le nègre riait de ce rire moitié hébété et moitié craintif qui est familier aux fils du Congo. John le prit par le bras et le secoua :

— Où sont-ils? lui dit-il, faisant allusion à Macferson et à Shoking.

— Massa, pardon, li Neptune, bon nègre, aimé les blancs, répondit le noir avec un accent guttural et empreint d'un certain grasseyement.

— Je ne te demande pas si tu aimes les blancs, dit John. Je te demande où *ils* sont.

— Massa, pardon, répondit encore le nègre. Neptune li pas savoir ce que mossié blanc veut dire. Neptune sauvé a bord d'un navire, parce que maître à li battait Neptune bien fort. Neptune venir en Angleterre, promener dans Londres... toujours... pas trouver d'ouvrage... avoir grand faim...

— Que le diable t'emporte! s'écria John, ce n'est pas là ce que je veux savoir. Il y avait deux hommes ici?

— Oh! non... Neptune les avoir pas vus...

Neptune tout seul... pas savoir où li coucher. Li venir ici pour dormir... Massa, pardon... bon nègre, Neptune... aimé les blancs, si blancs pas maltraiter li...

— Mon cher, dit Nichols, tu n'obtiendras rien de cet homme. C'est un nègre à moitié idiot, tu le vois bien, et ce qu'il dit est vrai sans doute... Il est venu ici et n'a vu personne...

— Et Macferson nous aura trahis, dit Paddy.

— Oh! répondit Nichols, c'est impossible.

— Bah! Shoking avait de l'argent, il le lui aura donné.

— C'est la vérité pure, cela! s'écria John, qui se souvint avoir vu le le prétendu lord Wilmot jeter des poignées de guinées. Nous sommes mystifiés comme des enfants.

— En ce moment, on entendit sur le fleuve le sifflement d'une machine à vapeur.

— Hé! dit Nichols, voici une des chaloupes du *Royalist*. Il ne fait pas bon ici, filons!

— Filons! répéta John qui, pour calmer sa fureur, donna un violent coup de pied au nègre.

— Blancs toujours méchants, massa, toujours maltraite Neptune... pauvre!...

Et Shoking, car c'était bien toujours lui, vit

John et ses deux compagnons gagner en toute hâte la corde de tribord et disparaître.

— Maintenant, murmura-t-il, je suis bien sûr que John ne me reconnaîtra jamais.

Il se coucha sur le pont et ne bougea.

La chaloupe du *Royalist* passa auprès de la péniche et ne s'arrêta point. Alors Shoking monta sur la muraille du bord et piqua une tête dans la Tamise, préférant s'en aller par ce chemin, plutôt que de descendre une seconde fois à Rotherithe, théâtre de toutes ses mésaventures.

XXI

Il était plus de deux heures du matin, lorsque, cette même nuit, le révérend Peters Town avait quitté miss Ellen.

Quel plan ténébreux avaient-ils conçu tous deux, le clergyman haineux et fanatique et la patricienne orgueilleuse et cruelle?

Nul n'aurait pu le dire.

Mais, après le départ du révérend, miss Ellen quitta le pavillon du fond du jardin et regagna l'hôtel d'un pas leste, la tête fièrement rejetée en arrière, et les lèvres frémissantes d'une âpre joie.

Jamais peut-être elle ne s'était senti au cœur plus de haine que cette nuit-là; jamais la perspective d'une vengeance terrible et prochaine ne lui était apparue aussi nettement.

Les jeunes filles anglaises sont élevées avec une telle liberté que les domestiques eux-mêmes trouvent naturelles, de leur part, les démarches les plus excentriques.

Miss Ellen rentrait à toute heure du jour et de la nuit, et la valetaille ne s'en inquiétait pas.

Ses femmes de chambre l'avaient attendue jusqu'à minuit, puis elles s'étaient allées coucher, obéissant ainsi à miss Ellen, qui leur avait enjoint de ne pas demeurer, passé ce temp-là, dans son appartement.

Arrivée dans le vestibule, miss Ellen, qui avait traversé le jardin sans lumière, alluma une lampe qu'elle avait laissée en bas de l'escalier ; puis elle s'apprêtait à monter chez elle lorsqu'elle aperçut une clarté dans la cour.

Cette clarté était la réverbération des croisées du premier étage sur le mur de clôture, et ces croisées-là étaient précisément celle du cabinet de travail de lord Palmure.

Le parlement, nous l'avons déjà dit, siége la nuit. A l'issue de chaque séance, lord Palmure avait coutume d'aller à son club et il en sortait rarement avant l'aube.

Miss Ellen fut donc peu étonnée de voir de la lumière dans son cabinet.

Le noble lord était-il déjà rentré ?

Miss Ellen gagna son appartement, se déshabilla toute seule, comme une fille de bourgeois, s'enveloppa ensuite dans une robe de chambre, et ouvrit une porte qui, du fond de sa chambre, donnait sur une galerie qui séparait son appartement de l'appartement de son père.

Puis, un bougeoir à la main, elle traversa cette galerie et arriva à la porte du cabinet.

Elle frappa deux coup discrets. On ne lui répondit pas. Elle frappa une seconde fois, même silence. Pensant que son père s'était endormi en travaillant, elle appliqua son œil au trou de la serrure.

La grande table chargée de journaux, de livres et de papiers était placée en face de la porte. Devant cette table, un homme était assis, tournant le dos à miss Ellen et paraissant absorbé dans une méditation profonde.

Miss Ellen reconnut la robe de chambre de velours gris et la calotte de soie qui constituaient le costume d'intérieur de lord Palmure.

Alors elle tourna la clef qui était dans la serrure, ouvrit la porte et entra. Le rêveur ne bougea point. Un sourire vint aux lèvres de miss Ellen.

— En ce moment, pensa-t-elle, mon père, qui se croit un grand politique, s'imagine qu'il tient dans ses mains les destinées du monde.

Et miss Ellen fit un pas encore.

Mais soudain la robe de chambre se dressa, l'homme se retourna et miss Ellen recula épouvantée et muette. L'homme qui était enveloppé dans la robe de chambre de lord Palmure et assis devant sa table, ce n'était pas lui!... C'était l'homme gris!... Et d'un bond, cet homme fut à la porte dont miss Ellen venait de franchir le seuil, et il la ferma.

Miss Ellen voulut crier, mais sa gorge aride ne rendit aucun son. Elle voulut fuir, mais ses jambes se trouvèrent rivées au parquet. L'homme gris souriait.

— Miss Ellen, dit-il, je vous avais promis une visite, je tiens ma promesse. Et il lui prit la main.

A ce contact, miss Ellen sentit le charme se briser; elle retrouva sa voix, elle retrouva son énergie physique.— Ah! misérable, dit-elle, vous ne sortirez pas d'ici! Et se dégageant, elle courut à la cheminée, aux deux côtés de laquelle pendaient des cordon de sonnette. Mais l'homme gris y arriva avant elle, et saisissant le cordon il le releva assez haut pour qu'elle ne pût l'atteindre.

— Miss Ellen, dit-il tout bas, je ne veux ni vous assassiner, ni vous manquer de respect, et je vous jure que je n'opposerai aucune résistance à vos gens, que vous serez libre d'appeler, après m'avoir entendu.

— Vous! vous encore! disait miss Ellen avec un accent plein de fureur.

L'homme gris ne perdit rien de son calme.

— Écoutez-moi, dit-il, et puis vous ferez ce que vous voudrez.

Et, une fois encore, il laissa peser sur elle ce regard plein de mystérieux engourdissements qui l'avait déjà fascinée.

— Miss Ellen, votre père est au club, où il joue le whist avec deux de ses amis qui sont les miens. La partie durera jusqu'à quatre heures du matin. Si, à ce moment-là, j'ai fait mon apparition au club, votre père aura échappé à un grand danger.

— Deux hommes sont apostés au coin de Chester street. Ils ont ordre de poignarder lord Palmure, si, quand il sortira du club, je ne les ai point relevés de leur faction. Comprenez-vous? Maintenant, acheva-t-il en laissant retomber le cordon de sonnette, appelez vos gens, si vous l'osez.

Miss Ellen, tandis qu'il parlait, avait eu le

temps de maîtriser son épouvante et de reconquérir son sang-froid. A son tour elle le regarda et soutint l'éclat de ses yeux.

— Allons, dit l'homme gris, j'aime mieux cela; vous êtes une ennemie avec laquelle il faut compter. La nature de la femme n'est pas maîtresse d'un premier effroi, mais vous avez l'âme d'un homme, et cette âme a bientôt réagi. Causons donc, nous avons une heure devant nous.

Et il la prit de nouveau par la main. Cette fois elle ne se dégagea point et se laissa conduire vers le canapé qui faisait face à la cheminée. L'homme gris demeura debout devant elle.

— Miss Ellen, vous me haïssez, soyez franche.

— Oui, répondit-elle je vous hais... et je vous brave!

— Vous avez juré ma perte. Et ce sera un beau jour pour vous celui où je pendrai les pieds dans le vide, devant la porte de Newgate.

— Oh! oui! fit-elle en affrontant de nouveau son regard; et tenez, je veux être une ennemie loyale. Aujourd'hui encore, je suis en votre pouvoir et vous pouvez m'assassiner. Faites-le donc ou vous aurez tort.

— Non, dit-il en souriant.

— Ah! reprit-elle, je sais bien que vous possédez des lettres qui peuvent me déshonorer, et cette possession est, dans votre esprit, la meilleure des sauvegardes. Eh bien! vous vous trompez, une femme comme moi sacrifie, au besoin, sa réputation à sa haine.

L'homme gris ouvrit alors la robe de chambre qu'il avait croisée sur sa poitrine, et il apparut à miss Ellen en toilette de ville, frac noir et cravate blanche. Puis il tira un portefeuille de sa poche.

— Tenez, dit-il, vos lettres sont là, elles y sont toutes, comptez-les, vérifiez-les et jetez-les au feu.

Miss Ellen étouffa un cri. — Prenez garde! dit-elle en étendant vers le portefeuille une main frémissante... prenez garde!

— Je ne vous crains pas, répondit-il.

Miss Ellen était pâle de fureur : — Oh! dit-elle en saisissant le portefeuille, vous vous croyez donc bien fort?

— Assez, répondit-il. Et un nouveau sourire glissa sur ses lèvres.

XXII

Miss Ellen eut un élan de générosité, alors.

Elle avait pris le portefeuille dans ses mains convulsives. Au lieu de le jeter au feu, elle le posa sur la table.

— Non, dit-elle, vous vous méprenez sur moi, à votre tour, et je ne veux pas frapper un ennemi désarmé. Reprenez ces lettres, la lutte engagée entre nous n'en sera que plus ardente et plus acharnée.

L'homme gris souriait toujours.

— Écoutez-moi encore, dit-il. Tout à l'heure, je vous ai dit que si je ne reparaissais pas au club de votre père avant quatre heures du matin, lord Palmure, en sortant, serait poignardé.

— Oui, vous m'avez dit cela.

— Eh bien, je mentais. Je n'ai pas vu votre père, je ne sais pas s'il est au club, je n'ai donné aucun ordre et il ne court pas le moindre danger.

— Enfin, vous le voyez, je suis sans armes. Donc, vous avez vos lettres, vous ne craignez pas pour la vie de votre père, et rien ne vous empêche de sonner vos gens, de me faire arrêter par eux et d'avertir Scotland-yard que vous tenez enfin cet homme après qui toute la police de Londres court inutilement depuis huit jours.

Et toujours calme, toujours souriant, l'homme

gris avait croisé ses bras sur sa poitrine et regardait miss Ellen.

Miss Ellen avait les narines frémissantes, l'œil en feu, et tout son corps était agité d'un tremblement convulsif.

— Monsieur, lui dit-elle, vous êtes bien hardi ou bien imprudent de me parler ainsi.

— Vous trouvez?

— J'ai juré de vous livrer à la justice anglaise, vous le savez, et vous venez vous mettre à ma discrétion.

— Oui, fit-il d'un signe de tête.

— Eh bien! oui, dit-elle, vous avez raison, après tout. Je veux votre perte, mais je ne la veux pas par une trahison. Vous avez eu raison de vous désarmer devant moi, car je ne vous frapperai pas. Emportez mes lettres, si bon vous semble, allez-vous en librement dans tous les cas; ce n'est pas sous le toit de lord Palmure que les policemen viendront vous arrêter.

Le sourire abandonna les lèvres de l'homme gris. — Miss Ellen, dit-il, vous n'êtes pas encore la femme que je rêve, mais vous avez déjà fait un pas vers mon but.

— En vérité! fit-elle avec ironie

— Votre haine devient plus loyale.

— Oui, dit-elle, mais cette haine est féroce.

— Soit, mais elle sert mes projets dans l'avenir.

— Vraiment, vous avez des projets qui me concernent? fit la patricienne avec un accent de dédain suprême.

— Peut-on les connaître?

Je suis venu ici pour vous en parler.

— Eh bien! je vous écoute...

Et une fois encore elle supporta son regard.

Cela tenait peut-être, du reste, à ce que cet homme étrange chargeait plus ou moins ce regard de ce fluide électrique et fascinateur qui était en son pouvoir. Elle était assise en face de la cheminée et l'homme gris, qui s'y était adossé, demeurait debout. N'eût été l'heure avancée de la nuit, on eût pu croire que miss Ellen recevait la visite d'un gentleman, son parent, son ami ou son fiancé.

— Miss Ellen, reprit-il avec cet accent de courtoisie parfaite et cette aisance de manières qui faisaient de lui, à l'occasion, un gentilhomme accompli, vous êtes jeune, vous êtes belle, vous êtes douée d'une haute intelligence et d'une rare énergie ; vous serez une des plus riches héritières du Royaume-Uni. La cause que vous servirez triomphera.

— Je l'espère.

— Pardon, vous vous méprenez. Ce n'est pas celle que vous servez maintenant, mais celle que vous servirez plus tard.

— Et qu'elle est cette cause? dit-elle.

— Celle de l'Irlande.

Un nouvel éclat de rire, plein de mépris, mit à nu ses dents éblouissantes.

— Votre père avait un frère qui est mort pour elle, poursuivit-il gravement.

— Ce frère était un rebelle et un traître.

— Miss Ellen, un jour viendra où le traître, à vos yeux, ne sera pas sir Edmund, mais...

— N'achevez pas! dit-elle avec un geste de colère superbe, vous allez parler de mon père, je crois!

— Donc, reprit-il, un jour viendra, et ce jour n'est pas loin, où votre jeunesse, votre beauté, votre fortune, votre intelligence seront au service de l'Irlande, le berceau de vos aïeux.

L'assurance avec laquelle parlait l'homme gris, avait fini par troubler profondément miss Ellen.

— Oh! dit-elle, allez-vous-en, monsieur... allez-vous-en!

— Pas avant de vous avoir dit comment s'opérera la métamorphose que je prédis. — Elle se résume en deux mots.

— Vous m'aimerez!

Miss Ellen étouffa un cri. Le rouge lui monta au visage, tout son sang patricien se révolta. — Mais sortez donc! dit-elle, sortez donc! ou je perds la tête et j'appelle à mon aide... sortez, monsieur!

L'homme gris, en parlant, s'était éloigné de la cheminée et il avait gagné peu à peu un angle de cette vaste pièce qui servait de cabinet de travail à lord Palmure, et dont les murs étaient couverts d'une boiserie à panneaux.

Tout à coup et comme miss Ellen répétait pour la troisième fois, en lui montrant la porte :— Mais sortez donc!

L'homme gris poussa un ressort derrière lui, un des panneaux s'entr'ouvrit, et miss Ellen se trouva seule. Son étrange visiteur avait disparu. Non par la porte, mais par une issue secrète que miss Ellen ne connaissait pas, que lord Palmure ignorait aussi peut-être, bien qu'ils fussent chez eux. Ainsi donc, l'homme gris pouvait pénétrer chez lord Palmure sans que personne le vît, et il en pouvait sortir de la même manière... Miss Ellen était comme pétrifiée.

Enfin, elle fit un effort suprême, elle secoua la torpeur léthargique qui s'était emparée d'elle, elle courut à cet angle, dans lequel une porte s'était ouverte. D'une main elle tenait un flambeau, de l'autre elle cherchait ce ressort mystérieux qu'avait pressé l'homme gris. Mais elle ne trouva rien.

En vain, sonda-t-elle les moulures du panneau; il n'offrait ni fente ni rainure. Elle frappa dessus à poing fermé : le panneau rendit un son mat. Alors elle reposa le flambeau sur la cheminée et se dit :
— Suis-je folle? ou bien fais-je un rêve?

Le portefeuille laissé par l'homme gris était là pour lui répondre : Elle s'en saisit avidement, elle l'ouvrit et les lettres qu'elle avait écrites à Dick Harrisson s'en échappèrent. Alors elle se mit à les compter, car elle en savait le nombre, et soudain, elle pâlit. Il en manquait une, et c'était celle précisément qui établissait clairement qu'elle avait succombé à la séduction.

Alors miss Ellen se redressa, échevelée; on eût dit une furie. — Oh! le misérable! s'écria-t-elle, il m'a donc encore jouée !... Et elle jeta les lettres au feu, et avec elles le portefeuille, ajoutant : — Cette fois je serai sans pitié.

Tandis que la dernière lettre flambait, le bruit de la porte de l'hôtel se refermant arriva jusqu'à elle. C'était lord Palmure qui rentrait.

XXIII

Miss Ellen hésita un instant. Attendrait-elle son père dans le cabinet, ou bien rentrerait-elle chez elle par la galerie ? Si l'homme gris se fût ne allé par la porte, peut-être eût-elle jugé inutile de rien dire à son père. Mais après cette sortie bizarre, cette évasion plutôt, de son ennemi, miss Ellen avait besoin de lord Palmure, ne fût ce que pour savoir s'il connaissait ce passage mystérieux.

Ellen resta donc dans le cabinet et attendit.

Lord Palmure entra et s'arrêta ébahi sur le seuil. — Que faites-vous donc ici, Ellen, lui dit-il, et à pareille heure?

— Mon père, dit froidement la jeune fille, vous savez nos conditions.

— Oui, je dois être le bras qui agit et vous la tête qui dirige, n'est-ce pas?

— Vous devez être aussi le père qui conseille,

et qui apprend à sa fille les choses qu'elle ignore.

— Que voulez-vous dire, Ellen?

— Mon père, avant de vous expliquer ma présence ici, laissez-moi vous questionner, et ne vous étonnez pas de mes questions.

— Cette maison que nous habitons est-elle à nous?

— Sans doute. Je la tiens de mon père. Pourquoi?

— Attendez, dit encore miss Ellen. Les boiseries de cette salle sont-elles anciennes?

— Oui, je les ai toujours vues.

— Et cette salle n'a que deux portes?

— Vous le voyez bien.

— Mon père, vous vous trompez. Il y a ici une troisième porte.

Elle reprit le flambeau et dit : — Venez avec moi.

Lord Palmure la suivit dans cet angle où elle avait fait de vaines recherches.

— Cette porte doit être là, dit-elle.

Lord Palmure prit le flambeau à son tour et le promena tout près de la boiserie, en haut et en bas, en long et en large. — Où diable voyez-vous une porte? dit-il.

— Je ne la vois pas, mais je suis sûre qu'elle existe. — Il y a mieux, dit miss Ellen avec un accent de conviction qui acheva de stupéfier lord Palmure, je l'ai vu fonctionner. Elle s'est ouverte...

— Il y a vingt minutes, — devant un homme qui était ici il y a une heure.

Lord Palmure fit un pas en arrière.

— Il était ici, revêtu de votre robe de chambre, coiffé de votre calotte de soie; assis devant votre table et tournant le dos à cette porte qui donne dans la galerie et par laquelle je suis entrée.

Lord Palmure regarda sa fille et parut se demander si elle n'avait pas perdu la raison. Mais elle lui montra du doigt la robe de chambre que l'homme gris avait jetée sur un siége.

— Enfin, s'écria lord Palmure, cet homme?

— C'est *lui*.

Et dans ce mot, il eut un tel accent de haine que lord Palmure ne s'y trompa point.

Lui! c'était cet homme qui avait osé braver sa fille, cet homme qui était l'âme et la tête des Irlandais qui conspiraient; c'était cet homme gris, enfin, que la police traquait et qui, au mépris de la police, osait pénétrer de nuit dans la maison d'un pair d'Angleterre et rechercher un tête-à-tête avec sa fille ! C'était encore ce même homme qui avait eu l'audace de lui couvrir le visage d'un masque de poix et de le jeter garrotté dans un coin du jardin de mistress Fanoche. Tant d'audace confondait le noble pair.

— Ellen, dit-il, je vais vous donner un conseil.

— Ne vous obstinez point à lutter contre cet homme. Nous allons quitter l'Angleterre, nous voyagerons, nous...

— Ah ! mon père ! s'écria la jeune fille, vous manquez donc de courage pour la lutte !

— Non, mais j'ai peur pour toi...

...Mon père ! le dernier jour de triomphe a lui pour ce misérable, et je le terrasserai.

Lord Palmure cherchait toujours avec les mains une fente quelconque à ce panneau qui, au dire de sa fille, s'était entr'ouvert.

— Rien, rien, disait-il. Cela tient de la magie... à moins que vous n'ayez eu une hallucination.

Mais Ellen ne répondit pas. Elle courut à la fenêtre, l'ouvrit et prêta l'oreille.

Un coup de sifflet avait traversé l'espace.

— Qu'est-ce que cela ? demanda lord Palmure.

— Attendez-moi ici, mon père, répliqua-t-elle.

Elle courut vers la porte de la galerie et disparut.

Au bout de cette galerie, il y avait un petit escalier tournant qui descendait dans le jardin. Il était alors quatre heures du matin et le jour était loin encore. Miss Ellen traversa le jardin et alla ouvrir la petite porte. Ce coup de sifflet qu'elle venait d'entendre, c'était le signal convenu entre elle et Paddy. Celui-ci, en la quittant pour aller rejoindre Nichols et Macferson, lui avait promis de revenir s'il surgissait quelque chose de nouveau.

— Eh bien? lui dit miss Ellen.

Paddy lui raconta de point en point les événements qui avaient précédé l'arrestation de Shoking et ce qui s'en était suivi. Puis ce récit achevé, il ajouta:

— Moi, j'ai une toute autre idée et je crois savoir où est le condamné à mort.

— Ah! fit miss Ellen, que la capture de John Colden n'intéressait que médiocrement.

— Vous êtes venue plusieurs fois dans le Southwark, n'est-ce pas, milady?

— Alors vous savez où est l'église Saint-George?

Miss Ellen tressaillit en pensant que c'était dans le cimetière que Dick Harrisson était enterré.

— Eh bien! il y a de la lumière toute la nuit

dans le clocher, et John Colden serait caché là que ça ne m'étonnerait pas.

— Et tu as fait part, sans doute, de cette observation à tes compagnons de cette nuit? demanda miss Ellen avec anxiété.

— Non, milady. J'ai réfléchi qu'il valait mieux vous en parler auparavant.

— Eh bien! dit vivement miss Ellen, si tu tiens à nos conventions, souviens-toi de ce que je vais te dire. — Garde pour toi cette décourverte Nous n'avons plus besoin d'eux.

Et miss Ellen se disait à part elle :

— Ce n'est point John Colden qui est dans le clocher, je le sens au battement de mon cœur : c'est *lui*. Puis elle dit tout haut : — Viens avec moi.

Et lorsque Paddy fut entrée dans le jardin, elle referma la porte. Paddy la suivait docilement, Elle le conduisit au pavillon, dans un coin duquel le jardinier serrait ses outils, et, lui montrant une pioche, un marteau et un ciseau à froid : —Prends cela et suis-moi, dit-elle.

XXIV

Paddy ne savait pas trop ce que miss Ellen

attendait de lui. Mais il avait fait le sacrifice de sa volonté, du moment où il s'était remis dans les mains de cette femme dont il connaissait tous les instincts pervers. Paddy pensait, du reste, ce que pensent beau coup de gens du peuple, à qui l'éducation a fait défaut, et dans l'esprit desquels il n'y a qu'heur et malheur dans ce monde. Il était si pauvre, il avait femme et enfants, il n'avait donc pas le moyen d'être honnête. Dès l'instant qu'il vendait sa conscience, il devait observer scrupuleusement les conditions du marché.

Miss Ellen le conduisit à travers le jardin jusqu'à l'hôtel, lui fit gravir le petit escalier, traversa la galerie et l'introduisit dans le cabinet de lord Palmure. Celui-ci, qui n'était pas encore revenu de la stupéfaction que lui avait fait éprouver le récit de sa fille, fronça le sourcil en voyant entrer Paddy.

— Quel est cet homme déguenillé? dit-il.

— Un homme que j'emploie.

— Mais, pourquoi ces outils?

— Mon père, dit la jeune fille, je n'ai pas été le jouet d'une hallucination ; il y a là une porte secrète, un passage, et il faut savoir où ils conduisent.

Sur ces mots, elle prit un flambeau et se dirigea vers l'angle du cabinet où son père et elle s'étaient vainement livrés aux plus minutieuses investigations. Une dernière fois elle promena le flambeau sur tous les points du panneau de boiserie, et toujours avec le même insuccès. Alors elle dit à Paddy :

— Prends le ciseau et le marteau, et pratique-moi un trou là-dedans.

Lord Palmure, cédant à l'ascendant que sa fille exerçait sur lui, ne s'opposa point à ce travail. Docile comme un esclave, Paddy se mit donc à l'ouvrage ; il enfonça le ciseau à froid dans le milieu du panneau, à coups de marteau.

— Mais, observa lord Palmure, nous allons réveiller toute la maison, et mettre nos gens dans le secret.

— Fermez la porte au verrou, dit tranquillement miss Ellen.

Paddy continuait sa tâche. Le ciseau traversa la boiserie dans toute son épaisseur, mais alors il rencontra un corps dur.

— C'est la muraille dit lord, Palmure.

— Non, répondit Paddy, c'est comme une plaque de tôle.

— Eh bien ? il faut arracher le morceau, ordonna encore miss Ellen. La besogne était facile. Attaqué adroitement en plusieurs endroits, le panneau fut soulevé avec la pince et se brisa. Alors miss Ellen eut un cri de triomphe. Le panneau recouvrait une porte de fer sur laquelle on avait appliqué un enduit couleur de plâtre. On n'apercevait ni gonds ni serrures, mais un petit bouton de cuivre se trouvait dans un angle, et un coup de marteau fut donné dessus par le rough. Soudain la porte s'ouvrit toute grande, et une bouffée d'air humide vint frapper au visage lord Palmure et sa fille. La porte ouverte laissait voir un étroit corridor pratiqué dans l'épaisseur du mur, et plongé dans l'obscurité.

— Allons, mon père, dit miss Ellen il faut avoir le cœur net de tout cela.

— C'est mon avis. Mais avant de se mettre en route, il alla prendre deux revolvers qui se trouvaient sur sa cheminée, et il en tendit un à sa fille.

Miss Ellen s'en empara. Puis elle remit le flambeau à Paddy et lui dit : Passe le premier.

Paddy serait allé en enfer, du moment où miss Ellen ordonnait. Le couloir n'avait que quatre ou cinq pas de longueur. Au bout du couloir, il y avait un escalier. Paddy s'y engagea. Il élevait le flambeau au-dessus de sa tête afin de guider les pas de miss Ellen, qui venait derrière lui, et de lord Palmure, qui fermait la marche.

L'escalier, également pratiqué dans l'épaisseur du mur, tournait sur lui-même avec une raideur extrême. Il y régnait un air humide et fétide. A la trentième marche, Paddy s'arrêta.

— Qu'est-ce? demanda miss Ellen.

— J'entends du bruit.

Miss Ellen prêta l'oreille. Un mouvement sourd assez semblable au bruit lointain de la mer se brisant sur des rochers arriva jusqu'à elle.

— Si tu as peur, dit-elle, donne-moi le flambeau, je passerai la première.

— Non, milady, répondit Paddy, je n'ai jamais peur.

Et il continua à descendre.

Un changement de température s'opérait peu à peu; l'air devenait plus vif et il était plus pur.

Miss Ellen en conclut qu'ils avaient dépassé le niveau de la maison et qu'ils s'enfonçaient sous terre.

Enfin l'escalier eut un terme. Paddy foula tout à coup une terre fine, humide, presque boueuse et tous trois se trouvèrent dans une espèce de cave de forme ronde, au fond de laquelle s'ouvrait un boyau souterrain qui paraissait s'éloigner horizontalement. Ce boyau était assez large ; cependant, avant de s'y engager, mis Ellen se tourna vers son père :

— Ainsi, dit-elle, vous n'avez jamais eu connaissance, ni de ce souterrain, ni de cet escalier ?

Tous deux doivent exister depuis plusieurs siècles. Regardez ces pierres de voûte, ces murailles, comme tout cela est noir.

— C'est vrai. Puis, tout à coup, et comme ce murmure sourd qu'ils avaient déjà entendu paraissait grandir, lord Palmure se frappa le front.

— Attendez donc, je crois me rappeler à présent. Nous devons être tout près de White-Hall.

Ce souterrain a dû être creusé au temps de la captivité du roi Charles Ier que ses partisans essayèrent de délivrer.

Et si je ne me trompe, il aboutit à la Tamise, presque au niveau du pont de Westminster, et ce que nous entendons, c'est le bruit de l'eau qui se brise contre les piles, car, vous le savez, la Tamise fait un coude assez brusque en cet endroit.

— Eh bien! allons, dit miss Ellen. Et prenant le flambeau des mains de Paddy, elle s'engagea la première dans le souterrain, s'adressant mentalement cette question : Comment l'homme gris a-t-il découvert ce passage ?

XXV

Lord Palmure avait raison sans doute en disant que ce souterrain avait dû être creusé par les partisans du malheureux roi Charles Ier.

En de certains endroits, à mesure que miss Ellen et ses deux compagnons avançaient, ils remarquaient des éboulements déjà anciens, et, n'eût été, sur le sol, qui était naturellement humide, une trace de pas toute fraîche, on aurait pu croire que depuis deux siècles aucun être humain n'avait passé par là. Ces traces devaient être celles de l'homme gris. Miss Ellen continuait à marcher la première. A mesure qu'ils avançaient, ce bruit sourd, ce clapottement, qui annonçait le voisinage de la Tamise, devenait plus strident.

Bientôt la flamme des flambeaux oscilla sous l'effort du vent qui s'engouffrait dans le boyau souterrain. Miss Ellen l'abrita de sa main, avançant toujours. Mais tout à coup le vent survint si violent que le flambeau s'éteignit, et que les trois voyageurs nocturnes se trouvèrent dans l'obscurité. Miss Ellen eut une exclamation de rage. Elle n'avait emporté ni allumettes ni briquet. Heureusment Paddy avait sur lui une de ces boîtes d'allumettes anglaises, à l'usage des fumeurs, qui ne flambent pas, mais qui pétillent quelques instants et deviennent toutes rouges.

— En voilà assez, dit-il, pour battre en retraite.

— Battre en retraite? fit miss Ellen.

— Sans doute, fit lord Palmure.

— Non pas, dit miss Ellen : devrais-je marcher dans les ténèbres, j'irai jusqu'au bout. Et elle continua à marcher dans une demi-obscurité, car les allumettes de Paddy ne projetaient que des lueurs douteuses et qui s'éteignaient presque aussitôt. Comme le vent avait soufflé la bougie, miss Ellen ne s'était pas aperçue que le souterrain formait un coude assez prononcé, et c'était ce coude qui avait permis au vent d'arriver plus violent et plus direct. Mais la jeune fille, en revanche, sentit que le sol devenait de plus en plus humide sous ses pieds, et bientôt elle marcha dans l'eau. Une seconde fois, lord Palmure proposa de revenir en arrière, miss Ellen s'y opposa. Tout à coup une lueur vint la frapper au visage. C'était un point rougeâtre qui brillait dans l'éloignement. On eût dit une lampe suspendue à la voûte du souterrain.

— Nous n'avons plus besoin des allumettes de Paddy, dit alors miss Ellen. Et, bien qu'elle eût de l'eau jusqu'à la cheville, elle doubla le pas.

Lord Palmure allait toujours, le doigt sur la détente de son revolver, prêt à faire feu si quelque danger venait à surgir et menaçait sa fille. Miss Ellen avait pris la lumière pour guide. Chose assez étrange! tandis que cette lueur paraissait lointaine encore, le bruit devenait assourdissant, si bien qu'on aurait pu croire que le fleuve roulait au milieu du souterrain et le traversait. Le souterrain aboutissait à la Tamise et cette lumière qu'elle voyait, c'était un bec de gaz qui était placé de l'autre côté, sur l'eau, juste en face de l'orifice. Tous trois atteignirent l'extrémité du souterrain, qui se terminait par une ouverture pratiquée dans la digue du fleuve à deux pieds au-dessus de l'eau. Miss Ellen, arrivée la première, put se rendre compte alors du chemin qu'avait suivi l'homme gris. Un anneau de fer scellé dans une pierre attestait qu'on y avait amarré un bateau. Ainsi l'homme gris était venu en barque et s'en était allé de même.

— Eh bien! dit lord Palmure, à quoi a servi cette exploration ?

— A me donner une idée, dit miss Ellen.

— Ah! laquelle.

— C'est mon secret pour le moment, mon père. Vous savez nos conditions. Eh bien! permettez-moi de les maintenir. A présent, revenons sur nos pas. Nous n'avons pas le moindre danger à courir, car le souterrain n'a ni bifurcation ni irrigation, et Paddy fera bien de ménager ses allumettes pour l'escalier.

Ils s'en retournèrent donc dans les ténèbres, tâtant avec la main, les parois humides du souterrain. Lorsque ces parois s'élargirent tout à coup, miss Ellen, qui avait continué à marcher la première, comprit qu'ils étaient dans la salle ronde. Alors Paddy fit usage des allumettes, sans la lueur desquelles ils eussent tâtonné longtemps avant de retrouver l'escalier; et un quart d'heure après, tous trois étaient de retour dans le cabinet de lord Palmure. Miss Ellen mit alors une bourse dans la main de Paddy :

— Voilà, dit-elle, pour t'encourager à garder le silence. C'est une gratification en dehors de tout ce que je t'ai promis.

Paddy prit la bourse sans joie, en baissant la tête, comme un homme résigné à tout.

— Vous n'avez pas besoin d'acheter mon silence, milady, dit-il : du moment où j'ai accepté le rôle d'esclave, je vous appartiens.

Miss Ellen haussa imperceptiblement les épaules, puis, s'adressant à son père :

— Les ouvriers habiles ne manquent pas dans Londres.
Ce panneau brisé, cette porte enfoncée, il faut que tout soit réparé aujourd'hui même, car l'homme gris peut revenir et il faut qu'il ne s'aperçoive de rien.

Sur ces mots, miss Ellen fit signe à Paddy de le suivre. Les premiers rayons de l'aube glissaient au travers de ce brouillard jaune qui pèse sur Londres six mois de l'année. Conduit par la jeune fille, le rough traversa de nouveau la galerie, descendit par l'escalier de service et arriva dans le jarndi. Quand ils furent à la petite porte, Paddy parut attendre de nouveaux ordres.

— C'est aujourd'hui dimanche, c'est aujourd'hui

par conséquent, que l'abbé Samuel viendra visiter ta femme et tes enfants.

Tu m'as parlé, d'une lumière dans le clocher de Saint-George? et tu crois que c'est John Colden qui s'y trouve caché?

— Je le jurerais.

— Eh bien! tu diras à l'abbé Samuel ceci : il y a trois hommes à la recherche du condamné à mort, et tu nommeras les hommes dont tu m'as parlé ; — ces hommes ont formé le projet d'entrer dans l'église la nuit prochaine et de s'emparer de celui qui se cache dans le clocher.

— Mais, si je préviens l'abbé, qui est Irlandais...

Un sourire passa sur les lèvres de miss Ellen.

— Fais ce que je dis, et ne cherche pas à comprendre.

XXVI

Miss Ellen avait parfaitement deviné le moyen employé par l'homme gris pour quitter le souterrain et retourner dans le Southwark.

A Londres, où la Tamise est cinq ou six fois plus large que la Seine, il y a des milliers de barques sur le fleuve.

L'absence de quais force les négociants à avoir

leurs magasins ouverts sur le fleuve : de là pour eux, la nécessité d'avoir une barque.

De distance en distance une rue étroite descend jusqu'à la rivière. C'est presque toujours en face de cette rue qu'on amarre les bateaux.

La nuit, le premier venu est libre de détacher un bateau, et de s'aller promener sur la Tamise à ses risques et périls, par exemple, car il peut manœuvrer maladroitement son embarcation et chavirer; ou bien encore rencontrer les gens de police du *Royalist* et ne pas leur donner des explications suffisantes pour qu'ils lui laissent continuer sa promenade.

Ces deux chances à courir n'avaient probablement pas baucoup ému l'homme gris, car il avait traversé la première fois la Tamise dans un étroit bateau, et avait amarré cette petite embarcation à l'anneau de fer remarqué par miss Ellen.

Le bateau, solidement attaché, n'avait été vu par personne sans doute, car l'homme gris, après sa brusque et mystérieuse sortie du cabinet de lord Palmure, regagnant la Tamise par le souterrain, le trouva à la place où il l'avait laissé.

Il remonta dedans, prit l'unique aviron qui s'embossait à la poupe dans une entaille et se mit à *godiller*, pour nous servir du terme consacré.

En moins d'un quart d'heure, l'homme gris eut traversé la Tamise. Il atteignit le Soutwark, laissa la barque où il l'avait prise et s'enfonça dans le dédale de petites rues noires qui environnent Saint-George. Les abords de l'église étaient plongés dans le brouillard et le silence.

La lampe s'était éteinte en haut du clocher, et il ne passait personne au long du cimetière dont la grille, au lieu d'être fermée, avait été poussée tout contre, de façon que l'homme gris pût rentrer quand bon lui semblerait.

Cependant, comme il arrivait à cette grille, il lui sembla qu'il entendait une sorte de gémissement.

Il entra dans le cimetière et prit le sentier qui conduisait à la petite porte du chœur.

Alors il entendit plus distinctement les gémissements, et, ayant fait quelques pas encore, il vit une forme noire accroupie sur le seuil de la porte. Cette forme noire était un homme, et cet homme tenait son front dans ses mains.

Comme la nuit était sombre et le brouillard épais, il eût été difficile à l'homme gris de voir le visage de cet homme. Aussi s'arrêta-t-il brusquement et s'écria-t-il : Qui est là ?

La forme noire se dressa et une voix lamentable répondit : C'est moi... moi, Shoking....

— Ah! c'est toi, dit l'homme gris, dont Shoking avait pareillement reconnu la voix.

— Qu'est-ce que tu as donc? on dirait que tu pleures. Que t'est-il donc arrivé?

— Un grand malheur. Tout à fait personnel, maître ; cela ne regarde que moi.

L'homme gris tira une petite clé de sa poche, ouvrit la porte du chœur, et introduisit Shoking dans l'église.

L'obscurité était plus grande encore à l'intérieur qu'au dehors.

— Ne fais pas de bruit, dit l'homme gris en prenant Shoking par la main et en l'entraînant vers l'escalier du clocher, il ne faut pas réveiller le vieux sacristain.

Shoking monta, sans souffler mot de son malheur; mais il poussa des soupirs à fendre l'âme, et l'homme gris disait :

— Qu'est-ce qu'il peut donc bien avoir, l'ami Shoking.

Après être arrivé dans la chambrette qu'il habitait en reclus, l'homme gris, qui s'était procuré de la lumière, devina, sinon la vérité tout entière, au moins une partie de la vérité. L'homme qu'il avait devant lui avait bien la voix de Shoking, mais plus rien que la voix.

Ce n'étaient plus les cheveux roux de Shoking, la peau blanche de Shoking.

L'homme gris avait devant lui un vieux nègre à cheveux blancs, lequel pleurait comme s'il avait reçu des centaines de coup de fouet.

— Ah! mon Dieu! dit-il, qu'as-tu donc fait? est-ce que tu as bu, par hasard, la potion préparée pour John Colden?

— Hélas! oui, dit Shoking en levant au plafond des yeux pleins de larmes.

— Mais pourquoi ?

— Pour sauver ma vie.

Et Shoking, appelant à lui tout son courage, raconta comment il était tombé dans les mains de John le rough et de ses associés et s'était trouvé dans la cruelle alternative de devenir nègre ou d'aller servir, au fond de la Tamise, de nourriture aux poissons.

Cependant il ne put s'empêcher de sourire à travers ses larmes, quand il fit le récit de son entrevue sur le pont de la péniche avec John, qui ne le reconnaissait pas et l'avait pris pour un véritable nègre.

— Eh! bien dit alors l'homme gris, pourquoi te désoles-tu. Parce que tu crains de rester nègre? Tu tenais donc bien à ton physique? As-tu donc une maîtresse? Es-tu amoureux?

— Ni l'un ni l'autre, je suis trop vieux.

— Eh bien! alors qu'est-ce que cela peut te faire d'être noir ou blanc?

— Mais, maître, comment, à présent, pourrai-je redevenir lord Wilmot?

L'homme gris partit d'un éclat de rire.

D'un mot, Shoking avait éclairé la situation.

Une fois hors de danger, le vaniteux mendiant s'était pris à songer que jamais on n'avait vu un nègre devenir lord, et il avait déjà joué le rôle de lord Wilmot assez souvent pour y tenir.

De là ce désespoir auquel il était en proie.

Ce que regrettait Shoking désormais, c'était la ruine de ses espérances vaniteuses. Mais l'homme gris se hâta de lui dire : Console-toi, tout peut s'arranger. Tu ne t'appelleras plus lord Wilmot, mais tu peux devenir le marquis de Valdemar-y Men doza-y-Perez.

— Qu'est-ce que celà? dit Shoking ébloui par un titre pompeux.

— Un Brésilien fort riche, un mulâtre héritier d'un seigneur portuguais et qui remue des millions et des pierreries. Et puisque je t'avais crée lord, rien ne m'empêche de te faire marquis. Il y a mieux, tu seras d'autant plus sérieusement marquis que personne, désormais, ne pourra plus reconnaître le mendiant Shoking.

Et Shoking, qui ne pleurait plus, finit par sourire, et l'homme gris murmura :

— O vanité! tu seras donc toujours la reine de ce bétail méprisable qu'on appelle les hommes.

Shoking n'entendit point ces paroles. Shoking songeait que les Brésiliens sont hardés de décorations, et que le grand cordon d'un ordre de l'Éléphant blanc ou noir, lui irait à ravir. Shoking étaitconsolé.

XXVII

Revenons à présent à un personnage de notre récit que nous avons un peu perdu de vue.

Nous voulons parler de l'abbé Samuel, ce jeune et ardent apôtre, que le peuple du Wapping, du Soutwark et de Rotherithe adorait.

On était au dimanche matin. L'abbé Samuel avait célébré la messe dans la pauvre église de Saint-Gilles, devant une assistance de fidèles agenouillés sur les dalles, car les catholiques de Londres sont trop indigents pour payer des bancs et des chaises. Il était monté en chaire, et son sermon, d'une éloquente simplicité, avait eu pour thème : la charité. Il disait : Donnez, vous qui êtes pauvres, l'obole du publicain est plus agréable au Seigneur que les richesses du pharisien. Donnez la moitié du morceau de pain noir que vous avez à ceux qui ont faim, et Dieu tiendra cette aumône pour agréable.

Puis il avait parlé du peuple d'Israël, poursuivant à travers le désert sa marche vers la terre promise, et il avait comparé l'Église d'Irlande à ces antiques serviteurs de Dieu que les Égyptiens avaient bannis.

Et tandis qu'il parlait, ni lui, ni aucun des fidèles n'avait remarqué deux hommes vêtus de noir, qui se trouvaient derrière un pilier, écoutant attentivement ses paroles.

Quand il descendit de la tribune sacrée pour reprendre l'office, ces deux hommes se glissèrent hors de l'église, s'éloignèrent d'un pas rapide dans la direction de Soho square et ne s'arrêtèrent que sur la petite place de *Cravenchapel*. Alors ces deux hommes, dont l'un était vieux et l'autre jeune encore se regardèrent.— Eh bien! dit le dernier, que pensez-vous de cet homme?

— Je pense, répondit le vieux, qui n'était autre que le clergyman Peters Town, je pense que si de tels hommes étaient nombreux dans le clergé catholique, la moitié du Royaume-Uni finirait par se convertir à leur foi.

— Heureusement qu'il est presque seul à Londres.

— Oui, mais il a su se créer de nombreux disciples. Il est un des deux hommes que nous redoutons. L'autre est ce personnage introuvable qui met la police sur les dents, et qu'on appelle du singulier nom de l'*homme gris*.

— N'avez-vous pas reçu un billet de mis Ellen Palmure, ce matin?

— Oui. Elle me dit que dans trois jours, cet homme sera en notre pouvoir. Mais c'est celui-là que je voudrais avoir, ajouta le révérend Peters Town, faisant allusion à l'abbé Samuel.

— Hélas! dit le jeune clergyman, c'est impossible. La liberté anglaise tolère le culte catholique, et aucune preuve n'existe de la complicité de l'abbé Samuel avec les rebelles Irlandais.

— Écoutez, mon jeune ami, reprit le révérend Peters Town, tandis qu'il débitait son sermon, j'ai beaucoup réfléchi. Cet homme est peut-être ambitieux... et peut-être pourrions-nous le gagner...

— Pas en lui offrant des richesses toujours; il a distribué son patrimoine en aumônes.

— Les honneurs le séduiraient peut-être, et je donnerais beaucoup à la seule fin de causer une heure avec lui.

— Quelle singulière idée !

— J'ai formé un projet.

— C'est d'avoir avec lui une entrevue.

— Et vous lui demanderiez cette entrevue?

— Non pas moi, mais vous.

Le jeune clergyman était stupéfait et regardait le révérend Peters Town d'un œil effaré.

— Comment, seigneur, dit-il, vous le plus haut personnage occulte de notre Église, vous qui dictez secrètement des lois à l'archevêque de Cantorbéry, vous daigneriez?...

— Tous les moyens sont bons quand on veut atteindre son but, dit sévèrement Peters Town.

Écoutez mes instructions et suivez-les de point en point.

— Il y a dans le Soutwark, auprès de Saint-George, une rue qui se nomme Adams' street.

— Je la connais.

— Dans cette rue, il y a un passage, et dans ce passage loge un homme du nom de Paddy. Il a une femme et deux enfants, et bien qu'ils soient de notre religion, ils sont si misérables qu'ils acceptent les aumônes de l'abbé Samuel.

Ce prêtre se rendra chez eux entre dix et onze heures, ce matin. Je suis renseigné.

— Bien, fit le jeune clergyman.

— Vous vous trouverez, comme par hasard, dans le passage, et lorsqu'il sortira de chez ses protégés, vous l'aborderez. Vous lui direz ceci : il y a un homme qui se meurt. Cet homme est catholique, bien qu'il ait toujours caché avec soin sa communion, afin de ne pas perdre son emploi de gardien de Saint-Paul. Cet homme, qui va mourir, réclame le secours de votre ministère.

— Et vous pensez qu'il me suivra ?

— J'en suis sûr.

— Mais y a-t-il vraiment à Saint-Paul un homme en cet état ?

— Oui : c'est lui qui a donné le signal, avec une gerbe de lumière électrique, aux feniàns qui ont délivré le condamné John Colden.

— Mais cet homme a été chassé.

— Je lui ai rendu son emploi ce matin, et il a juré de me servir.

Le clergyman s'inclina et se sépara du révérend Peters Town pour aller xécuter ses ordres.

Une heure après, il était dans le Soutwark, et quelques minutes plus tard, l'abbé Samuel arrivait à son tour dans Adam's street.

Il allait faire sa visite hebdomadaire à la femme et aux enfants de Paddy. L'abbé Samuel avait passé sans faire attention au clergyman effacé sous une porte.

XVIII

L'abbé Samuel frappa doucement à la porte de ce misérable rez-de-chaussée où grouillait toute la famille. — Entrez ! dit une voix d'homme.

Le jeune prêtre eut un battement de cœur. Cette voix était celle du malheureux prisonnier pour dettes ? La porte ouverte, le prêtre aperçut Paddy.

— Comment! dit-il en allant à lui et lui tendant la main, c'est vous?

— Oui, mon révérend, dit Paddy qui baisa la main du prêtre avec une vive émotion.

— Et libre! Vous ne vous êtes pas échappé?

— Non, on a payé pour moi.

— Allons! dit l'abbé Samuel avec un soupir de satisfaction, il y a toujours de nobles cœurs; même dans cette nouvelle Babylone qu'on appelle Londres.

— Ne me félicitez point, mon révérend, dit Paddy en courbant la tête, si vous saviez de qui je tiens ma liberté. Et se tournant vers sa femme et ses enfants qui étaient venus baiser, eux aussi, les mains de leur bienfaiteur : — Allez vous-en, dit-il durement : toi, femme, va acheter du pain, et vous autres, allez jouer; il faut que je reste seul avec notre révérend.

La femme et les enfants sortirent sur-le-champ et sans faire la moindre observation.

L'abbé Samuel était étonné et inquiet de l'attitude morne et presque désolée de Paddy. Qu'était-il donc arrivé et qu'allait lui dire cet homme? Paddy baissait la tête.

Enfin, quand le bruit de la porte se refermant lui apprit qu'ils étaient seuls, il dit :

— Je suis Anglais et de la religion anglicane; mais sans les Irlandais et vous, qui êtes un prêtre catholique, ma femme et mes enfants seraient morts de faim. Je ne veux donc pas faire de tort à l'Irlande et à vous, mon révérend, qui êtes notre bienfaiteur.

J'étais donc en prison pour la somme de dix guinées. Ce n'est rien pour beaucoup de gens, mais pour des gens comme nous, cela équivaut à tous les trésors de l'Angleterre.

Hier soir, comme on allait fermer les portes de White-cross, nous entendons la cloche du dehors.

Les hommes ne sont pas bons naturellement, mais le malheur les rend tout à fait méchants. Il y avait autour de moi des prisonniers endurcis qui me raillaient d'un bout à l'autre du jour, parce que je pleurais en songeant à ma femme et à mes enfants.

— Tiens, dit l'un, voici ta femme qui vient payer ta rançon. Et tous de rire, et moi de me remettre à pleurer. Ce n'était pas ma femme qui venait, mais c'était bien pour moi qu'on avait sonné.

Le père Goldmish m'appelle; je me lève étonné.

— On vient de payer pour vous, me dit-il.

Je croyais qu'il se moquait de moi. Mais il a

bien fallu me rendre à l'évidence, quand j'ai vu arriver Nichols.

— Qu'est-ce que Nichols? demanda l'abbé.

— Nichols, c'est un mauvais sujet, un homme d'affaires, un organisateur de chantage. Quand on est misérable, il faut vivre, et souvent j'ai accepté de la besogne que me donnait Nichols. D'abord je n'ai pensé qu'à la joie de revoir ma femme et mes enfants ; et puis, quand j'ai été dehors, je lui ai dit :

— Tu es donc riche, et tu as donc bien besoin de moi, que tu viens de payer ma liberté au prix de dix guinées?

— On m'a avancé de l'argent pour une affaire, me répondit-il, et il y a un joli denier à toucher pour chacun si la chose réussit. Nous sommes quatre : toi, moi, Macferson et John le rough.

Ce dernier nom fit tressaillir l'abbé Samuel.

— Nichols ne voulut pas s'expliquer plus clairement. Il me quitta au pont de Waterloo en me disant : Va voir ta femme et tes enfants, et trouve-toi ici à minuit.

— Et vous y êtes allé? demanda l'abbé Samuel. De quoi s'agissait-il?

— De nous mettre à la recherche du condamné à mort que les Irlandais ont sauvé.

— Mon ami, dit l'abbé Samuel, je comprends vos scrupules; mais je crois que vous pouvez vous rassurer. Personne ne trouvera John Colden.

— Hélas! monsieur, répondit Paddy, si j'avais cette idée-là, je ne vous aurais parlé de rien, mais il faut bien vous dire que Nichols sait où il est. Et la nuit prochaine, nous devons nous introduire dans l'église Saint-George, garrotter le vieux gardien, monter dans le clocher et nous emparer de John.

L'abbé Samuel était devenu pâle tout à coup.

Ce n'était pas John, c'était l'homme gris qui était dans le clocher; mais mieux eût valu, peut-être, que ce fût John.

Paddy poursuivit :

— La police est prévenue. Elle attendra dans la rue, car elle ne veut pas entrer dans l'église.

Ici Paddy eut un profond soupir et il se jeta aux pieds de l'abbé Samuel.

— Mon révérend, dit-il, je ne trahirai pas ceux qui ont donné du pain à mes enfants. Je vous attendais... Vous avez tout le jour devant vous... sauvez John...

— Vous êtes un brave homme, Paddy, fit l'abbé Samuel, et vous serez récompensé. A combien se serait élevée votre part de prime?

— A cent livres.

— L'Irlande est pauvre, mais elle sait reconnaître les services rendus. Dimanche prochain, Paddy, je vous apporterai les cent livres.

En même temps le prêtre voulut poser une guinée sur la table. Mais Paddy refusa.

— Non, pas aujourd'hui, monsieur l'abbé, dit-il. Nous avons de l'argent. Nichols m'a donné deux couronnes. C'est de quoi vivre quinze jours, et il y a de plus malheureux que nous à qui ce que vous nous offrez fera grande joie.

L'abbé reprit la guinée, mais il tendit les bras à Paddy et l'embrassa avec effusion, en répétant :

— Vous êtes un brave homme, Paddy, et Dieu vous tiendra compte de ce que vous avez fait.

Et l'abbé sortit, visiblement ému.

. . . .

Quand le prêtre fut parti, la femme de Paddy rentra. Paddy avait des larmes dans les yeux.

— Qu'as-tu donc? fit la mégère. Le prêtre a gobé ce que tu lui as dit? Miss Ellen sera contente, alors?

Paddy serra les poings! — Ah! misérable que je suis! Mais sa femme eut un éclat de rire. — Tu me fais pitié, dit-elle. Quand on est de pauvres gens comme nous, on sert qui nous paye !...

Paddy ne répondit point, mais il sortit et s'en alla du côté de la Tamise. Il avait besoin du grand air. Sa trahison lui remontait à la gorge et l'étouffait. Car évidemment cet avis charitable qu'il venait de donner à l'abbé Samuel était une trahison, puisque miss Ellen l'avait inspiré !

XXIX

Comme on le pense bien, l'abbé Samuel était sorti de chez Paddy en proie à une vive agitation. La retraite de l'homme gris était découverte. Il est vrai qu'on le prenait pour John Colden, mais il pouvait arriver que les misérables qui recherchaient le condamné à mort le prissent pour lui et le livrassent à la police, qui le reconnaîtrait et le déclarerait de bonne prise. L'abbé Samuel savait, du reste, une chose, c'est qu'en Angleterre l'industrie privée est toujours plus intelligente et plus hardie que les institutions publiques.

La police, rouage municipal, recherchait l'homme gris et John Colden. Le danger était réel, mais on pouvait le conjurer. Mais quatre hommes se réunissaient et, en vue de partager la prime offerte, entreprenaient la même besogne, le danger était mille fois plus grand. L'Anglais qui veut gagner de l'argent fait des prodiges. Donc l'abbé Samuel, en sortant de chez Paddy, n'hésita pas un moment; il prit le chemin de l'église Saint-George qui, d'ailleurs, était à deux pas.

Le jeune clergyman qui l'avait suivit et s'était effacé sous une porte pour le laisser entrer dans la maison de Paddy, s'apprêtait à l'aborder, mais il avait, pour cela, compté sur deux choses, la première, que le prêtre irlandais aurait, en sortant, le visage calme de tout à l'heure, la seconde, qu'il reprendrait le même chemin.

L'abbé était si agité que le clergyman hésita; puis, au lieu de revenir dans Adams street, il se dirigea vers l'autre bout du passage, gagnant Saint-George par un dédale de *courts* et de ruelles.

Le clergyman avait peine à le suivre; mais il hâta le pas, hésitant toujours à l'aborder.

L'abbé, dans son trouble, ne remarqua point qu'un pas retentissait régulièrement derrière le sien et qu'un homme le suivait.

Le clergymann le voyant entrer dans l'église s'arrêta. — Il finira bien par sortir, pensa-t-il.

En effet, l'abbé Samuel n'avait nullement l'intention de rester longtemps à Saint-George; il se disait que très-certainement les misérables qui voulaient arrêter John Colden avaient établi une surveillance aux abords de l'église, et que par ce seul fait qu'il avait assisté le condamné sur l'échafaud, avant l'enlèvement, il était probable qu'ils le soupçonnaient de connaître la retraite de John Colden et que, par conséquent, entrer dans Saint-George, c'était le trahir.

Il est vrai que c'était dimanche, que les fidèles se pressaient dans l'église, et que cela expliquait jusqu'à un certain point la présence de l'abbé bien qu'il fût de la paroisse de Saint-Gilles.

Un prédicateur était en chaire et on l'écoutait avec attention, cela permit à l'abbé Samuel d'entrer sans attirer les regards et de se glisser jusqu'à la porte du clocher qui demeurait ouverte.

Alors il gravit rapidement l'escalier et arriva dans cette chambre du gardien où l'homme gris s'était constitué prisonnier volontaire. L'homme gris dormait. Il avait été sur pied une partie de la nuit et n'était rentré que fort tard. Il dormait d'un sommeil calme, régulier, qui laissait à sa physionomie son expression de douceur mélancolique. Le prêtre, en présence de cette tranquillité, sentit ses angoisses redoubler.

— Peut-être aurait-il dormi ainsi, la nuit prochaine, quand les misérables seraient venus. Et il le toucha du doigt à l'épaule. L'homme gris ouvrit les yeux. Il est certaines natures privilégiées qui passent du sommeil le plus profond au réveil, sans transition aucune et n'éprouvent, ni ces hésitations, ni ces absences de mémoire que subissent ordinairement ceux qu'on éveille en sursaut. L'homme gris était du nombre. Il ne se frotta pas même les yeux, et souriant à l'abbé Samuel, il lui dit : — Je ne m'attendais pas à votre visite ce matin. Pardonnez-moi donc de m'avoir trouvé endormi.

Le prêtre était fort pâle et son visage trahissait les perplexités de son âme.

— Qu'arrive-t-il donc, que je vous vois ainsi bouleversé? poursuivit-il, sans se départir de sa tranquillité.

— Votre retraite est découverte!...

— Cela devait arriver. Et l'homme gris se leva sans précipitation aucune. — Parlez, monsieur l'abbé, dit-il froidement.

L'abbé Samuel lui raconta alors ce qu'il avait appris de Paddy.

— Je le savais; Shoking est tombé cette nuit dans les mains de ces gens-là, et parmi eux il y avait ce Paddy dont vous me parlez.

Le prêtre eut un mouvement de surprise.

— Monsieur l'abbé, reprit l'homme gris, ne

m'avez-vous pas dit tout à l'heure que cet homme était sorti de White-cross hier soir?

— Du moins c'est ce qu'il m'a dit.

— Eh bien! il vous a menti : voici deux jours qu'il est dehors. Quel est son but en vous disant cela? Pourquoi trahit-il ses associés à mon profit? Voilà-ce que je ne sais pas aujourd'hui, mais ce que je saurai demain. Le calme de l'homme gris stupéfiait l'abbé.

— Mais, dit-il, vous n'allez pas rester ici?

— Je ne suis pas John Colden.

— Mais on vous cherche aussi.

— Oh! moi, c'est différent. Quand ils viendront, je leur prouverai que je ne suis pas plus l'homme gris que John Colden.

L'abbé Samuel leva les yeux au ciel : — Mon Dieu! dit-il, que va-t-il advenir de tout cela?

L'homme gris était devenu pensif tout à coup.

— Monsieur l'abbé, dit-il enfin, je vous ai dit que je resterais ici : je veux dire que je reviendrais ce soir; mais, pour le moment, je vais sortir. J'ai un rendez-vous à Hyde-Park.

— Un rendez-vous?

— C'est-à-dire, j'espère y rencontrer miss Ellen; ce qui est absolument la même chose.

— La fille de lord Palmure, votre implacable ennemie?

— J'en veux faire une servante fidèle de la cause irlandaise. Ayant ainsi parlé, il ouvrit une grande malle qui se trouvait dans un coin.

— Pour peu que vous demeuriez en bas, dans l'église, ajouta-t-il, vous me verrez sortir, et vous ne me reconnaîtrez pas. De cette façon vous serez rassuré sur mon compte.

La tranquillité parfaite de l'homme gris avait fini par gagner l'abbé Samuel. Il descendit dans l'église et s'agenouilla derrière un pilier, tout auprès de la porte du clocher. Pendant ce temps, l'homme gris procédait à sa toilette.

XXX

L'abbé Samuel tournait de temps en temps la tête vers l'escalier du clocher, tandis que le prédicateur continuait son sermon, mais l'homme gris ne reparaissait pas. Le sermon fini, le prêtre remonta à l'autel et comme l'office divin allait être terminé, un homme vint s'agenouiller auprès de l'abbé Samuel. Ce dernier leva la tête et regarda ce nouveau venu avec indifférence. C'était un personnage vêtu avec cette élégante simplicicité que les Anglais de haut rang, fanatiques de l'habit noir pour la soirée, affectent le matin. Une grosse bague chevalière brillait à l'annulaire de la main gauche ; il avait dans la main un stick à pomme d'argent sculpté, et son col droit et raide accusait l'origine britannique, bien qu'il eût les cheveux et les favoris d'un noir luisant. L'office fini, cet homme regarda l'abbé Samuel et le salua, au grand étonnement de ce dernier, qui croyait voir ce gentleman pour la première fois.

Puis, il se dirigea lentement vers la porte.

A Londres, la population catholique est pauvre, souffreteuse, presque entièrement composée d'Irlandais, et un gentleman paraissant favorisé des dons de la fortune était chose rare, sinon inouïe, dans l'humble église de Saint-George.

Aussi, l'abbé Samuel obéit-il en ce moment à une sorte de curiosité vague en suivant le gentleman de loin.

De l'autre côté de la grille du cimetière, un groom, monté sur un robuste poney d'Écosse, tenait en main une admirable jument de pur sang.

L'étonnement de l'abbé Samuel redoubla en voyant le gentleman se diriger vers la jument, dont le groom lui présenta respectueusement la bride, mettre le pied à l'étrier et sauter en selle.

Néanmoins, ce personnage ne s'éloigna pas tout de suite. Les Irlandais se pressaient autour de lui et quelques femmes déguenillées, portant leurs enfants demi nus, lui tendirent la main. Le gentleman fit un signe, et son groom se mit à distribuer des shillings et des demi-couronnes. Un vieillard s'approcha à son tour : c'était un vieux soldat de marine, qui avait perdu un bras. Le gentleman lui mit une guinée dans sa main unique et lui dit, en lui désignant le prêtre irlandais qui s'était arrêté à quelques pas.

— Mon ami, vous voyez ce digne homme? c'est l'abbé Samuel.

— Oh ! je le connais bien, dit le vieillard. Et quel est le malheureux, à Londres, qui ne le connaît pas ?

— Eh bien! veuillez aller à lui et priez-le de s'approcher de moi.

Mais le prêtre avait compris le geste, le regard, et il s'empressa de venir au gentleman.

— Monsieur l'abbé, lui dit-il, voulez-vous accepter une modeste offrande pour votre église?

Et il tendit au prêtre stupéfait un petit portefeuille en cuir de Russie, qui renfermait sans doute une poignée de bank-notes.

Mais l'étonnement de l'abbé Samuel ne provenaît plus de la générosité du gentleman ; il avait une tout autre cause. Le prêtre avait reconnu cette voix, la seule chose qui restât de l'homme gris, dans ce parfait et respectable gentleman. La foule se tenait respectueusement à distance, et ne pouvait entendre ce qu'ils disaient.

— Eh bien ! fit le gentleman en souriant, puisque vous ne me reconnaissez pas, pourquoi voulez-vous que les hommes de Scotland-yard me reconnaissent?

Et s'il me prenait fantaisie de me présenter chez vous demain en mendiant, et le front couvert de cheveux blancs, vous me feriez l'aumône. Ainsi donc, rassurez-vous, et à demain...

Sur ces derniers mots, il salua le prêtre avec respect, jeta une dernière poignée de shillings et de couronnes autour de lui, et rendit la main à sa monture, qui partit à ce trot magistral auquel on reconnaît les steppeurs de premier ordre.

La foule s'était écoulée peu à peu dans les petites rues avoisinantes, l'homme gris avait disparu depuis longtemps, que l'abbé Samuel était encore là, auprès de la grille du cimetière, plongé dans une rêverie profonde.

Alors le jeune clergyman chargé d'exécuter

les ordres du révérend Peters Town s'approcha. Il y avait plus d'une heure qu'il attendait.

Prêtres catholiques ou clergymen, c'est-à-dire ministres du culte anglican, ont à peu près le même costume, qui consiste en un pantalon noir, une longue redingote boutonnée, un chapeau rond. Un étranger s'y trompe, mais le peuple anglais ne s'y trompe pas. Le clergyman a un cravate blanche. Le prêtre catholique porte un col noir assez haut, duquel s'échappe un mince liseré blanc formé par la chemise. Toute la nuance est là. Les deux cultes n'ont aucun rapport entre eux, et les prêtres des deux églises s'évitent soigneusement.

Les anglicans, les dominateurs qui font observer et respecter la religion de l'État et touchent de grosses prébendes, ont un profond mépris pour ce pauvre homme, apôtre d'une foi tolérée et à peine respectée, qui ne touche, lui, aucun traitement somptueux, et qui en est réduit pour vivre aux aumônes des fidèles, presque aussi pauvres que lui. Le prêtre catholique, évite aussi soigneusement tout contact avec les clergymen.

Ce n'est point par dédain, mais par humilité, et peut-être aussi par crainte, tant la persécution séculaire l'a accoutumé à passer la tête inclinée.

L'abbé Samuel fit donc un pas en arrière et eut même un mouvement de surprise inquiète et craintive, en se trouvant face à face avec un ministre de la foi inventée par le roi Henri VIII.

Mais le clergyman était jeune, il avait un visage sympathique, une voix pleine de douceur, et il salua le prêtre catholique avec respect.

— Monsieur l'abbé, lui dit-il, il est un terrain neutre sur lequel nos deux églises peuvent se rencontrer, c'est le terrain de la charité.

— Vous avez raison, monsieur, répondit l'abbé Samuel en rendant son salut au clergyman.

Celui-ci continua :— Je me suis d'abord rendu à Saint-Gilles, mais, ne vous ayant point trouvé, je suis venu ici.

Il vous est arrivé souvent, nous le savons, de prodiguer vos soins et vos aumônes à des malheureux appartenant à notre communion.

— Tous les hommes sont mes frères, répondit simplement l'abbé Samuel.

— Nous aussi, reprit le clergyman, nous pratiquons votre maxime, et c'est ce qui fait qu'un malheureux catholique est entre mes mains et va mourir, en dépit de nos efforts et de nos soins. A la dernière heure, le pauvre homme réclame vos consolations; les lui refuserez-vous?

— Je suis prêt à vous suivre, dit l'abbé.

— Eh bien ! venez...

Et le clergyman héla un cab qui passait vide, au coin de la place.

XXXI

Le cab monta rapidement vers le pont de Londres. L'abbé Samuel était tellement absorbé qu'il n'avait pas entendu les indications données au cabman par le clergyman. Le pont de Londres est peut-être le plus encombré du monde. Des milliers de voitures s'y croisent en tous sens et à toute heure, et souvent la circulation s'y trouve momentanément interrompue. Quand le cab fut au milieu, il fut contraint de s'arrêter. Alors l'abbé Samuel put embrasser d'un regard cet immense panorama de la Tamise, et cet horizon, sans limite, de toits, de chapelles et de clochers qu'on appelle Londres. Le clergyman, étendant la main, lui montra la coupole étincelante de Saint-Paul, qui resplendissait sous un pâle rayon de soleil, à travers le brouillard. Regardez, lui dit-il, c'est là que nous allons.

— A Saint-Paul? fit l'abbé Samuel en tressaillant.

— Comment donc un catholique se trouve-t-il dans votre église?

— Je ne sais pas, répondit le clergyman, je ne sais, en ce moment, qu'obéir aux ordres que j'ai reçus, car c'est le révérend Péters Town qui m'a envoyé vers vous.

— Ah! fit l'abbé qui se prit à songer à cet homme qui avait servi les fenians, dans la nuit qui avait précédé l'enlèvement de John Colden.

Au bout du pont de Londres, le cab se reprit à rouler avec rapidité, et il monta au grand trot la large voie de Cannon street. Un quart d'heure après, le prêtre catholique et le ministre anglican entraient à Saint-Paul. L'office du matin était fini et l'église était déserte. Un bedeau éteignait les cierges du chœur. Saint-Paul a plutôt l'air d'un panthéon que d'une église. Avec ses statues de généraux et d'amiraux, ses murs blancs, ses boiseries froides et d'un effet monotone, ses dorures d'un goût médiocre, çà et là, ce temple fait regretter la plus modeste des églises catholiques, avec ses vieux vitraux, ses tableaux de sainteté, et cette atmosphère chargée d'encens qui éveille dans l'âme la moins croyante de mystérieuses aspirations. Le clergyman conduisit l'abbé Samuel qui, pour la première fois, entrait dans Saint-Paul.

— Le moribond est là haut dans la lanterne. Et il le mena à la porte de cet escalier de plusieurs centaines de marches qui monte à l'intérieur de la coupole. — En haut, lui dit-il, vous trouverez le révérend Peters Town et le malheureux qui vous attend. Et le clergyman resta dans l'église, tandis que l'abbé Samuel commençait cette pénible ascension. En montant, l'abbé se posait cette question qui lui paraissait insoluble :

— Comment un catholique se trouvait-il dans la lanterne de Saint-Paul, l'église métropole du culte anglican? Tout en haut de l'escalier, l'abbé Samuel leva la tête et vit l'austère révérend Peters Town debout sur les dernières marches, qui le salua de la main et lui dit : — Venez, monsieur, suivez-moi. Et il le conduisit dans une chambre ménagée dans la coupole, où le prêtre catholique vit un homme couché dans un lit et qui paraissait prêt à rendre l'âme. Il s'approcha de lui et prit sa main. Le prétendu moribond leva sur lui un œil plein de gratitude. Puis son regard alla chercher le révérend Peters Town et devint suppliant.

— Monsieur l'abbé, dit ce dernier, je vous laisse seul avec ce malheureux. Vous me retrouverez sur la terrasse de la coupole.

L'abbé Samuel s'inclina. Puis, le révérend parti, il ferma la porte et revint auprès de cet homme qui réclamait son ministère.

— Vous êtes donc bien malade, mon ami?

— Non, répondit cet homme tout bas; mais il y va de ma vie, et c'est pour cela que j'ai consenti à vous faire demander. Et le prétendu moribond, qui était Irlandais, se mit à parler dans ce patois des côtes de la verte Érin qui est incompréhensible pour les Anglais.

— Je suis un misérable, lui dit-il. Catholique, je me suis mis au service des ennemis de notre foi et je suis sacristain ici depuis près de dix ans, mais le repentir m'a touché et j'ai servi nos frères une heure. C'est moi qui ai allumé le feu électrique.

— Je le sais, dit l'abbé Samuel. Mais ne vous a-t-on pas mis en prison?

— Oui d'abord, mais on m'a relâché, faute de preuves.

— Alors on vous a chassé d'ici. Comment y êtes-vous revenu?

— C'est le révérend Peters Town qui est venu me chercher et m'a dit que mon emploi me serait rendu si je consentais à jouer le rôle d'un homme qui va mourir et si je vous appelais à mon chevet.

Pourquoi? je ne sais pas. Que veulent-ils? je
'ignore...

— Mais défiez-vous... On m'a fait avaler je ne
sais quelle médecine qui m'a donné la fièvre et m'a
mis en cet état; mais j'ai conservé toute ma raison, et c'est pour cela que je vous préviens. Je
ne veux plus trahir mes frères... défiez-vous.

Et pendant que cet homme parlait, le révérend
attendait derrière la porte, et il crut que le prêtre
catholique recevait la confession du sacristain.

Au bout d'une demi-heure, l'abbé Samuel rouvrit la porte. Le révérend feignit d'accourir.

L'abbé Samuel était pâle, mais la sérénité régnait sur son visage, et quelque piége qu'on lui
eût tendu, il paraissait résolu à braver ses ennemis. Le révérend Peters Town le prit par la main
et le conduisit sur cette étroite terrasse qui fait le
tour du dôme, lui disant :

— Venez, monsieur, il faut que je vous parle !...
Le jeune prêtre le suivit.

Saint-Paul est bâti au point culminant de la
colline qui domine les deux rives de la Tamise.

Du haut de cette terrasse, pour peu que le
temps soit clair, pour peu que le brouillard se
déchire, la ville immense apparaît toute entière
aux regards fascinés.

Comme Jésus, emporté par Satan sur la montagne, l'abbé Samuel avait été conduit là par le ministre anglican, qui voulait éblouir l'humble apôtre, en déroulant sous ses pieds les splendeurs titanesques de la cité colossale. — Regardez! lui dit-il.

— Pourquoi me montrez-vous cela?

— Londres est la reine du monde, et cette église où nous sommes, la reine de Londres, dit le révérend d'une voix solennelle et inspirée.

Vous êtes jeune, vous êtes éloquent, pourquoi ne vous laisseriez-vous point devenir grand?

— Je ne vous comprends pas?

— Regardez, non plus à vos pieds, dit le révérend, mais là-bas, à l'ouest, au bord du fleuve, voyez-vous ce palais dont le brouillard en lambeaux estompe les tourelles et les clochetons?

— Oui, dit l'abbé Samuel; c'est Lambeth palace.

— C'est la demeure du chef de notre religion à nous, fit le révérend avec orgueil; c'est un palais aux lambris dorés, aux escaliers de marbre, et ce palais, je vous l'offre.

— A moi? dit l'abbé Samuel.

Et l'abbé fit un pas en arrière, et, il regarda cet homme, comme Jésus dut regarder Satan lorsque celui-ci lui offrit l'empire du monde!...

XXXII

Le révérend Peters Town sembla vouloir profiter de la stupeur de l'abbé pour continuer :

— Voyez-vous cette ville immense ? C'est Londres, la capitale des trois royaumes et du monde entier, car où que vous alliez, au fond des déserts, sur le moindre rescif perdu au milieu de l'océan, flotte le drapeau britannique.

Londres est la maîtresse du monde, et deux pouvoirs se partagent cette royauté, la noblesse et le clergé.

Le lord chancelier commande à l'un, l'archevêque de Canterbury est le chef de l'autre.

Voulez-vous être un jour celui qui gouverne sous les lambris de Lambeth palace ? Vous avez le front vaste des hommes que Dieu fait rois par la pensée, vous devez être ambitieux, continua le révérend Peters Town. Abandonnez ce culte suranné, cette église vermoulue que vous avez condamnée chez nous à l'obscurtié et au silence ; nous vous tendons la main, venez avec nous.

La stupeur du jeune prêtre avait fait place à l'indignation, mais cette indignation était muette et contenue à ce point que le révérend Peters

Town put croire que la tentation le mordait au cœur.

— Jusqu'à présent, poursuivit-il, quel a été votre lot ? vous avez vécu pauvrement, obscurément, prêchant votre foi à des mendiants, servant une cause perdue d'avance.

Venez à nous et nous vous ferons grand et fort, vous serez riche et puissant, et vous deviendrez un de ces deux maîtres du monde dont je vous parlais tout à l'heure.

Enfin la voix de l'abbé Samuel se fit jour à travers sa gorge crispée. — Mais c'est une apostasie que vous me demandez ! s'écria-t-il.

— Non point une apostasie, mais une conviction, dit le prêtre anglican avec audace.

Soudain l'abbé Samuel, qui d'abord avait reculé, fit un pas vers lui. A son tour, il prit la main du prêtre anglican et lui dit :

— Je vous ai écouté, écoutez-moi à votre tour.

Il était transfiguré en parlant ainsi.

Ce jeune homme, pâle et chétif en apparence, avait grandi tout à coup ; son œil bleu, si doux et si triste d'ordinaire, lançait des éclairs, sa voix était devenue sonore et vibrante, et le révérend Peters Town, ce grand dominateur de consciences, courba la tête sous ce regard plein d'éclairs.

—Écoutez-moi, répéta l'abbé, écoutez-moi !

Et, lui aussi, il s'avança vers la balustrade et il promena un long regard sur la ville colossale accroupie comme un monstre aux millions d'yeux et de têtes sur les deux rives de la Tamise.

— Oui, dit-il alors, vous avez raison : à vous les palais aux dômes d'or, à vous le fleuve sur lequel passent les grands navires aux opulentes cargaisons, à vous la puissance commerciale du monde et les biens de la terre. Vous m'avez montré Lambeth palace, et le Parlement, et Westminster...

Eh bien! regardez plus loin encore, sur la gauche, au milieu de ces pauvres maisons enfumées du Southwark? Voyez-vous cette humble église? Voyez-vous ce clocher qui monte dans le ciel brumeux, c'est Saint-George.

Saint-George est notre temple à nous, et il est l'égal de Saint-Pierre de Rome, la vieille basilique, et l'autel où nous montons est le même que celui où montaient les premiers prêtres chrétiens, il y a dix-huit cents ans.

La doctrine que vous prêchez est d'hier, et pourtant vous êtes aussi divisés que des frères ennemis, et chacun de vous a une foi nouvelle, et chacun veut être pontife et avoir ses disciples.

Nous, nous n'avons qu'un autel, comme nous n'avons qu'un chef.

Vous placez dans vos temples tout neufs les statues de vos grands hommes, mais nous, à travers les siècles, à travers les âges barbares, nous avons conservé les œuvres des maîtres, qui étaient grands surtout parce qu'ils croyaient.

Que notre église soit la cathédrale orgueilleuse ou l'humble chapelle irlandaise, elle restera debout au milieu des orages, car la foi est éternelle.

Ah ! vous me montrez Londres, la ville immense, et vous me dites : Voilà notre empire ! Je vous montre, moi, ces pauvres maisons qui entourent une misérable église, et je vous dis: Nous sommes plus riches que vous !

La parole de l'abbé Samuel était devenue sonore comme les sons graves de l'orgue ; à son tour il tenait courbé sous son regard cet homme qui avait méprisé sa jeunesse et sa foi.

Et, quand il eût fait un geste pour que le révérend Peters Town lui livrât passage, celui-ci s'écarta tout frémissant.

Et l'abbé Samuel, la tête haute, calme, sublime, quitta cette terrasse de la tentation, gagna l'escalier du dôme et descendit.

Le jeune clergyman était en bas, auprès de la

chaire, attendant les ordres de son supérieur.

Le prêtre catholique passa près de lui sans le voir, et sortit de Saint-Paul, Alors le clergyman, frappé de cette démarche, de ce visage plein de sérénité, comprit qu'il avait dû se passer en haut quelque chose d'extraordinaire, et il monta.

Le révérend Peters Town, pâle, l'œil en feu, les lèvres crispées, était toujours appuyé à la balustrade du dôme. Tel Satan devait être lorsque le Christ eut repoussé ses offres. Le clergyman s'approcha : le révérend ne le vit point. Pendant quelques minutes, le jeune homme se tint à l'écart, n'osant faire un pas, n'osant prononcer un mot. Enfin le révérend se retourna ; il vit le clergyman et lui dit :

— Que peuvent-ils donc avoir au cœur ces hommes qui ont fait vœu de pauvreté et dont la vie est un combat perpétuel? J'ai parlé à son ambition, et son ambition est restée muette. Ah! ce jeune homme est notre ennemi le plus terrible, croyez-le... mais je le terrasserai...

Et le révérend, du haut de Saint-Paul, montra le poing à l'humble église de Saint-George.

— L'abbé Samuel m'a terrassé, murmura-t-il, mais j'aurai ma revanche, et elle sera terrible!...

Et il eut un accent de haine et une expression

de fureur dans le visage et le regard qui firent frissonner le jeune clergyman.

XXXIII

Laissons l'abbé Samuel quitter, le front haut, la cathédrale de Saint-Paul, et l'homme gris, s'en allant caracoler à Hyde-Park avec l'espoir d'y rencontrer miss Ellen.

Retournons à Rotherithe, où nous allons retrouver nos connaissances de la nuit précédente, John le rough et Nichols. Paddy avait passé une partie de la nuit avec eux, on s'en souvient, puis il les avait quittés en leur disant : — J'ai idée, moi, que le condamné John Colden n'est pas à Rotherithe.

— Et où crois-tu qu'il est? avait demandé Nichols, fortement découragé par l'évasion de Shoking et la disparition de l'écossais Macferson.

— C'est mon secret.

— Comment ton secret? Tu ne dois pas avoir de secret pour nous, puisque nous sommes associés, avait dit Nichols.

— Ne te fâche pas, répondit Paddy, et écoute-moi : Quand je vous ai rencontrés, j'étais moi-même à la recherche de John Colden. Mais je n'agissais pas pour mon compte.

— Et pour qui donc travaillais-tu?

— Pour une personne puissante qui triplera, au besoin, la prime offerte par la police. Et je vous l'ai dit, tout à l'heure, je crois bien que je sais où est le condamné?

— Pourquoi donc, alors, ne veux-tu pas nous le dire?

— Je vous le dirai, mais quand la personne pour qui je travaillais me l'aura permis, et elle me le permettra, allez; et il y a mieux, je stipulerai avec elle pour vous, des conditions de salaire magnifiques. Paddy parlait avec un accent de franchise qui convainquit Nichols. — Et quand verras-tu cette personne?

— Cette nuit même, je vais y aller.

— Où te retrouvons-nous?

— Où vous voudrez, dit Paddy, qui ne prévoyait pas la besogne et les instructions que lui donnerait miss Ellen.

— Eh bien? dit Nichols, ici même, au bord de l'eau. Nous coucherons dans la péniche.

— Soit, dit Paddy. Et il s'en alla.

On sait ce qui s'était passé. Paddy avait fait

partie de l'expédition souterraine accomplie par miss Ellen et lord Palmure.

On se souvient qu'il avait fait part de ses soupçons à miss Ellen, touchant cette lumière qui brillait toute la nuit dans le clocher de Saint-George, et que miss Ellen, devinant que ce n'était point de John Colden, mais de l'homme gris qu'il s'agissait, lui avait enjoint d'avertir l'abbé Samuel. Miss Ellen, qui avait un plan en donnant cet ordre, avait donc congédié Paddy, modifiant ainsi du tout au tout la conduite de cet homme vis-à-vis de ses associés de la nuit.

Donc, Nichols et John le rough qui, le bateau de police éloigné, étaient retournés chercher un abri pour le reste de la nuit dans la péniche, constatèrent, après un long sommeil, que Paddy n'était pas revenu, bien qu'il leur eût donné rendez-vous. Alors John regarda Nichols.

— Veux-tu savoir ma pensée? Eh bien! j'ai idée que Paddy s'est moqué de nous, ou qu'il nous trahit.

— Au profit de qui?

— Des Irlandais, pardieu? Sais-tu où il demeure?

— Oui, dans le Southwark, et dans un passage qui donne dans Adam's street.

— Eh bien! allons chez lui, nous verrons bien.

Et quittant la péniche, Nichols et John se rendirent dans le Southwark. Là ils gagnèrent Adam's street.

Il était alors six heures du matin, et c'était précisément le moment où l'abbé Samuel se rendait, comme il le faisait tous les dimanches, chez la femme et les enfants de Paddy. Tout à coup John serra le bras à Nichols. — Regarde !

— Vois-tu ce jeune homme vêtu de noir ? C'est l'abbé Samuel, celui-là même qui assistait John Colden sur l'échafaud. Et il sait bien certainement où est le condamné.

— Tu crois ?

— Il n'est pas Irlandais pour rien.

— Suivons-le, au lieu d'aller chez Paddy ?

Ils firent trois ou quatre pas derrière le prêtre ; puis, soudain, Nichols s'arrêta bouche béante.

— Oh ! par exemple ! dit-il enfin. Il entre chez Paddy.

John fronça le sourcil et tous deux, qui ne s'aperçurent pas non plus que le clergyman s'effaçait sous une porte, après avoir suivi l'abbé Samuel, tous deux s'arrêtèrent et se regardèrent avec une expression de défiance croissante.

— Puisque l'abbé Samuel entre chez Paddy, fit John, c'est que Paddy nous trahit.

— C'est ce que nous allons voir, dit Nichols.

Peu après la femme et les enfants de Paddy sortirent.

Alors Nichols passa devant la maison, jeta un regard furtif à travers la fenêtre et aperçut l'abbé Samuel qui tenait les mains de Paddy et paraissait le remercier avec effusion.

— Regarde, dit-il. John s'approcha.

— Je te le disais bien, il nous trahit.

— Eh bien! dit Nichols, il sera puni. Et les deux roughs se donnèrent la main et jurèrent la mort de Paddy, l'homme acheté par miss Ellen. Puis ils disparurent, et Nichols dit à John :

— Nous reviendrons ce soir? Et il fera connaissance avec six pouces de la lame de mon couteau.

Pendant ce temps, Paddy et sa femme, qui était rentrée après le départ de l'abbé Samuel, parlaient tout bas de ce cottage et de ces terres que miss Ellen leur avait promis loin de Londres, la grande ville de la corruption!...

XXXIV

Suivons maintenant le gentleman qui quittait

Saint-George à cheval et s'en allait à Hyde-Park, si merveilleusement transformé, que l'abbé Samuel ne l'avait reconnu qu'à la voix.

L'homme gris s'en alla au grand trot, gagna le pont de Westminster, traversa tout le quartier de Belgrave square et entra dans le jardin royal. Il était alors midi. En hiver, les quelques personnes de qualité qui restent à Londres et qui n'y sont retenues, du reste, que par les travaux du parlement, fréquentent Hyde-Park vers le milieu du jour.

Si un pâle rayon de soleil, vers midi, traverse le brouillard et s'ébat sur les gazons, aussitôt les équipages à deux et à quatre chevaux envahissent les allées ; les cavaliers et les amazones se croisent en tous sens, échangeant des saluts et des poignées de main. Ce jour-là, il y avait foule quand l'homme gris arriva. La jument qu'il montait était une bête admirable, nous l'avons dit, et, bien que rien ne soit moins rare, en Angleterre, qu'un beau cheval, elle attira tous les regards.

Un groupe de jeunes gens, perchés sur les banquettes d'une mail-coach, engagèrent des paris. Était-ce un Anglais, un Français, un Américain ? Nul ne le savait. Les uns parièrent que c'était un nabab, les autres qu'il pourrait bien appartenir à l'ambassade du Brésil nouvellement installée. Un tout jeune homme, le baronnet sir Edmund W..., dit à son tour : — Je sais qui c'est. C'est un Russe, le comte R... qui est amoureux fou de miss Ellen Palmure.

— Que nous chantez-vous là, Edmund ?

— La vérité, messieurs. Vous savez que miss Ellen, la plus belle personne des trois Royaumes, a refusé la main des plus riches seigneurs de Londres, le fils de lord C... entre autres, qui a voulu se brûler la cervelle l'année dernière.

— Et la main du baronnet sir Williams P..., qui se l'est brûlée, ajouta un autre gentleman.

— A la suite de cet événement miss Ellen est allée en Italie, il y a deux ans, reprit sir Edmund, et c'est là que commence mon histoire.

— Contez-nous la donc, Edmund.

— Miss Ellen a passé un mois à Monaco où, comme vous le savez, il y a autant de Russes que d'Anglais. Elle y a tourné la tête du comte R..., et il a juré qu'il l'épouserait.

— Et vous croyez que le comte R... est ce gentleman qui vient de passer. Sur quoi basez-vous cette opinion ?

— Sur un fait bien simple : Il y a trois mois

qu'on n'a vu miss Ellen à Hyde-Park, et elle y est aujourd'hui.

— C'est vrai, elle vient d'entrer par la grille de White-hall.

— Mais cela ne prouve rien...

— Pourquoi donc?

Un cavalier s'était joint aux gentlemen du mail coach et galopait auprès de leur voiture. C'était un jeune étourdi qu'on appelait le marquis de L...

— Messieurs, dit-il, vous pouvez engager des paris, je tiens pour Edmund, et je vais avoir la preuve de ce qu'il avance.

— Comment l'aurez-vous, marquis?

— Oh! très-facilement. Je vais l'aller demander à miss Ellen elle-même; je suis fort de ses amis, comme vous savez.

— Mais vous ne l'épouserez pas?

— Dieu m'en garde! Le mari que prendra miss Ellen sera un véritable esclave.

Les paris s'engagèrent. — Mille livres que le gentleman n'est ni Russe ni amoureux, dit l'un.

— Je tiens les mille livres, répondit sir Edmund.

Le jeune marquis de L... mit son cheval au galop et courut après miss Ellen qu'on apercevait au bord de la serpentine, maniant avec une adresse infinie son superbe poney d'Irlande.

En entendant le galop du cheval, la jeune fille se retourna, reconnut le marquis et le salua de la main, pensant qu'il ne faisait que passer. Mais le marquis l'aborda et lui dit : — Miss Ellen, j'ai fait un pari.

— Ah ! vraiment ? fit-elle, et lequel ?

— C'est que le comte R... était à Londres. A Hyde-Park, et qu'il y venait pour vous rencontrer.

— Oh ! dit miss Ellen en souriant, le comte R..., qui s'est montré très-épris de moi à Monaco, m'a certainement oubliée.

— Voilà qui est impossible, miss Ellen.

— Et si par hasard il est à Londres, c'est que d'autres affaires l'y amènent.

— Cependant il est ici.

— Vous le connaissez donc ?

— Pas le moins du monde, mais nous venons de voir passer un gentleman que personne ne connaît, et sir Edmund prétend que c'est lui.

— Et où est-il, ce gentleman ?

— Là-bas.

Miss Ellen suivit la direction donnée à sa cravache par le marquis, et elle aperçut, en effet, à cent pas de distance, un gentleman qui avait mis son cheval au pas. — Nous sommes trop loin ici

pour que je puisse vous dire si c'est le comte R...,
dit miss Ellen.

— Eh, bien! voulez-vous galoper avec moi jusque-là? dit le marquis.

— Volontiers.

Et miss Ellen rendit la main à son poney, qui fila comme une flèche. Le marquis galopait à côté de miss Ellen. Soudain celle-ci arrêta brusquement son cheval. Elle avait reconnu non-seulement la jument, mais encore le groom qui suivait le gentleman à distance. — Qu'est-ce? dit le marquis étonné.

Miss Ellen était devenue toute pâle. — Mon cher marquis, lui dit-elle, vous savez que je suis capricieuse! J'exige de vous que vous restiez ici.

— Pourquoi?

— Je veux m'approcher toute seule de ce gentleman. Si c'est le comte R..., je reviendrai vous le dire. Attendez-moi ici, auprès de cet arbre.

— Soit, dit le marquis.

Et miss Ellen, agitée d'un bizarre pressentiment, se remit à galoper sur les traces de l'homme gris, qui continuait à s'éloigner.

XXXV

L'homme gris continuait son chemin.

Il trottait au bord de la serpentine, cette rivière microscopique dont les Londoniens sont plus fiers que de la Tamise, se retournant d'une façon si imperceptible que mis Ellen n'avait pu s'en apercevoir.

Mais il avait parfaitement vu la jeune fille, lui, et ce qu'il voulait, c'était se rapprocher le plus possible des grilles de Hyde-Park, afin de n'avoir pas grand chemin à faire, au besoin, pour gagner une des portes. Miss Ellen galopait avec furie.

Elle dépassa le groom qu'elle avait reconnu.

C'était bien celui à qui quelques jours auparavant, elle avait offert de l'argent pour qu'il lui dît le vrai nom et la demeure de son maître.

Elle avait également reconnu la jument de pur sang, et le cavalier qui la montait avait la tournure de celui qu'elle cherchait. Mais comme elle arrivait tout près de lui, il se retourna et un cri de surprise échappa à miss Ellen. Elle ne reconnaissait plus l'homme gris.

Son étonnement, sa stupeur furent même si naïfs, que l'homme gris se prit à sourire.

Puis son regard s'alluma et pesa sur miss Ellen.

Alors miss Ellen courba la tête et eut un léger frisson. Ce n'était pas lui et c'était lui. S'il avait changé de visage, il avait conservé son regard.

Et, saluant la jeune fille, il fit volter son cheval et s'approcha d'elle. — Bonjour, miss Ellen, dit-il.

— Oh! murmura-t-elle, c'est sa voix.

— Pardonnez-moi, miss Ellen, dit-il, mais il a bien fallu me grimer un peu pour venir ici et n'être pas reconnu. — Vous! encore vous! dit-elle.

— Jusqu'au jour où vous m'aimerez, répondit-il. Et il rangea familièrement son cheval à côté du cheval de miss Ellen. Le groom suivait à distance et avait été rejoint par celui de miss Ellen. Celle-ci avait dominé sur-le-champ ce premier moment d'émotion que lui faisait toujours éprouver la rencontre de son ennemi.

— Une belle journée qu'on dirait la première du printemps, miss Ellen, dit l'homme gris d'une voix harmonieuse, une journée où il fait bon parler d'amour, n'est-ce pas? Miss Ellen le regarda :

— Vous êtes donc toujours fou? dit-elle avec un accent de mépris ironique.

— Peut-être...

— Hier, reprit-elle, vous avez déployé vos talents de sorcier et d'escamoteur.

— Vous êtes cruelle, miss Ellen.

— Aujourd'hui, le rôle de don Juan ne vous déplaît pas.

— J'aime votre ironie, miss Ellen. Elle m'accuse bien franchement votre haine. Et la haine est le commencement de l'amour.

Elle haussa imperceptiblement les épaules.

Puis ricanant toujours :

— Vous êtes hardi, dit-elle. Cette nuit, vous étiez sous mon toit, et j'ai respecté l'hospitalité, mais ici, nous sommes en public. Au moment où je vous parle, il y a vingt gentlemen qui vous prennent pour un gentilhomme russe, le comte de R..., qui, lui aussi, est amoureux de moi.

— Fort bien, miss Ellen. Où voulez-vous en venir ?

— A ceci. Je n'ai qu'un signe à faire, et ils m'entoureront. Je n'ai qu'à leur dire : Cet homme que vous ne connaissez pas et que vous prenez pour un gentleman...

— Est le dernier des misérables, interrompit l'homme gris en souriant, le chef de ces hommes qui, dans l'ombre, conspirent contre l'Angleterre ; c'est ce bandit à visage de Protée qui a sauvé John Colden de l'échafaud.

— Oui, dit miss Ellen, je puis les appeler et leur dire tout cela.

— Et, dit encore l'homme gris avec calme, comme en Angleterre tout gentleman s'est fait recevoir constable, il ne sera nul besoin de policemen pour m'arrêter. Eh bien! faites ce signe, dit-il avec tranquillité. Je ne chercherai pas à fuir.

— Vous continuez à me braver, je le vois. Mais prenez garde!

— Par exemple, dit l'homme gris, qui eut à son tour un accent d'ironie, on s'étonnera peut-être dans l'aristocratie anglaise que vous ayez des relations avec ce bandit.

— Oh! fit-elle, peu m'importe ma réputation, si j'assouvis ma haine.

— Eh bien! allez, miss Ellen, appelez le marquis de L... qui vous suit à distance; faites signe au mail coach qui vient de notre côté et sur la banquette duquel je vois perchés bon nombre de vos fidèles.

— Non, dit miss Ellen, je veux être généreuse aujourd'hui encore. D'ailleurs le dimanche est un jour de repos, un jour de trêve, par conséquent.

— Que craignez-vous de moi, miss Ellen, maintenant que je vous ai rendu les lettres... de Dick Harisson?

Miss Ellen fronça le sourcil tout à coup et son œil eut un éclair de colère. — Ah! dit-elle, vous osez me parler de ces lettres? Mais vous en avez gardé une?

— Moi? Et il y eut un tel accent d'étonnement dans ce simple mot, que miss Ellen le regarda avec une sorte de stupeur. — Il en manquait une, dites-vous? reprit-il. C'est impossible, je les ai comptées, il y en avait dix-sept.

— J'en ai écrit dix-huit, moi.

— Eh bien! je vous jure, miss Ellen, que je n'en ai trouvé que dix-sept dans la bière. Qu'est devenue la dix-huitième? Je l'ignore. Mais je vous jure que je le saurai, et si elle existe, elle vous sera rendue. Et l'homme gris salua miss Ellen et s'éloigna au galop. Il avait déjà franchi la porte de Stanhop street, que miss Ellen pétrifiée était encore au bord de la serpentine, les yeux baissés. Enfin elle releva la tête. — Cet homme est un ennemi loyal, se dit-elle. Il n'a pas la lettre. Qu'est-elle donc devenue? Elle tourna bride, revint vers le marquis de L... et lui dit en souriant :

— Mon ami, vous avez perdu votre pari. Ce n'est pas le comte R...? Mais... vous connaissez ce gentleman? Et c'est...? Mystère!

Et miss Ellen eut un éclat de rire et s'éloigna au galop.

Comme elle rentrait deux heures après, à l'hôtel Palmure, le suisse lui remit une enveloppe carrée arrivée il y avait quelques minutes. Miss Ellen l'ouvrit et son cœur battit. L'enveloppe renfermait la dix-huitième lettre accompagnée de ces mots :

« La mère de Dick l'avait gardée. Je vous l'en-
» voie avec les compliments de celui que vous
» aimerez tôt ou tard!... »

Un éclair de fureur passa dans les yeux de miss Ellen. — Ah! dit-elle, maintenant, que je ne te crains plus, homme énigme, à nous deux! la guerre commence...

XXXVI

Cette longue journée du dimanche s'était écoulée enfin, car rien n'est interminable et triste comme le dimanche à Londres. Tout est fermé, magasins et public-house ; la foule qui circule dans les rues est silencieuse et recueillie, sinon par dévotion, au moins par habitude. Chacun paraît s'ennuyer et se tordre la mâchoire ; et on en voit qui regardent le ciel, trouvant que le jour a l'air de se prolonger indéfiniment. Enfin, la nuit vient, le gaz s'allume dans les rues, quelques établissements publics se rouvrent; la poste, qui a chômé tout le jour, expédie les lettres pour l'étranger et la province, et le publicain reparaît à son comptoir avec son tablier, son habit noir et sa cravate blanche. Le peuple anglais, le dimanche soir, est comme le peuple turc pendant le rhamadan, c'est-à-dire au lendemain du carême. Il se rattrape de son long jour d'abstinence avec une fiévreuse ardeur.

Dans les quartiers pauvres, au Wapping, à White-Chapel, à Rotherithe, dans le Borough, dans le Southwark, les tavernes s'emplissent dès huit heures du soir.

Le policeman, toujours respecté, se montre même indulgent; il n'appréhende les ivrognes au collet que lorsque le scandale est trop flagrant.

Sinon, il ferme les yeux sur ceux qui s'en vont en décrivant des courbes et des arabesques, et passe devant les public-house sans trop regarder à travers les carreaux garnis au dedans de rideaux rouges. Ce soir-là, Paddy, qui était demeuré tout le jour enfermé dans sa maison, Paddy se leva du coin du poêle qui ronflait joyeusement, maintenant qu'on avait de l'argent et partant du coke et du charbon :

— Femme, dit-il, je vais aller me promener un peu. J'ai mal de tête.

— Il fait froid, dit mistress Paddy.

— Je boutonnerai mon habit.

— Et puis, continua sa femme, je ne saurais dire pourquoi, mais j'aimerais mieux que tu restasses ici.

— J'ai soif, dit Paddy.

— Il y a sur la table une cruche de bière brune toute pleine.

— La bière qu'on boit chez soi rafraîchit moins que celle du public-house.

Mistress Paddy soupira. — Seigneur Dieu, dit-elle, comme les hommes sont entêtés, en vérité !

— Ah çà ! mais pourquoi donc veux-tu que je ne sorte pas ? dit Paddy d'un ton bourru.

— Je te l'ai dit, je ne sais pas. C'est une idée.

— Une drôle d'idée ! ricana Paddy.

— Et puis, fit mistress Paddy, j'ai comme un pressentiment ce soir. Il me semble que ce matin le prêtre irlandais s'est méfié de quelque chose. Je ne sais pas pourquoi encore, continua sa femme, mais il me semble que miss Ellen t'a donné là une drôle de besogne, en te disant de l'avertir que Nichols et les autres savaient que John Colden était dans le clocher de Saint-George.

— Moi aussi, dit Paddy, je ne comprends pas pourquoi elle m'a dit d'agir ainsi.

— Car enfin, dit mistress Paddy, elle a, comme

son père, la haine des Irlandais, et alors pourquoi leur donner un avis charitable ?

— Femme, dit Paddy, je te le répète, je n'y comprends absolument rien, mais, enfin, du moment que je me suis vendu à miss Ellen et que je lui ai juré de faire ce qu'elle me commanderait, je n'ai pas besoin de discuter ses ordres.

Et Paddy fit un pas vers la porte. Mais sa femme lui prit le bras et le retint. Écoute encore, lui dit-elle. Je te disais donc que j'avais dans mon idée que ce matin l'abbé Samuel s'était méfié de quelque chose.

— Eh bien ! que veux-tu que j'y fasse ?

— Je voudrais que tu restasses ici. Je me méfie des Irlandais.

— Bon ! dit Paddy, en haussant les épaules, si j'avais à me méfier, ce ne serait pas d'eux.

— De qui donc ?

— De John le rough et Nichols.

— Pourquoi ?

— Mais parce que je leur avais promis d'aller les rejoindre, de leur dire où était John Colden et que miss Ellen m'a défendu de les revoir.

Heureusement, ajouta Paddy, comme se parlant à lui-même, je ne les rencontrerai pas par ici. Ils sont à Rotherithe et ils n'en bougeront pas, car ils sont persuadés que c'est à Rotherithe que se cache John Colden. Et il fit un pas encore.

— Ainsi tu veux sortir? dit sa femme d'une voix presque émue.

— Je vais boire un coup.

— Paddy, je t'en prie...

— Ah! mais tu m'ennuies! dit Paddy avec colère, laisse-moi donc aller où je veux ! j'ai passé d'assez mauvais moments à White-cross! Vas-tu pas vouloir me remettre en prison, toi? Et il repoussa sa femme avec brusquerie, tira la porte et sortit. Le passage où il demeurait était bruyant comme en plein jour, et une foule de gens déguenillés s'y croisaient en tous sens.

— Bonjour Paddy, dirent quelques voix, te voilà donc sorti de prison ?

— Oui, mes amis, bonsoir! et merci! Et Paddy se dirigea d'un pas rapide vers Adam's street qui était au bout du passage. Il concevait l'idée d'aller boire du porter à *Queen-Elisabeth*.

La taverne qui portait ce nom royal était située au bord de la Tamise, entre le pont de Westminster et Lambeth palace. La bière y était excellente et coûtait un peu plus cher. Mais Paddy avait de l'argent en poche et ne regardait pas à la dépense.

Il s'enfonça donc dans un dédale de ruelles,

pour aller au plus court, car les passages, à Londres, abrégent singulièrement les distances, et il finit par se trouver dans une rue tout à fait déserte. Alors il entendit marcher derrière lui.

Instinctivement et comme s'il eût été, à son tour, impressionné par les pressentiments de mistress Paddy, il s'arrêta net et attendit que l'homme qui le suivait s'approchât. Il s'était arrêté sous un bec de gaz. Les pas devenaient plus bruyants et bientôt un homme apparut dans le cercle de lumière décrit par le réverbère.

Paddy tressaillit. Il avait reconnu John le rough. — La! Paddy, dit celui-ci, ne va donc pas si vite! Est-ce que tu bois sans les camarades le dimanche ? John paraissait de belle humeur et même un peu gris. — Où vas-tu! dit-il encore.

— *Queen's Elisabeth tavern*, répondit Paddy.

— Eh bien! allons, dit John. Et il prit Paddy par le bras et l'entraîna. A partir de ce moment, on ne devait plus revoir vivant le malheureux Paddy...

XXXVII

On l'a vu, la femme de Paddy s'était opposée de toutes ses forces à ce qu'il sortît.

Mais les femmes si puissantes sur l'homme en

toute autre circonstance, sont battues par la taverne. L'homme qui a soif n'écoute rien. Donc, Paddy était parti. Les enfants étaient couchés sur leur grabat, côte à côte, la sœur et le frère, exemple touchant de la misère anglaise qui va jusqu'à mélanger les deux sexes.

Lisbeth remit du coke dans le poêle, l'additionna d'une galette de fiente de vache et, mouchant avec ses doigts la chandelle de suif qui brûlait sur la table, elle se mit à lire la Bible en bonne Anglaise qu'elle était.

Les catholiques convaincus s'accommoderaient mal des transactions de conscience de mistress Paddy : mais, elle, partant de ce principe, que les pauvres gens n'ayant pas le choix de la besogne, appartiennent à ceux qui les payent et suivent ensuite leurs ordres, ne se jugeait pas tellement coupable qu'elle crût pouvoir se dispenser de ses devoirs religieux.

Donc, elle s'était mise à lire la Bible fort dévotement, prêtant parfois l'oreille aux bruits du dehors, s'interrompant quelquefois pour regarder les deux enfants qui dormaient. Les heures s'écoulèrent. Lisbeth lisait toujours, mais son visage devenait de plus en plus inquiet. Peu à peu les rumeurs du dehors s'éteignirent ; les portes des maisons voisines se fermaient, le silence succédait au bruit. Paddy ne revenait pas. Alors Lisbeth se leva et, de plus en plus inquiète, ouvrant sa porte, elle se mit sur le seuil.

Un homme entrait dans le passage, elle eut un battement de cœur, pensant que c'était Paddy.

Mais l'homme passa devant elle et ne s'arrêta point. Ce n'était point celui qu'elle attendait. Puis après celui-là, un autre, et encore un autre; et puis, plus rien. Le passage était devenu ombre et silence. Lisbeth entendit sonner successivement deux et trois heures du matin. Les femmes des ouvriers de Londres sont comme les femmes du peuple de Paris; elles savent où sont les cabarets que leurs maris fréquentent et connaissent les habitudes de chacun de ces établissements.

Lisbeth, de plus en plus agitée par des pressentiments sinistres, repassa dans sa tête cette nomenclature de public-house et de tavernes que Paddy fréquentait avant son incarcération. Où était-il? Était-il demeuré dans le Southwark? avait-il poussé jusqu'au Borough? Tout à coup un souvenir traversa son esprit; Elle se rappela que, lorsqu'elle allait voir Paddy à White-cross, le prisonnier pour dettes, quand il avait bien maudit son créancier, pleuré sur ses enfants dont il était séparé et épuisé la kyrielle de ses lamentations, donnait un regret à la bière brune et au gin de *Queen's Elisabeth Tavern.*

Elle se rappela encore que, pendant cette journée qui venait de s'écouler, le nom de cette taverne lui était venu deux ou trois fois aux lèvres. Or, la taverne de la Reine-Élisabeth était ce qu'on appelle à Londres un établissement de nuit. Elle avait une *licence* pour demeurer ouverte jusqu'au jour. Lisbeth n'hésita plus. Les enfants dormaient, et à leur âge on a le sommeil dur. Elle souffla la lampe, tira la porte après elle et donna un tour de clé, tout en laissant cette clé dans la serrure, pour le cas où Paddy rentrerait tandis qu'elle serait à sa recherche.

Les pauvres ne se volent pas entre eux.

Lisbeth savait bien que sa maison était la dernière à laquelle les voleurs songeraient, par la raison toute simple qu'il n'y avait rien à voler.

La femme de Paddy se mit donc à errer dans le Southwark. Tout en ayant la conviction que son mari était à Queen's tavern, elle ne voulut pas laisser inexplorés les cabarets du voisinage. Elle entra successivement dans une demi-douzaine de public-house où Paddy était connu. On ne l'avait pas vu, et la plupart des publicains le croyaient encore à White-cross. Dans le dernier où elle entra, elle rencontra un homme de Adam's street qui lui dit : — Tu cherches Paddy ? je l'ai rencontré... Il descendait vers la Tamise seul? — C'est bien cela, pensa Lisbeth ; il a de l'argent, il est allé à la *Reine-Élisabeth*.

Et elle sortit du public-house et se dirigea d'un pas rapide vers le bord de la Tamise. Là, les rues étaient tout à fait désertes. Seul, l'établissement de Queen's Élisabeth tavern brillait dans la nuit, comme un phare au raz de l'eau.

Cette taverne si fort prisée par Paddy, était une sorte de repaire composé d'un vaste rez-de-chaussée en planches et en torchis qui s'élevait de quelques mètres à peine au-dessus du niveau de la Tamise, et dont le seuil était quelquefois inondé, au moment des grandes marées.

Quand tout dormait dans le voisinage, la taverne ouvrait ses yeux rouges et flamboyants, c'est-à-dire ses fenêtres éclairées par des lampes fumeuses, dont les reflets indécis ricochaient sur la Tamise, et dans le silence de la nuit, on entendait monter ses refrains obscènes et ses bruyantes querelles.

Une autre femme eût hésité peut-être à aborder ce repaire, mais Lisbeth entra.

Personne ne la connaissait, et quelques hommes la regardèrent avec curiosité.

Elle demanda au publicain s'il avait vu Paddy.

A ce nom de Paddy, un homme, qui buvait tout seul dans un coin, leva la tête.— Est-ce de Paddy qui sort de White-cross, la petite mère, que vous voulez parler? dit-il. Je l'ai rencontré voilà une heure, dans Bridge-road, il paraissait ivre. Il remontait vers Saint-George.

— Est-ce qu'il était seul?

— Non, il était avec deux hommes qui m'ont paru être des Irlandais, aussi vrai que je m'appelle John et qu'on m'a surnommé le Rough, comme si nous n'étions pas tous des roughs, hein? Et John le rough se remit tranquillement à boire. Lisbeth, agitée des plus sinistres pressentiments, sortit. — Oh! murmura-t-elle, j'ai peur du prêtre catholique... Il se sera vengé!... j'ai peur... j'ai peur... Et mistress Paddy conservant néanmoins l'espoir que son mari avait fini par rentrer, regagna le Southwark en toute hâte. Il était alors quatre heures du matin, et si Paddy n'avait pas reparu, c'est que, bien certainement, il lui était arrivé malheur...

XXXVIII

A mesure qu'elle approchait de chez elle, Lisbeth sentait son cœur battre à outrance et ses jambes fléchir sous le poids de son corps. Comme elle entrait dans Adam's street, elle vit un groupe d'hommes sous un bec de gaz, à l'entrée du passage où elle demeurait. Ces hommes causaient avec animation et paraissaient s'entretenir de quelque événement extraordinaire. Il y avait également du monde au seuil d'un public-house encore ouvert. Lisbeth s'approcha toute tremblante. Personne ne fit attention à elle, tant l'émotion était générale. Le Southwark, bien que misérable, est un quartier tranquille, et les scènes sanglantes du Wapping y sont si rares que Lisbeth entendit une voix qui disait : — Il y a au moins dix ans que pareille chose n'est arrivée.

Comme elle s'approchait encore, elle put voir dans le passage et sentit ses cheveux se hérisser.

Le passage était plein de monde et une douzaine de policemen allaient et venaient à travers la foule compacte devant la maison de Paddy. Lisbeth fit quelque pas encore et s'arrêta muette, la gorge crispée, en proie à une mystérieuse épouvante.

La porte était ouverte, la maison pleine, et elle entendait des cris de désespoir auxquels elle ne pouvait se tromper : elle avait reconnu la voix de ses deux enfants. Une voisine, qui était descendue à demi-vêtu dans la rue, reconnut Lisbeth et vint à elle.

— Oh! ma chère! lui dit-elle en la serrant dans ses bras, êtes-vous assez malheureuse!

Lisbeth ne savait rien encore, et pourtant elle devinait tout. Soutenue par sa voisine, pâle comme une morte, sans voix dans la gorge, l'œil rouge et sec, marchant comme un automate, elle entra dans la maison.

Paddy était là. Mais Paddy était mort!... Les deux enfants, agenouillés sur le cadavre, se tordaient les mains en poussant des cris aigus. Le cadavre était épouvantable à voir. Il avait reçu quatre coups de couteau, deux au ventre, un dans l'épaule, un quatrième lui avait labouré la joue; mais aucune de ces blessures n'avait dû amener une mort instantanée. La gorge du mort portait des traces de mains crispées qui avaient dû l'étrangler, en désespoir de cause.

Enfin les vêtements en lambeaux du malheureux prouvaient qu'il avait soutenu, avant de mourir, une lutte désespérée avec ses assassins, car ils devaient être plusieurs, à en juger par les marques de strangulation et les quatre blessures d'abord, et ensuite par la force herculéenne dont le malheureux était doué et qui ne permettait pas de croire qu'un seul homme en fût venu à bout.

Des policemen, en tournée de nuit, avaient trouvé Paddy baignant dans son sang, au fond d'une ruelle appelée *Edmond lane* et qui descend de *Belvedere road* vers la Tamise. Les policemen de Londres ont chacun leur quartier, ce qui fait qu'à la longue ils connaissent à peu près tous les habitants de leur circonscription. Un de ceux qui faisaient partie de la ronde nocturne avait dit en voyant Paddy : — Je ne sais pas au juste le nom de cet homme, mais je le connais de vue et il doit demeurer aux environs d'Adam's street. Cette affirmation avait fait qu'au lieu de transporter le cadavre à la Morgue, on l'avait porté dans le Southwark.

Au coin d'Adam's street le même policeman était entré dans un public-house et avait fait signe au publicain de sortir. Celui-ci avait à peine jeté les yeux sur le cadavre qu'il s'était écrié : — C'est Paddy!

Tous ceux qui se trouvaient dans le public-house étaient également sortis et avaient tous reconnu

Paddy; vers le milieu d'Adam's street, le personnel d'une autre taverne s'était joint à cette petite escorte qui suivait déjà les policemen portant le cadavre. En moins d'un quart d'heure tout le quartier s'était trouvé en rumeur. On avait transporté Paddy chez lui, tandis que la malheureuse femme allait le chercher dans Queen's tavern. Les enfants éveillés en sursaut, voyant leur père mort, avaient témoigné le plus violent désespoir.

Les policemen étaient allés éveiller le magistrat de police du quartier, et celui-ci arrivait au moment même où Lisbeth, de retour aussi, se trouvait en présence du cadavre de son mari.

D'abord la pauvre femme avait été frappée de mutisme. Elle voulait pleurer, mais ses yeux étaient sans larmes; elle voulut crier, sa gorge ne laissa passer aucun son. Le magistrat interrogea tour à tour plusieurs personnes, mais nul ne put lui fournir aucun renseignement.

Paddy était sorti de prison l'avant-veille; on ne lui connaissait pas d'ennemi, et il était trop pauvre pour qu'on pût supposer qu'il avait été assassiné par des voleurs. A la fin Lisbeth put jeter un cri. La voix lui revint pleine de sanglots.

— Oh! s'écria-t-elle, c'est le prêtre!

— Quel prêtre? demanda le magistrat de police.

— Le prêtre catholique !

— Qui a assassiné votre mari ? fit encore le magistrat avec un étonnement croissant.

Lisbeth avait maintenant l'œil flamboyant, les narines dilatées, et l'instinct de la vengeance lui donnait des forces et éveillait en elle une sauvage énergie. — Oh ! non, dit-elle, ce n'est pas le prêtre qui a frappé, mais ce sont les hommes qui lui obéissent. Le magistrat crut saisir un premier indice dans ces paroles. — Madame, dit-il, expliquez-vous clairement. Sur notre libre terre d'Angleterre, les meurtriers sont toujours punis.

— Un prêtre catholique, un Irlandais, reprit Lisbeth, dont les sanglots couvraient la voix, nous a fait du bien, car nous étions bien misérables.

— Et vous voulez que ce soit lui qui ait commis un pareil crime ? Mais dans quel but ?

— Mon pauvre homme, répondit Lisbeth, s'était associé à ces hommes qui voulaient gagner la prime offerte par la police à ceux qui retrouveraient John Colden, le condamné à mort. Le prêtre qui est celui-là même qui a assisté John lorsqu'on l'a enlevé sur l'échafaud, aura considéré Paddy comme un ingrat et un traître...

Il y avait une foule compacte dans ce misérable logis, autour de ce cadavre, et tout le monde entendit formuler cette accusation terrible contre l'abbé Samuel.

— Oui, oui, dirent plusieurs voix, le prêtre est encore venu ce matin. — Nous l'avons vu, répétèrent d'autres personnes.

Parmi les gens qui entouraient le cadavre, il y avait un homme d'âge mûr, d'aspect austère, qui ne disait rien, mais dont les yeux d'un gris pâle reflétèrent alors une sombre joie. Cet homme, entièrement vêtu de noir, se dégagea peu à peu de la foule et se glissa hors de la maison. Puis il s'éloigna à petits pas, en murmurant : — Ah ! cette fois, je crois que je tiens ma vengeance ! Or, cet homme qui s'éloignait ainsi et qui n'avait frappé l'attention de personne, était le révérend Peters Town, ce ministre vindicatif qui avait juré la perte de l'abbé Samuel...

XXXIX

En présence de cette accusation formelle, énergique, qui faisait retomber sur l'abbé Samuel la responsabilité de la mort de Paddy, le magistrat de police qui avait commencé l'enquête, comprenant qu'il ne s'agissait pas d'un meurtre ordinaire, ordonna aux policemen de faire sortir la foule, afin qu'il pût se livrer à une enquête minutieuse.

Le peuple anglais est assez docile envers la police. Tout le monde sortait donc sans murmurer, laissant le magistrat, les policemen, Lisbeth et ses deux enfants auprès du cadavre de Paddy.

Mais elle demeura au dehors, remplissant le passage et presque tout Adam's street. Divisés par groupes de huit ou dix personnes, les curieux causaient et émettaient mille avis différents. Paddy n'avait pas, du reste, une oraison funèbre bien élogieuse. — C'était un assez triste drôle, disait un publicain qui lui avait fait crédit autrefois et n'avait jamais pu en être payé.

— Sa femme est une méchante femme, répliquait une commère du voisinage. D'abord, elle accuse le prêtre catholique bien légèrement...

— Et puis, reprenait un troisième, en admettant que cela soit vrai, Paddy n'a que ce qu'il méritait. Du moment où il mangeait le pain du prêtre, il ne devait pas s'associer à ses ennemis.

— Cela est vrai, dirent plusieurs voix.

Mais toutes ces conversations avaient lieu à voix basse, sans bruit, sans tapage, et sans aucune de ces bousculades qui font la gloire des attroupements parisiens. L'Anglais est calme, il a l'habitude de vivre la nuit et d'agir à sa guise sans jamais gêner la liberté d'autrui.

Un nouveau personnage qui n'était pas entré dans la maison du mort et qui n'était passé par là qu'après que le magistrat de police l'eût fait évacuer, se mêla alors aux différents groupes, recueillant ça et là des indications et des renseignements. Il était pauvrement vêtu et ressemblait plutôt à un petit commis du quartier de la Poissonnerie et des docks qu'à un gentleman. Cependant il s'exprimait en très-bons termes, et il demandait ce qui s'était passé avec une grande politesse. La commère, qui, déjà, s'était exprimée sévèrement sur le compte de Lisbeth, se chargea de le mettre au courant.

Cet homme, que personne ne connaissait, du reste, dans le quartier, apprit ainsi qu'on avait assassiné Paddy et que la femme de Paddy accusait l'abbé Samuel de ce crime. Il haussa imperceptiblement les épaules, ne se prononça ni pour ni contre, glissa d'un groupe à l'autre et finit par arriver jusqu'à un policeman qui s'était mis en sentinelle à la porte même du mort.

— Mon ami, voulez-vous avertir un de vos collègues qui sont de l'autre côté de la porte?

— Pourquoi faire? demanda le policeman avec flegme.

— Il y a dans cette maison un cadavre? Le cadavre d'un homme assassiné ? Et le magistrat de police se livre à une enquête ?

— Mais oui, répondit le policeman sans s'impatienter le moins du monde. L'Anglais est le plus patient des hommes.

— Eh bien ! reprit le personnage inconnu, dites à un des policemen qui sont dans l'intérieur, qu'un homme qui peut fournir des renseignements sur le meurtre et aider l'enquête, demande à être introduit.

Ce que la police anglaise a d'admirable, c'est qu'elle ne repousse personne et ne dédaigne aucun renseignement, si insignifiant qu'il puisse être. Le policeman fit un signe de tête affirmatif. Puis il frappa à la porte, qu'un des policemen placés à l'intérieur entr'ouvrit. On entendait toujours à travers cette porte les cris de douleur des deux enfants. Mais Lisbeth, ivre de vengeance, parlait d'une voix nette et brève, accumulant preuves sur preuves pour perdre l'abbé Samuel. Le policeman de l'intérieur transmit au magistrat de police les paroles de son collègue. Le magistrat donna l'ordre de faire entrer l'homme qui disait avoir des renseignements à fournir. Cet homme entra.

— Qui êtes-vous ? lui dit le magistrat.

Ce personnage qui, jusque là, s'était exprimé en très-bon anglais, eut alors un accent allemand très-prononcé.

— Mylord, dit-il, je suis Allemand et médecin.

— Votre nom?

— Conrad Hauser.

— Vous avez des renseignements à nous donner? Parlez...

— Je puis vous faire connaître l'assassin de cet homme. A ces paroles, Lisbeth se leva frémissante.

— Ah! si tu fais cela, dit-elle, je te bénirai, et je *consens à aller nu-pieds toute la vie*, ajouta-t-elle, se servant d'une formule usitée parmi le peuple de Londres et dont le sens est intraduisible. — Ah! vous connaissez l'assassin? Il faut nous le nommer, dit le magistrat.

— Je ne le connais pas, mais si Votre Honneur donne les ordres que je demande, je pourrai montrer son portrait à tout le monde.

— Je ne vous comprends pas, dit le magistrat.

Le personnage reprit : — Il y a vingt ans, mylord, que je m'occupe d'une question médicale très-grave, et j'ai fait une découverte dont je viens vous offrir l'application. Cet homme s'exprimait avec un calme, une conviction qui excluaient la pensée qu'il pouvait être fou. Cependant le ma-

gistrat ne put s'empêcher de l'examiner avec une
certaine défiance.

— Remarquez, mylord, dit-il, que ce que je
vais vous demander n'entrave en rien la marche
ordinaire de la justice, et Votre Honneur peut
faire arrêter les personnes soupçonnées.

— Enfin, dit le magistrat, que demandez-vous?

— Une chose bien simple : que le cadavre soit
envoyé soit à l'hôpital Saint-Barthélemy, soit à
la Morgue, ou même qu'il demeure ici... pourvu
qu'on n'y touche pas jusqu'à demain matin.

— Et demain matin? fit le magistrat.

— Je pourrai désigner sûrement le meurtrier.

Ce disant, cet homme, assez misérablement
vêtu, tira de sa poche un portefeuille, et de ce
portefeuille un billet de vingt livres.

— Mylord, il est d'usage de faire déposer une
caution aux gens qui sollicitent l'intervention de
la justice. Je suis prêt à remettre en vos mains
cette somme en garantie de ma bonne foi.

— Cela est parfaitement inutile, répondit le
magistrat. Le cadavre restera ici, à la place où il
est, sous la garde de deux policemen, et demain
vous pourrez faire vos expériences, sans que pour
cela, la justice attende les résultats pour agir. Le
médecin allemand s'inclina et sortit.

A deux pas de la maison de Paddy, il y avait un nègre qui paraissait chercher quelqu'un dans la foule, et celui qui avait dit se nommer Conrad Hauser, alla droit à lui, et, lui prenant le bras, l'entraîna hors du passage, dans la direction d'Adam's street.

XL

Le prétendu médecin, allemand n'était autre encore, on l'a pu deviner, que l'homme gris, le personnage fécond en métamorphoses.

Cet homme, que la police recherchait, dont miss Ellen avait juré la perte, que la potence attendait comme un des chefs les plus ardents de la cause irlandaise, avait l'audace de se présenter devant un magistrat de police et de lui offrir son concours pour découvrir un assassin.

Quant au nègre, on a reconnu notre bon ami Shoking.

Une heure auparavant, l'homme gris et Shoking s'en revenaient ensemble vers Saint-George, lorsque le bruit qui se faisait dans Adam's street et sous le passage avait attiré leur attention.

Ils s'étaient mêlés à la foule, et l'homme gris avait appris ce qui était arrivé, en même temps que le nom de l'abbé Samuel, prononcé tout haut, lui révélait l'accusation terrible formulée contre le jeune prêtre. Alors l'homme gris avait dit à Shoking : — Attends-moi là, je vais en savoir plus long encore.

On sait comment il était entré dans la maison de Paddy, et comment il en était sorti, emportant la parole du magistrat de police que, le lendemain, il lui serait permis de faire son expérience scientifique. Il paraissait si pressé de s'éloigner du Southwark, que pendant quelques minutes Shoking n'osa le questionner. Ce ne fut qu'en vue du pont de Westminster que le nègre de couleur récente se décida à prendre la parole.

— Est-ce que nous retournons de l'autre côté de l'eau, maître? demanda-t-il. — Oui. Nous allons dans le quartier Saint-Gilles. Il faut que je voie l'abbé Samuel cette nuit même. N'as-tu pas entendu ce qu'on disait?

— Oui, mais comme l'abbé Samuel est incapable de commettre un crime, répondit Shoking, je suis bien tranquille.

— Et moi je ne le suis pas, dit l'homme gris.

Sa voix était grave et trahissait une certaine émotion. Ils passèrent le pont et il continua :

— Écoute bien ce que je vais te dire. On a assassiné un homme, et on accuse l'abbé Samuel de ce meurtre. La police qui soupçonne, et elle n'a pas tort, l'abbé Samuel d'être un des chefs les plus actifs du fenianisme, va être enchantée du prétexte. Elle l'arrêtera de confiance, comme on dit en France.

— Oui, mais l'abbé prouvera son innocence.

— Ce n'est pas lui, c'est moi, en désignant le meurtrier.

— Alors, on rendra le prêtre à la liberté.

— Non. Quand la justice anglaise veut faire traîner un procès, elle est merveilleuse de chicanes. On gardera l'abbé Samuel en prison, jusqu'à l'arrestation du coupable, et la police s'arrangera de façon à ne pas l'arrêter.

— Alors qu'allons-nous faire?

— Une chose bien simple. Le magistrat de police n'a pu donner des ordres encore. Nous allons prévenir l'abbé Samuel. Pour qu'il s'enferme dans son église et n'en bouge plus.

— Mais, dit Shoking, on l'arrêtera à l'église?

— Mon bon Shoking, dit l'homme gris, je vois qu'il faut que je t'apprenne les lois de ton pays, moi qui ne suis pas Anglais. Le moindre policeman peut, sans ordre d'arrestation, prendre au collet un homme dans la rue et le conduire à Scotland yard; mais pour pénétrer chez lui, il faut un ordre du lord chief justice. Et pour pénétrer dans une église et y arrêter un prêtre, même un prêtre catholique, il faut que le lord-chief justice en réfère au parlement. C'est deux jours de gagnés.

— Et pendant ces deux jours?...

— Si la police n'arrête pas le meurtrier, c'est moi qui l'arrêterai.

— Vous le connaissez donc?

— Pas le moins du monde.

— Maître, dit naïvement Shoking, je vous ai vu faire hier des choses extraordinaires, mais j'avoue que ceci dépasse mon intelligence.

Un sourire vint aux lèvres de l'homme gris.

— Tu en verras bien d'autres, fit-il.

Et il doubla le pas et ils arrivèrent à Trafalgar palace en causant ainsi, et sans que l'homme gris s'expliquât plus clairement.

Puis, remontant Haymarket, ils longèrent un moment Piccadilly, et se dirigèrent vers Saint-Gilles. L'abbé Samuel avait changé de logis. Il occupait maintenant, sur la place des Sept-Quadrants, un petit appartement situé au troisième étage et dont les fenêtres donnaient sur la rue. En levant la tête l'homme gris vit de la lumière. Le prêtre était levé sans doute déjà.

Il était d'ailleurs cinq heures du matin, et l'abbé Samuel disait sa messe à six heures.

Les maisons anglaises n'ont pas de concierge.

Dans les beaux quartiers chacun a sa maison; dans les rues commerçantes, si une maison a plusieurs locataires, chacun a sa sonnette et le visiteur lit le nom de la personne qu'il va voir au-dessous du cordon. Mais dans les quartiers populeux et misérables, les choses sont simplifiées.

La porte ferme au loquet; chaque locataire n'a, pour que cette porte s'ouvre, qu'à presser un petit ressort, véritable jouet de polichinelle que tout le monde possède. La porte de la maison qu'habitait l'abbé Samuel était munie de ce ressort. L'homme gris appuya son doigt dessus et la porte s'ouvrit. Alors Shoking et lui se trouvèrent à l'entrée d'une allée noire au bout de laquelle était un escalier tournant. L'homme gris et Shoking connaissaient les êtres de la maison, et ils montèrent sans lumière jusqu'à la porte du jeune prêtre sous laquelle passait un filet de clarté. L'homme gris frappa; l'abbé Samuel, qui achevait de s'habiller, ouvrit aussitôt. Le premier lui dit vivement :

— Monsieur l'abbé, il faut vous hâter, descendre à Saint-Gilles et n'en plus sortir.

— Pourquoi? demanda le prêtre, étonné.

— Vous connaissez un homme du nom de Paddy?

— Oui. C'est lui qui m'a prévenu qu'on devait rechercher John Colden dans le clocher de Saint-George.

— Eh bien! Paddy est mort.

— Mort! exclama l'abbé Samuel.

— Mort assassiné! Et on vous accuse de sa mort!

— Oh! fit l'abbé Samuel en reculant, tandis que l'indignation colorait son visage.

En ce moment, des pas retentirent dans l'escalier, et Shoking eut un geste d'effroi. Venait-on déjà arrêter l'abbé Samuel? L'homme gris s'était placé résolûment devant la porte et il avait tiré un poignard de son sein prêt à défendre le prêtre jusqu'à la dernière extrémité.

XLI

Les pas continuaient à monter, et il y eut un moment d'anxiété et de silence entre Shoking, l'homme gris et l'abbé Samuel.

— On n'arrivera jusqu'à vous qu'en passant sur mon corps, dit l'homme gris.

— Remettez votre poignard dans sa gaîne, dit le prêtre. A Dieu ne plaise que, pour moi, une goutte de sang soit jamais versée !

Il n'eut pas le temps d'en dire davantage.

Les pas s'étaient arrêtés sur l'étroit palier de l'escalier et on venait de frapper à la porte.

— Qui est là ? demanda l'abbé Samuel.

Une voix répondit en patois irlandais :

— Deux hommes qui ont besoin du prêtre qui répand la charité autour de lui.

Le visage de Shoking se dérida. Seul, l'homme gris demeura le sourcil froncé. Mais l'abbé Samuel ouvrit. Ils se trouvèrent alors en présence de deux hommes misérablement vêtus et qu'il était facile de reconnaître pour deux de ces Irlandais qui logent aux environs de Drurylane et qui ont pour profession de porter des bagages et des colis, dans les gares de chemins de fer. L'abbé Samuel connaissait l'un d'eux. — Ah ! c'est toi, Tom, dit-il. Que me veux-tu ?

— Ma femme est accouchée voici huit jours répondit l'Irlandais en pleurant. Nous n'avions pas d'argent pour avoir du charbon. D'ailleurs ça ne nous eût pas avancés beaucoup ; car, il y a deux mois, n'ayant plus de pain, nous avons vendu le poêle. Mon enfant est mort en naissant ma pauvre femme a eu froid, et la fièvre l'a prise.

Moi je ne suis pas médecin, et nous sommes trop pauvres pour que j'ose aller en chercher un, mais mon camarade que voilà dit qu'elle est au plus mal. Alors, j'ai pensé à vous, mon père. Je ne veux pas que ma pauvre femme meure sans confession.

— Je vous suis, dit l'abbé Samuel, attendez-moi.

Et il passa dans la deuxième chambre de son humble logis, ouvrit un tiroir et dans ce tiroir il prit quelques pièces de menue monnaie, afin de secourir sur-le-champ cette détresse dont on lui faisait un si navrant tableau. Mais l'homme gris l'avait suivi. — Monsieur l'abbé, dit-il avec émotion, au nom du ciel écoutez-moi.

— Parlez, fit le jeune prêtre étonné.

— Je vais aller avec cet homme, je verrai sa femme ; vous le savez, je suis un peu médecin ; si réellement elle est en danger de mort, je viendrai vous chercher, et alors arrivera que pourra.

— Mais pourquoi me proposez-vous cela ? Il faut que j'aille où mon devoir m'appelle, dit le prêtre.

— Je ne sais... un pressentiment. Et si c'est un piége, si nos ennemis ont gagné ces deux misérables ?

— Non, cela est impossible. Tom est un honnête homme. Mais cela fût-il vrai, je ne dois pas hésiter. Et le prêtre rejoignit Tom et son compagnon, et leur dit : Allez, je vous accompagne.

— Nous aussi, dit l'homme gris. Il fit un signe à Shoking et tous deux descendirent les premiers, de façon que le prêtre et les Irlandais étaient encore dans l'escalier qu'ils étaient, eux, dans la rue. La place des Sept-Quadrants était déserte. Londres n'est pas une ville matinale; les boutiques ne s'ouvrent guère avant huit heures du matin, et les balayeurs n'arrivent qu'à six. L'homme gris se sentit un peu rassuré.

— Où demeures-tu? demanda l'abbé à Tom.

— A deux pas d'ici, au coin d'Henrietta street, dans Covent Garden.

— Allons, dit le prêtre.

L'homme gris et Shoking suivirent. — Après cela, dit le premier à l'oreille de l'ex-lord Wilmot, je crois que nous nous effrayons à tort. La justice anglaise n'est pas très-expéditive. Dans le Southwark, on accuse l'abbé Samuel d'avoir fait assassiner Paddy ; mais le magistrat de police n'a certainement pas encore fini son enquête. Quand il aura terminé, il ira tranquillement se coucher, et ce ne sera que vers dix ou onze heures qu'il transmettra son procès-verbal à Scotland yard.

— Alors vous pensez que l'abbé Samuel aura le temps de revenir à Saint-Gilles?

— Oui.

Shoking respira. — Nous avons eu peur, dit-il; mais ça peut arriver à tout le monde.

Le prêtre, les deux Irlandais, l'homme gris et Shoking descendirent d'un pas rapide Saint-Martin's lane, et ils tournaient l'angle de *Longacre*, lorsque l'homme gris serra vivement le bras de Shoking. — Qu'est-ce? fit celui-ci.

— Regarde sur le trottoir, fit l'homme gris à voix basse.

— Je vois trois policemen arrêtés et causant tout bas, mais on rencontre cela à chaque instant.

— Dieu t'entende !

Le prêtre marchait d'un pas rapide, et les deux Irlandais avaient peine à le suivre. Tout à coup les trois policemen disparurent. On eût dit qu'une trappe de théâtre s'était ouverte subitement sous leurs pieds. Il n'en était rien, cependant. Les trois policemen avaient pris un de ces passages si nombreux à Londres, que seuls les gens du quartier connaissent, et qui abrégent singulièrement les distances. Le prêtre et sa suite continuaient leur chemin, et ils arrivèrent, dix minutes après, au coin d'Henrietta street.

— C'est ici, dit Tom, en tâtonnant sur une porte pour trouver le ressort qui servait à l'ouvrir. Mais, en ce moment, les trois policemen reparurent et s'avancèrent. L'un d'eux dit à l'abbé Samuel :

— Qui êtes-vous ?

— Je m'appelle Samuel, dit-il en reculant d'un pas.

— Vous êtes prêtre catholique desservant à Saint-Gilles ?

— Oui, dit encore le prêtre.

— Au nom de la loi et par ordre du lord chief-justice, je vous arrête, dit le policeman. Shoking jeta un cri. Mais l'homme gris le saisit rudement par le bras ? — Tais-toi, dit-il, ce que j'avais prévu est arrivé. Maintenant il s'agit de tâcher de le sauver, et ce n'est pas la violence qu'il faut employer. Et, sur ces mots, il entraîna Shoking, et tous deux prirent la fuite.

XLII

Comment les pressentiments sinistres de l'homme gris l'emportaient-ils sur ses calculs ?

Et comment pouvait-il se faire que le lord-chief-justice eût déjà signé un ordre d'arrestation concernant l'abbé Samuel, alors que le magistrat de police avait à peine terminé son enquête, à cette heure-là ? C'était là ce qui paraissait incompréhensible à l'homme gris et ce que nous allons cependant expliquer.

On se souvient qu'un homme s'était éclipsé, dans le passage au moment où Lisbeth accusait formellement l'abbé Samuel du meurtre de son époux, et que cet homme n'était autre que le révérend Peters Town.

Comment ce chef occulte de la religion anglicane, cet homme qui du fond de sa maisonnette d'Elgin Crescent, exerçait un pouvoir plus grand peut-être que l'archevêque de Canterbury à Lambeth palace, se trouvait-il en ce moment-là, dans le Southwark ? Était-ce par hasard ? Assurément non.

On se rappelle que Paddy avait fait à miss Ellen la confidence que selon lui, John Colden était caché dans le clocher de Saint-George.

Miss Ellen ne s'y était pas trompée. L'hôte mystérieux de la cathédrale catholique n'était point John Colden, mais bien l'homme gris, et elle avait fait part de cette découverte à son mystérieux associé, le révérend Peters Town.

Or, depuis le matin, ivre de rage, le prêtre anglican avait juré la perte du prêtre catholique.

Pas plus que miss Ellen il ne doutait de la complicité morale de l'abbé Samuel dans l'enlèvement du condamné à mort; mais cette complicité, il fallait la prouver. Or, le révérend Peters Town avait fait ce raisonnement, qui n'était pas dépourvu de sagesse.

— Si l'homme qu'on accuse d'avoir coupé la corde du pendu avec une balle chassée par un fusil à vent et que la police cherche vainement, est réellement caché dans Saint-George, il est probable que l'abbé Samuel le visite de temps en temps, et plutôt la nuit que le jour. Par conséquent, il faut établir une souricière aux abords de Saint-George.

Cette résolution prise, le révérend était allé, un peu avant la nuit, chez le lord chief justice, magistrat suprême dont les fonctions correspondent à celles du procureur général en France.

Le lord chief justice savait qu'elle était l'importance du révérend Peters Town.

Cet homme que les Anglais vulgaires regardaient passer dans les rues, longeant les murs et marchant avec humilité, était l'égal, sinon le supérieur, du primat d'Angleterre, et à de certaines heures, dans la libre Albion, l'autorité religieuse force l'autorité civile à s'incliner.

Donc, le lord chief justice avait reçu le révérend Peters Town avec empressement. Celui-ci lui avait dit : — Je puis vous livrer l'homme qu'on cherche mais pour cela il faut que j'aie un ordre d'arrestation en blanc.

Le lord chief justice avait fait observer que la loi anglaise n'autorise pas ces sortes d'équipées, mais le révérend lui avait dit :

— Pour que l'homme gris soit arrêté, il faut que l'un de ses complices le soit en même temps.

— Quel est-il? avait demandé le magistrat.

— C'est un prêtre catholique, l'abbé Samuel.

— Comment prouverez-vous sa complicité ?

— Vous pensez bien, avait répondu le révérend, que je ne m'embarque pas à la légère dans cette aventure. Si je vous demande un ordre d'arrestation, c'est que je suis certain par avance que cette arrestation sera légale.

Le lord chief justice avait encore fait remarquer au révérend que l'on ne pouvait arrêter un prêtre dans son église qu'avec une autorisation du lord chancelier, et qu'il y avait un danger très-grand d'impopularité à l'arrêter chez lui.

A quoi le révérend avait répondu que la chose

aurait lieu dans la rue et qu'il s'en chargerait.

Pressé dans ses derniers retranchements, le lord chief justice avait signé l'ordre d'arrestation.

Alors, muni de cette pièce, le révérend s'en était allé dans le Southwark. Là, il avait trouvé une foule en rumeur, appris la mort de Paddy et pénétré dans la maison où on avait apporté le cadavre. L'accusation de Lisbeth faisait la partie belle au révérend et motivait admirablement l'ordre d'arrestation. Le révérend avait donc sur-le-champ renoncé à ses projets antérieurs, et s'esquivant, il était monté dans un cab et s'était fait conduire dans le quartier de Drury-lane. Le peuple le plus accessible à la corruption est à coup sûr le peuple des Trois-Royaumes. Cela tient peut-être à l'excessive misère des basses classes. A côté de ces Irlandais dont on fait aisément des martyrs, il y a des Irlandais dont on peut faire des traîtres. Le révérend avait acheté la conscience de Tom, un des hommes que l'abbé Samuel avait le plus secourus. Tom avait menti en parlant au jeune prêtre de sa femme mourante et de son pauvre logis d'Henrietta street. La femme de Tom se portait bien et était servante dans une taverne. Quant à Tom lui-même, il était couché, cette nuit-là, sous les voûtes d'Adelphi avec une demi-douzaine de vagabonds, et c'était bien par hasard que le choix du révérend, qui venait chercher un traître dans ce repaire, était tombé sur lui. On devine le reste, à présent.

Tandis que Tom, pour gagner les quinze guinées promises, attirait l'abbé Samuel hors de chez lui, le révérend entrait dans un poste de policemen, exhibait l'ordre d'arrestation et requérait les trois hommes que nous avons vu se présenter inopinément à l'angle d'Henrietta street. L'abbé Samuel comprit alors les paroles de l'homme gris. Mais il était trop tard.

— Pourquoi m'arrêtez-vous? demanda-t-il avec émotion. De quoi m'accuse-t-on?

— D'un assassinat.

L'abbé Samuel baissa la tête et dit avec un accent de résignation évangélique : — Je suis innocent du crime dont on m'accuse, mais je suis prêt à vous suivre. Où me conduisez-vous?

— A Newgate.

L'abbé Samuel regarda alors autour de lui cherchant des yeux l'homme gris et Schoking Mais tous deux avaient disparu.

XLIII

L'abbé Samuel fut donc conduit à Newgate. Le bon et jovial sous-directeur n'avait pas revu le prêtre irlandais depuis l'exécution manquée de John Colden. Il se montra donc fort étonné en voyant l'abbé entrer dans le greffe, escorté par trois policemen. Ceux-ci montrèrent l'ordre d'arrestation.

Le sous-gouverneur n'en pouvait croire ses yeux. Outre que l'accusation lui paraissait absurde, il n'avait pas reçu d'avis préalable, ce qui se fait toujours. Il jura donc qu'il y avait au moins méprise sur ce dernier fait, et que c'était soit à Bath square, soit à Mil banck, qu'on aurait dû conduire le prisonnier. Mais l'ordre était formel; il ne portait aucune mention particulière qui précisât le régime auquel il devait être soumis.

Le sous-gouverneur fit mettre l'abbe Samuel dans la cellule la plus confortable de la prison, et lui témoigna les plus grands égards. Le jeune prêtre était résigné. Il savait bien que son innocence serait démontrée, mais il savait aussi qu'il avait un ennemi implacable dans le révérend Peters Town, et il connaissait la puissance de cet homme.

— Si on ne peut frapper l'assassin en moi, se dit-il, on frappera l'Irlandais. Et il se prit à soupirer en pensant à tous les pauvres gens dont il était la consolation et qui ne le reverraient peut-être plus.

Cependant, son séjour à Newgate devait être de courte durée. Il y était à peine depuis trois heures que la porte de sa cellule s'ouvrit livrant passage au sous-directeur. Celui-ci était plus joyeux encore qu'à l'ordinaire, et il tendit les mains à l'abbé Samuel.

— J'ai de bonnes nouvelles à vous donner, lui dit-il, on vient de me transmettre le dossier et je suis au courant de votre affaire. Vous êtes accusé du meurtre d'un homme du Southwark, appelé Paddy, mais sa femme seule vous accuse, et peu de gens croient à cette accusation. Par conséquent, il ne vous sera probablement pas difficile de vous disculper.

— Je l'espère, dit le prêtre.

— On va vous conduire devant le magistrat, poursuivit le sous-gouverneur, et vous serez confronté avec le cadavre. Puis, il est probable que vous serez admis à fournir caution, et qu'on vous remettra en liberté.

— Hélas! dit le prêtre, pour fournir caution, il faut avoir de l'argent, et beaucoup.

— Bah! on en trouve toujours dans ces cas-là. Bon courage, et ne craignez rien.

L'abbé Samuel fut donc extrait de Newgate et conduit dans une voiture cellulaire jusque dans le Southwark. Le magistrat avait tenu parole au prétendu Conrad Hauser, le soi-disant médecin allemand. Le corps de Paddy était demeuré dans sa maison, couché sur le sol et gardé par une escouade de policemen. Seulement des voisins charitables avaient emmené et recueilli les deux enfants. Quand à la femme, elle était demeurée là, ardente, les yeux secs, ivre de fureur et altérée de vengeance.

La foule stationnait nombreuse toujours, dans le passage et aux abords de la maison. Quelques huées accueillirent l'abbé Samuel quand il sortit de voiture, mais ces huées furent aussitôt réprimées par des applaudissements. Si l'abbé Samuel avait ses ennemis et ses détracteurs, il avait aussi de chauds partisans. Il entra donc calme et le front haut dans la maison où était le corps et où on avait improvisé une sorte d'estrade pour le magistrat de police. A sa vue, Lisbeth se leva comme une furie : Assassin! dit-elle, assassin!

Et elle lui montra le poing; et il fallut que deux policemen s'emparassent d'elle pour l'empêcher de se ruer sur l'abbé Samuel.

Mais celui-ci la regarda. Il la regarda comme autrefois le jeune Daniel dut regarder les lions, et la fureur de Lisbeth tomba. — Me croyez-vous donc capable, dit-il, de verser le sang, et le sang d'un homme dont j'ai secouru la femme et les enfants! ajouta-t-il avec douceur. Et il la regardait toujours et sous ce regard bleu et limpide comme l'azur du ciel, Lisbéth courba la tête et devint toute tremblante. La conviction faisait subitement place au doute. Cependant elle releva tout à coup la tête : — Si ce n'est pas vous, dit-elle, ce sont les vôtres qui ont tué, et qui ont tué par votre ordre.

— Vous vous trompez, dit le prêtre. Et il regarda le magistrat de police avec la même sérénité.

— Paddy n'avait pas d'ennemis! s'écria encore Lisbeth : qui donc peut l'avoir tué, si ce n'est un Irlandais?

La police maintenait la foule au dehors, mais la justice devant être rendue publiquement, le magistrat de police avait ordonné que la porte de la maison demeurât ouverte. On put voir alors un homme s'avancer et dire, en regardant Lisbeth :

— Je vous dirai dans quelques minutes quel est le meurtrier de votre mari.

Le magistrat de police, qui avait reconnu cet homme pour celui qui se prétendait médecin et disait se nommer Conrad Hauser, fit signe qu'on le laissât entrer. Deux hommes l'accompagnaient et portaient un objet assez volumineux couvert d'une serge verte. Qu'est-ce que cela? dit le magistrat.

— L'appareil dont j'ai besoin pour faire mon expérience, répondit Conrad Hauser.

L'abbé Samuel le regarda et tressaillit. Il avait reconnu l'homme gris. Celui-ci s'adressa de nouveau au magistrat : — Mylord, dit-il, Votre Honneur a dû voir à l'attitude calme de monsieur, — et il désignait du regard et du geste l'abbé Samuel, — que rien n'est moins fondé que l'accusation formulée contre lui. Est-ce que Votre Honneur ne va pas l'admettre à fournir caution?

— Quand vous aurez fait l'expérience que vous annoncez, répondit le magistrat.

Deux autres personnes se présentaient, en ce moment à la porte de la maison. L'une était une jeune fille vêtue fort simplement et qu'on aurait pu prendre pour une marchande de la Cité. L'autre était un homme vêtu de noir que le prêtre irlandais reconnut sur-le-champ. C'était le révérend Peters Town. Alors il comprit d'où partait le coup qui le frappait. Quant à la jeune fille, on l'a deviné, — c'était miss Ellen. Lisbeth étouffa un cri en la voyant; mais miss Ellen mit un doigt sur sa bouche et la veuve se tut. En même temps la jeune fille regarda le médecin allemand, et un léger tressaillement lui échappa. — Elle me reconnaît, pensa l'homme gris. Puis il découvrit l'objet volumineux, et alors on put voir avec quelque surprise que cet objet n'était autre qu'un appareil photographique. — Qu'est-ce qu'il va donc faire ? se demandèrent les assistants avec étonnement.

XLIV

Si calme que soit un homme, si profondément maître de lui et de sa raison qu'il puisse être, il est des instants où l'imminence d'un grand danger doit atteindre son cœur et cercler son front. L'homme gris eut une minute de cette anxiété indicible. Miss Ellen était là, et miss Ellen l'avait reconnu ! Or miss Ellen pouvait faire deux pas vers le magistrat, lui parler à l'oreille, l'espace d'une seconde, et le magistrat le faisait arrêter. Cependant, disons-le tout de suite, cette angoisse qu'il éprouva n'était point le résultat d'un sentiment d'égoïsme. L'homme gris ne songeait pas à lui, en ce moment, mais à l'abbé Samuel.

Si on l'arrêtait, lui, et qu'il ne pût se livrer à cette expérience mystérieuse dont la foule avide attendait les résultats, l'abbé Samuel était perdu ; on le ramènerait à Newgate et les ennemis de l'Irlande trouveraient bien le moyen de l'y garder éternellement. L'homme gris se trompait. Soit générosité, soit curiosité, miss Ellen ne bougea pas et demeura confondue au milieu de la foule qui avait fini par envahir la maison. Elle n'adressa même pas la parole au révérend Peters Town. Celui-ci du reste s'était approché de l'estrade où siégeait le magistrat de police.

L'homme gris avait donc déployé son appareil photographique, au grand étonnement de tout le monde, et surtout du magistrat, qui lui dit : — Mais qu'allez-vous donc faire là ?

— Votre Honneur, répondit le prétendu médecin allemand, comprendra tout lorsqu'il aura vu. Je m'exprime difficilement en anglais, et il me faudrait plus de temps en paroles qu'en actions.

— Faites donc, dit le magistrat, patient comme tous les Anglais.

— Je prierai Votre Honneur, poursuivit l'homme gris, d'ordonner que le cadavre soit reculé jusqu'au mur, mis sur son séant, et adossé de telle manière qu'il pût, si la vie lui revenait, me voir à la hauteur de son front.

Le magistrat fit un signe et deux policemen prirent le cadavre de Paddy et lui donnèrent la posture demandée par l'homme gris. Alors celui-ci s'en approcha. Il tira de sa poche un flacon qui contenait une liqueur incolore. On eut dit de l'eau.

— Qu'est-ce que cela ? demanda encore le magistrat.

— Du suc de belladone, mylord.

L'homme gris ouvrit alors l'œil fermé de Paddy et versa sur la pupille quelques gouttes de ce liquide. Puis il en fit autant à l'autre œil et attendit. Un silence profond régnait autour de lui, chacun retenait son haleine, et Lisbeth, effrayante en sa muette douleur, dévorait tour à tour du regard cet homme et le cadavre du pauvre Paddy. L'homme gris se tourna vers miss Ellen. Miss Ellen était pâle, et on eût dit qu'elle s'intéressait plus que personne au résultat de l'expérience. Le regard chargé d'effluves magnétiques, qui donnait parfois à l'homme gris une si grande puissance, agissait-il sur elle en ce moment? Peut-être bien, car elle n'avait qu'un mot à dire pour le faire arrêter, et ce mot elle ne le prononçait pas. Quelques minutes s'écoulèrent.

En France on se fût impatienté; en Angleterre on attendit avec calme. Cependant, il se fit un mouvement parmi la foule à un certain moment. Un homme qui venait du dehors, jouait des coudes et parvenait au premier rang. L'homme gris le regarda et tressaillit. Cet homme paraissait encore plus curieux que les autres, et Lisbeth, le voyant, s'écria :

— Ah ! voilà John, il a vu mon pauvre homme le dernier, hier soir.

— C'est vrai, dit John le rough avec émotion, et si j'avais su qu'il dût lui arriver malheur, je ne l'aurais pas quitté pour aller à *Queen's Elizabeth tavern*. Et John le rough essuya une larme. Mais tout à coup Lisbeth jeta un cri. — Ah ! mon Dieu ! fit-elle en s'élançant les mains tendues vers le cadavre, voilà mon pauvre homme qui revient... Paddy ! Paddy ! le bon Dieu fait un miracle, il ouvre les yeux, il ressuscite ! Et, en effet, on put voir alors une chose étrange. Après qu'il eut versé quelques gouttes de belladone dans les yeux du mort, l'homme gris avait laissé retomber les paupières, et les yeux s'étaient refermés. Or, voilà que tout à coup les paupières remuaient et que les deux yeux se montraient grands ouverts et semblaient fixer la foule.

Le cri d'étonnement de Lisbeth fut répété par vint personnes et il y eut un moment d'indicible émotion et presque d'épouvante.

Mais l'homme gris avait pris Lisbeth par le bras et, l'arrêtant à mi-chemin du cadavre : — Mais, ma chère, votre mari ne ressuscite pas, hélas! et je n'ai pas le pouvoir de faire des miracles. Seulement, la belladone que j'ai versée dans ses yeux les dilate et les grossit outre mesure, de telle façon que les paupières sont désormais trop petites pour les recouvrir.

Le respect des Anglais pour la justice est si grand qu'un signe du magistrat avait suffi pour rétablir l'ordre et le silence. Pendant que l'homme gris plaçait son appareil photographique presque en face du cadavre, les deux hommes qui avaient apporté cet appareil avaient ouvert une petite caisse, et étalaient sur une table deux bouteilles contenant de l'essence et autres drogues employées par les photographes.

Tous à côté de la salle basse qui servait de demeure à la famille Paddy, il y avait une sorte de cabinet obscur où Lisbeth serrait ses hardes.

L'homme gris avait remarqué ce réduit, dont

la porte était ouverte. Il fit un signe à ses deux opérateurs, qui y transportèrent la caisse et les bouteilles. Ce cabinet allait remplir merveilleusement l'office de chambre noire. Alors l'homme gris se couvrit de la serge placée sur l'appareil, ouvrit celui-ci par devant et dirigea l'objectif sur le visage du cadavre. Cela dura six secondes. Puis on vit le singulier photographe retirer de l'appareil une plaque de verre et courir à la chambre noire dans laquelle il s'enferma.

— Je veux être tenu pour le dernier des *cockneys*, pensait le magistrat, si je sais ce qu'il a voulu faire. L'abbé Samuel aussi, paraissait profondément étonné, et la foule stupéfaite attendait avec son flegme ordinaire le résultat de cette bizarre expérience. Enfin, l'homme gris reparut. Il avait l'air ému, lui si calme d'ordinaire.

— Mylord, dit-il, s'adressant au magistrat, je prie Votre Honneur ou de faire évacuer la salle ou d'en faire fermer la porte, afin que personne n'en sorte. Ces derniers mots mirent le comble à la surprise universelle.

— Fermez la porte! ordonne le magistrat.

Miss Ellen était de plus en plus pâle, et elle regardait maintenant le révérend Peters Town, qui se tenait debout derrière le siége du magistrat.

Les policemen obéirent, et la porte fut fermée. Une trentaine de personnes demeurèrent dans la salle et de ce nombre était John le rough.

XLV

L'émotion peinte sur le visage de l'homme gris parut se calmer alors, quand la porte fut fermée. Il s'adressa de nouveau au magistrat :

— Mylord, dit-il, je demande pardon à Votre Honneur d'avoir abusé ainsi de sa patience; mais le résultat obtenu est plus complet encore que je ne l'espérais. Non-seulement je sais quel est l'assassin, mais encore je puis affirmer qu'il est ici. Ces mots produisirent une certaine émotion, et il y eut un homme qui passa du premier au second rang des spectateurs.

— Mylord poursuivit l'homme gris, le malheureux qui tombe assassiné fixe un œil éperdu sur son assassin, son dernier regard est pour lui. La pupille de l'œil, violemment dilatée, fait alors l'effet d'une chambre noire, et, après la mort, cet œil garde fidèlement l'empreinte de la scène de férocité qui a eu lieu. Je viens de photographier les yeux du mort, et ces yeux reproduisent, non-seulement les traits du meurtrier, mais encore le théâtre où le meurtre a eu lieu.

— Est-ce possible, fit le magistrat avec étonnement.

— Que Votre Honneur daigne quitter son siége et passer un moment dans cette chambre, elle verra mon épreuve photographique. Le magistrat se leva et suivit l'homme gris. L'anxiété des spectateurs était parvenue à son comble. L'homme gris s'enferma alors dans la chambre noire où les deux opérateurs fixaient l'épreuve en versant dessus de l'essence; et alors, à l'aide d'une lampe recouverte d'un abat-jour, il put voir la photographie des yeux de Paddy. L'œil droit ressemblait maintenant à un cadre rond enfermant la reproduction d'une rue déserte. Une maison à deux étages dont une croisée était ouverte, une ruelle, un bec de gaz placé au coin de la maison et un homme qui en tenait un autre à la gorge. L'œil gauche avait conservé une empreinte postérieure. C'était bien le même cadre, le même décor, mais des deux hommes, l'un était a terre, l'autre le contemplait avec une joie sauvage et brandissait le couteau avec lequel il avait frappé. L'homme debout, c'était l'assassin.

— Eh bien! mylord, dit alors l'homme gris. Votre Honneur comprend-il?

— Oui certes, dit le magistrat, et vous avez

fait là une bien belle découverte, monsieur.

— Maintenant que Votre Honneur a vu l'assassin, si je le lui montre, il le reconnaîtra, n'est-ce pas? Les deux opérateurs achevaient de fixer l'épreuve. L'homme gris revint dans la salle suivi du magistrat, qui remonta calme et froid sur son siége. Miss Ellen n'avait pas bougé de place, et le révérend Peters Town était toujours au même endroit. La dernière appréhension de l'homme gris se dissipait donc ainsi, car miss Ellen seule le connaissait et elle n'avait pas jugé à propros de le désigner à l'homme qui était entré avec elle. Il est vrai aussi que l'homme gris ne connaissait pas le révérend Peters Town; mais il devinait en lui un des plus grands ennemis de l'Irlande. L'homme gris fit un pas vers les spectateurs et promena son regard clair sur eux en disant : L'assassin est ici!

Et tout à coup on le vit bondir et saisir un homme au collet, ajoutant : Le voilà!

L'homme jeta un cri et se débattit; mais l'homme gris tint bon, et il traîna John le rough jusqu'au pied de l'estrade du magistrat. Le magistrat le regarda et eut un geste d'étonnement et d'indignation. Cet homme était bien le même que celui dont l'œil du malheureux Paddy avait reproduit les traits. Et Lisbeth, le regardant à son tour, le vit si pâle et si défait qu'elle s'écria : Oui, oui, ce doit être lui!

John perdit la tête ; la manière dont son crime était découvert était si étrange, si miraculeuse, qu'il ne songea même pas à nier.

— Eh bien! oui dit-il, c'est moi, c'est bien moi!... Paddy nous avait trahis, je me suis vengé !... Et, tout frissonnant, il fit l'aveu de son crime dans ses plus petits détails. Il avait entraîné Paddy dans une rue écartée, sous un bec de gaz, et il l'avait frappé. Paddy était robuste, Paddy s'était vaillamment défendu, mais Paddy n'avait pas d'arme, et John l'avait frappé de son couteau à plusieurs reprises. Puis, comme s'il eût voulu donner la preuve de ce qu'il avançait, le rough, qu'une curiosité fatale avait poussé à venir se livrer, le rough tira le couteau de sa poche et le jeta aux pieds du magistrat. Le couteau était couvert du sang de Paddy. Le magistrat fit un signe au policemen : Qu'on arrête cet homme! dit-il.

Puis se tournant vers l'abbé Samuël : Vous êtes libre, monsieur, dit-il.

Mais comme le prêtre irlandais saluait et faisait un pas de retraite, le révérend se pencha sur le magistrat. — Mylord, dit-il, vous outre-passez vos pouvoirs?

— Comment cela? fit le magistrat surpris.

— L'ordre d'arrestation était signé par le lord chief justice et vous n'avez pas le droit de révoquer cet ordre.

— Vous avez raison, dit le magistrat, mais je puis admettre monsieur l'abbé à fournir caution et à demeurer libre jusqu'au procès de l'assassin. Alors, il comparaîtra à la barre de la cour d'assises, et il n'aura pas grand'peine à prouver son innocence, car, voyez, l'assassin paraît ne pas le connaître, ce qui exclut toute idée de complicité.

— Je n'ai pas de complices et je ne connais pas monsieur, dit le rough.

— Ensuite, ajouta le magistrat, voyez la veuve de la victime qui lui demande pardon. En effet, Lisbeth s'était jetée aux pieds de l'abbé Samuel et lui baisait les mains.

— Je maintiens mon dire, répéta le révérend Peters Town.

— Et moi, dit le magistrat avec ce ton d'indépendance qui fait l'honneur de la magistrature anglaise, j'admets monsieur à fournir caution.

— Hélas! mylord, répondit l'abbé Samuel, je

suis trop pauvre pour remettre entre vos mains une somme quelconque. A ces paroles du prêtre il y eut parmi les spectateurs un nouveau mouvement d'anxiété. Mais alors un homme que personne n'avait remarqué, et qui se trouvait dans le coin le plus obscur de la salle s'avança vers l'estrade et dit : Mylord, je suis prêt à payer telle somme que Votre Honneur exigera pour la caution de M. l'abbé. Or, cet homme qui parlait ainsi était un nègre à cheveux blancs. Et John, ayant levé les yeux sur lui, s'écria : Le nègre de la péniche?...

— Lui-même, répondit Shoking, qui s'exprima en bon anglais, et qui du reste, était vêtu avec une telle distinction qu'on ne pouvait décemment le prendre pour autre chose que pour l'ambassadeur de quelque république américaine.

XLVI

Pour expliquer la présence de Shoking dans la maison de Paddy et surtout la magnificence de ses vêtements, il faut nous reporter au moment où l'homme gris et lui avaient pris la fuite laissant arrêter l'abbé Samuel. — Viens par ici, lui avait dit l'homme gris. Et il l'avait entraîné vers Leicester square qui était à cette heure matinale à peu près désert. Puis ils avaient gagné une petite rue qui tourne dans Piccadilly et qui se nomme Gerrard street. Cette rue est habitée par beaucoup de Français.

— J'ai là un de mes nombreux domiciles, dit l'homme gris, en tirant une clé de sa poche et ouvrant une porte bâtarde. En même temps, il alluma un rat de cave. Ils montèrent au troisième étage. Il y avait deux portes sur le carré. L'une portait une inscription. On lisait sur une plaque en cuivre : Simon Verner, photographe: L'homme gris frappa.

Au bout de quelques secondes, la voix d'un homme sans doute arraché à un profond sommeil, cria : — Qui est là? — Le soleil est un bon collaborateur, répondit l'homme gris. C'était sans doute un mot d'ordre, car la porte s'ouvrit presque aussitôt et Shoking se trouva en présence d'un jeune homme qui s'était enveloppé à la hâte dans une robe de chambre et avait les yeux encore gonflés de sommeil.

— Mon jeune ami, lui dit l'homme gris en français, il y a longtemps que je ne suis venu vous voir, hein? et je choisis un singulier moment.

— En effet, dit le jeune homme en se frottant les yeux, quelle heure peut-il bien être.

— Six heures environ.

— C'est un peu matin, mais soyez le bienvenu tout de même, dit naïvement le photographe, les temps sont durs, et je commençais à soupirer après vous.

— C'est-à-dire que l'argent est rare chez vous, n'est-ce pas?

— Introuvable, mon cher monsieur.

Comme Shoking ne savait pas le français, il n'entendait pas un mot de cette conversation. L'homme gris tira son portefeuille. — Voici dix livres, dit-il, en posant une banknote sur un meuble. Maintenant, rendez-moi un service. J'ai besoin pour quelques heures de votre appareil photographique et de vos deux opérateurs.

— A cette heure-ci? vous voulez donc faire de la photographie à la lumière?

— Non, pas à présent, mais vers dix heures du matin.

— Bon! Où faut-il vous envoyer le tout?

— Dans le Southwark, à la taverne de South Eastern Railway.

— J'irai moi-même.

— Non, c'est inutile. Envoyez-moi vos deux opérateurs; maintenant recouchez-vous, et dormez bien jusqu'à huit heures. Sur ces mots l'homme gris serra la main au photographe et s'en alla toujours suivi de Shoking. Une fois dans la rue, il se retourna vers le nouveau nègre :

— Mon bon Shoking, lui dit-il, tu le sais, je n'ai qu'une parole, et je tiens tout ce que j'ai promis.

— Alors, vous allez me faire grand seigneur, dit Shoking qui, aux premières clartés du jour naissant, jeta sur ses haillons un piteux regard.

— Tu l'as dit.

Un *hanson* passait en ce moment dans Piccadilly. L'homme gris héla le cabman, qui s'empressa de venir à eux. Tous deux montèrent en voiture.

— Où allons-nous ! demanda Shoking. — A Hampsteadt, dans ton cottage.

— Hélas ! soupira Shoking, mes gens ne reconnaîtront jamais lord Wilmot.

L'homme gris se prit à sourire, et le cabman rendit la main à son cheval. Une demi-heure après, ils arrivaient à Hampsteadt. Depuis deux jours qu'il était nègre, Shoking avait erré de taverne en taverne, mais il n'avait osé reparaître au cottage. Il avait honte de se montrer à Suzannah et à Jérémiah, la fille de Jefferies, qui revenait à la vie peu à peu, et commençait à se promener de longues heures dans le jardin. Il avait honte surtout d'affronter les regards de ce valet de chambre, qui avait si grand air et qui l'appelait mylord avec tant de sérieux. L'homme gris, qui avait une clef de la grille, entra le premier. — Ne faisons pas de bruit, dit-il, de peur de réveiller Jérémiah, et montons à ton appartement. Pour aujourd'hui, je te servirai de valet de chambre. Il était grand jour maintenant, mais tout le monde dormait dans le cottage. Shoking soupira en revoyant sa chambre à coucher somptueuse et le cabinet de toilette où on lui avait fait prendre des bains parfumés. Il regarda même la baignoire d'un œil d'envie, et dit à l'homme gris : — Ne pensez-vous pas qu'un bain bien chaud?...

— Te rendrait blanc? Non, mon ami, mais ça ne fait rien, je vais t'habiller magnifiquement. En moins d'une heure, Shoking était devenu splendide. Il avait du linge éblouissant de blancheur sur sa peau brune, des diamants à sa chemise, un habit noir irréprochable, et des boucles d'argent à ses souliers. Les Anglais ne portent pas de décorations; mais les Espagnols et les Brésiliens raffolent des rubans. L'homme gris se donna le plaisir de consteller l'habit de Shoking de rosettes et de plaques, et il lui attacha au cou le cordon de commandeur de Venezuela, lequel est rouge avec un liseré noir. Et Shoking, redevenu tout joyeux, se contemplait dans une glace.

— Maintenant, lui dit l'homme gris, je vais te dire comment tu t'appelles.

— Ah! fit Shoking, qui ne cessait d'admirer ses décorations.

— Tu t'appelles don Cristoforo y Mendez y Cordova y Santa Fé y Bogota. Tâche de bien retenir ce nom.

— Il est un peu long, dit Shoking.

— Tu n'es pas nègre, mais mulâtre, et le fils d'un noble seigneur brésilien qui avait épousé une négresse. Tu es ambassadeur de la république Argentine.

— Fort bien, dit Shoking. Et il répéta son nom : Don Cristoforo y Mendez y Cordova y Santa Fé y Bogota.

L'homme gris ouvrit le secrétaire dans lequel le valet de chambre prenait de l'or pour le mettre dans les poches de lord Wilmot. Il y prit un portefeuille gonflé de billets de banque. — Tiens, dit-il.

— Qu'est-ce que cela? dit Shoking.

— Ce portefeuille contient deux mille livres. Et tu vas le mettre dans ta poche.

— Dans quel but?

— C'est ce que je vais t'expliquer, dit l'homme gris. Assieds-toi et écoute. Shoking s'assit, mais il eut soin de se placer devant la glace, pour ne rien perdre du magique coup d'œil de ses décorations, de ses plaques et de son commandorat.

XLVII

L'homme gris n'avait pu s'empêcher de sourire en voyant Shoking prendre au sérieux tous les titres et tous les honneurs qu'il venait de lui conférer. — Tu ne supposes pas, lui dit-il, que je te donne un nom pompeux et m'amuse à te chamarrer de décorations, pour ce plaisir unique de te consoler d'être devenu nègre?

— Assurément non, dit Shoking, à qui revint son gros bon sens anglais.

— Je t'ai dit que j'allais découvrir l'assassin de Paddy? Seulement rappelle-toi ce que je te disais il y a deux heures! Si on met l'abbé Samuel en prison, on essayera de l'y garder, même après que son innocence aura eté reconnue. Et nos efforts n'ont abouti à rien; le pauvre jeune homme, en véritable apôtre qu'il est, est allé au devant du danger et il y a succombé. Il faut donc le sauver.

— Je l'espère bien, dit Shoking.

— Prends ce portefeuille et suis-moi. Il se pourra que, dans l'endroit où je te mène, l'innocence de l'abbé Samuel soit reconnue. Mais il est peu probable qu'on puisse retrouver sur-le-champ le véritable assassin. Ou on reconduira l'abbé Samuel en prison, ou on l'autorisera à fournir caution et à jouir d'une liberté provisoire. Mais tu penses bien, que le juge qui lui dira : vous êtes autorisé à fournir une caution de mille ou deux mille livres, croira se moquer de lui, attendu que l'abbé Samuel est pauvre et n'a jamais eu deux mille shillings, c'est-à-dire la vingtième partie de deux mille livres. Ce qui n'empêchera pas que le juge sera resté dans la plus stricte légalité et que l'abbé Samuel ne retournera en prison que parce qu'il n'a pas deux mille livres.

— Eh bien? fit Shoking.

— Eh bien! c'est ici où commence ton rôle. Jusqu'au moment où le juge parlera de caution, tu te tiendras perdu dans la foule et tu ne diras mot. Mais alors, quand l'abbé Samuel dira qu'il n'a pas d'argent, tu interviendras.

— Et je payerai?

— Oui, mais ce n'est pas trop d'une demi-heure de conversation pour que tu saches bien ton rôle. Nous causerons en voiture. Viens. Et l'homme gris décrocha d'un porte-manteau un de ces amples vêtements qui tombent jusque sur les talons et que les Anglais appellent *Mac-Farlane*. Puis il le jeta sur les épaules de Shoking, dont toute la ferblanterie honorifique disparut alors, au grand déplaisir du vaniteux mendiant, qui aurait bien voulu se promener une heure à Trafalgar square ou dans le Strand, en prenant le haut du pavé.

. . . .

C'était donc à la suite des événements que nous venons de raconter que Shoking, parfaitement stylé d'avance par l'homme gris, s'était avancé vers le magistrat de police. Il avait rejeté son mac-farlane en arrière, et il apparaissait maintenant aux yeux éblouis de la foule avec tous ses avantages. Jamais on n'avait vu un nègre aussi décoré, bien que l'empereur Soulouque eût jadis envoyé à la reine Victoria, son ambassadeur, le noble duc de la *Pomme de Terre*.

— Qui êtes-vous? lui demanda le magistrat un peu étonné.

— Je me nomme don Cristoforo y Cordova y Mendès y Santa Fé y Bogota, répondit Shoking tout d'une haleine, avec un accent espagnol très-prononcé et une dignité d'hidalgo. Je suis catholique, et ma religion me commande de ne point laisser un prêtre catholique en détresse. Sur ces mots, il tira son portefeuille et laissa couler sur la table placée devant le magistrat, un fleuve de bank-notes, disant avec une négligence de grand seigneur : — A quel chiffre Votre Honneur fixe-t-il la caution ?

— A quinze cents livres, dit le juge.

— Les voilà, répondit Shoking.

Le révérend Péters Town était devenu pâle de fureur.

— Monsieur l'abbé, dit alors le juge, vous êtes libre, à la charge de vous représenter devant la justice quand aura lieu le procès de cet homme. Et il désignait John le rough. Le prêtre salua et la foule s'écarta respectueusement devant lui. Pendant ce temps, l'homme gris s'était rapproché de miss Ellen, et il la regardait. Miss Ellen, une fois encore, s'était courbée sous son regard. Il se pencha vers elle et lui dit tout bas : — Vous m'avez reconnu, n'est-ce pas?

— Oui, fit-elle d'une voix émue.

— Alors, pourquoi ne me livrez-vous pas?

Elle parut tressaillir. — Sortons, dit-elle, je vous le dirai.

Le juge, en vrai gentleman anglais, crut devoir remercier le prétendu médecin allemand du concours efficace qu'il avait apporté à la justice. Il lui fit même un petit speech, qu'il termina en l'invitant à se présenter le jour même chez le lord chief justice, qui lui adresserait, aussi, ses félicitations. Et l'homme gris se retira, tout confus de ces éloges et acclamé par la foule qui eut pour lui trois grognements des plus flatteurs.

Miss Ellen le suivit et lui prit le bras sans affectation, à ce point qu'on aurait pu croire qu'elle était venue avec lui. Tous deux fendirent la foule et gagnèrent le dédale de petites ruelles qui se trouve aux alentours d'Adam'sstreet. Alors l'homme gris regarda miss Ellen : — Vous n'aviez pourtant qu'un mot à dire pour me faire arrêter? articula-t-il.

— Eh bien! je ne l'ai pas dit, répliqua-t-elle.
— Pourquoi?
— C'est mon secret.

Il eut alors le regard du milan qui fascine la colombe. — Votre secret, je l'ai, reprit-il, miss Ellen, l'heure où vous m'aimerez est proche.

— Oh! fit-elle en se dégageant brusquement, jamais! Il eut un éclat de rire et ils se séparèrent, lui, continuant son chemin, elle, demeurant immobile et le regardant s'éloigner,

— Oui dit-elle, l'heure est proche... non celle

où je t'aimerai, mais celle où je te foulerai sous mes pieds!... Et elle songea à rejoindre le révérend Peters Town, qui devait être ivre de rage...

XLVIII

Miss Ellen revint dans Adam's street. La foule se dissipait peu à peu. L'homme gris avait disparu. Les policemen avaient emmené John le rough; le magistrat était parti, donnant l'ordre de fermer la maison où était le cadavre. Il n'y avait donc plus, ni dans Adam's street, ni dans le passage, le moindre sujet de curiosité.

En France, deux heures après, le peuple se serait montré aussi empressé, aussi curieux, et serait demeuré aux alentours de la maison se livrant à mille commentaires. Mais les Anglais sont plus sobres de curiosité et de paroles. Le drame du Southwark venait d'avoir son dénoûment, et chacun paraissait satisfait. La décision du magistrat avait paru juste à tout le monde, une seule personne exceptée. Cette personne n'avait pas encore quitté le passage. Elle se promenait d'un pas inégal et fiévreux, cherchant des yeux quelqu'un et ne le trouvant pas. Et tout en continuant ses recherches, le révérend Peters Town, car c'était lui, se tenait le discours suivant : — Voilà un magistrat de police à qui son indépendance et son impartialité coûteront cher. J'ai eu beau me pencher à son oreille, lui dire qui j'étais, lui souffler que le lord chief justice tenait à ce que l'abbé Samuel demeurât provisoirement en prison... il a feint de ne pas comprendre.

Mais, pensait encore le révérend, un magistrat de police n'est pas comme un juge à perruque. On peut le destituer sans difficultés, et le lord chief justice, si je le demande, n'y manquera pas! Comme il prenait cette résolution, une main s'appuya sur son épaule. Le révérend Peters Town se retourna et reconnut miss Ellen. — Mais, dit-il, qu'êtes-vous donc devenue? je vous cherchais partout...

— J'ai accompagné un bout de chemin le docteur allemand. C'est très-curieux, savez-vous, cette expérience qu'il vient de faire? Et miss Ellen paraissait fort enthousiaste du moyen employé par le prétendu médecin allemand.

— Ah! vous trouvez? fit le révérend avec amertume.

— Très-certainement, dit miss Ellen. Un sourire plein d'ironie glissa sur les lèvres minces du révérend :

— Pourquoi ne le recommandez-vous pas au noble lord votre père, pour qu'il puisse obtenir une récompense du Parlement ? Il a fait de si belle besogne, en vérité !

— En effet, dit miss Ellen en souriant, il a été la cause première de la mise en liberté du prêtre irlandais.

— Et ce nègre qui s'en mêle ! dit encore le révérend, les lèvres frémissantes de fureur. Un sourire fut la réponse de miss Ellen. — Mais ce médecin allemand, s'écria le révérend avec une fureur croissante, vous le connaissez donc ? Il vous a donc été présenté, que vous êtes sortie avec lui ?

— Mais certainement, je le connais, dit la jeune fille, toujours railleuse. Je connais aussi le nègre. C'est le complice du docteur allemand.

— Les misérables s'entendaient ! exclama le révérend, qui avait l'écume à la bouche, pour sauver l'abbé Samuel, qui est leur ami.

— Mon révérend, dit miss Ellen en souriant, j'ai des choses fort curieuses à vous apprendre ; mais pour cela, il faut que vous soyez plus calme, d'abord. Ensuite, il faut que nous soyons ailleurs que dans la rue. Nous allons monter dans un cab, et je vous reconduirai chez vous, à Elgin Crescent.

— Parfait, dit Peters Town, qui commençait à rougir de son emportement. Miss Ellen prit son bras et l'entraîna hors du passage. Au bout d'Adam's street, il y avait une place de voitures; le révérend héla un hanson et le cabman s'empressa d'avancer. Quelques secondes après, miss Ellen et Peters Town roulaient vers Elgin Crescent.

— Maintenant, dit miss Ellen, je commence par vous dire que le médecin allemand, le nègre et l'abbé Samuel sont autant de fenians.

— Le prêtre, oui... mais... les deux autres?...

— Je ne l'affirmerais pas d'une façon absolue pour le nègre. Cependant, je puis répondre d'une chose. C'est que, pendant tout le temps qu'a duré l'interrogatoire de l'assassin, le docteur allemand et le nègre ont échangé de mystérieux regards d'intelligence. Par conséquent, ils étaient complices.

— Mais qu'est-ce que cet Allemand?

— D'abord, il n'est pas plus Allemand qu'il n'est médecin, mon révérend... Je ne crois même pas qu'il soit Anglais. Peut-être est-il Français... mais je n'en ai point la preuve.

— Cependant, vous dites le connaître.

— Sans doute, et je m'étonne qu'un homme aussi perspicace que vous, mon révérend, n'ait pas deviné, ajouta miss Ellen avec une pointe d'ironie. Eh bien! c'est cet homme à mille visages, à mille ressources, ce Protée moderne, cet être insaisissable, que nous avons tant cherché et qui a mis la police sur les dents, qui a sauvé John Colden, et qui se nomme l'homme gris.

— L'homme gris! l'homme gris! balbutiait le révérend avec un accent de rage et de stupeur. C'était lui!

— Oui, mon révérend.

— Et vous l'avez reconnu?

— Aussitôt qu'il est entré.

Alors Peters Town eut un éclat de rire nerveux.

— Mais, alors, vous êtes folle, miss Ellen, dit-il.

— Pourquoi?

— Parce que vous pouviez me dire deux mots à l'oreille, et, avec le concours du magistrat, nous l'eussions fait arrêter.

— Rien n'était plus facile. Mais telle n'était pas mon intention, dit froidement miss Ellen.

En ce moment le hanson s'arrêta. Mais le prêtre anglican était si bouleversé qu'il ne s'aperçut pas qu'ils étaient arrivés à la porte de sa maison dans Elgin Crescent. — Venez, dit miss Ellen, je vous expliquerai ma conduite quand nous serons dans votre cabinet. Et ils entrèrent.

XLIX

Un homme attendait le révérend dans son cabinet. C'était le jeune clergyman qui, la veille, avait attiré l'abbé Samuel à Saint-Paul. A la vue de miss Ellen, il voulut se retirer; mais la jeune fille lui dit : — Vous pouvez rester, monsieur; je sais que vous êtes le bras droit du révérend et je puis parler devant vous.

Le révérend n'avait plus figure humaine. Lui, ordinairement d'une pâleur ascétique, était devenu rouge comme un homard cuit; une écume blanche frangeait ses lèvres, et il avait l'œil stupide et rond comme un bouledogue après le combat. Miss Ellen s'assit. Elle était aussi calme, aussi souriante que le révérend était agité. — Écoutez-moi bien, dit-elle alors.

Le jeune clergyman baissait modestement les yeux, ébloui qu'il était par la rayonnante beauté de la patricienne.

— Quand je suis venue à vous, que vous ai-je dit? Je vous ai dit ceci : il y a un homme que je hais de toutes les puissances de mon âme, parce que cet homme m'a humiliée. Voulez-vous vous associer à ma vengeance? Et vous m'avez répondu : oui, n'est-ce pas?

— Sans doute, dit le révérend.

— Alors, si je n'ai pas fait arrêter cet homme aujourd'hui, si je suis sortie familièrement avec lui, c'est que ma vengeance n'est pas encore prête, et que nous avons autre chose à faire auparavant.

— Je ne vous comprends pas, dit le révérend Peters Town.

— Je m'expliquerai tout à l'heure. Veuillez m'écouter encore.

Le révérend s'était un peu calmé, et un sentiment de curiosité avait fait place, chez lui, à la fureur concentrée qui l'agitait tout à l'heure.

— Vous savez, reprit-elle, que les Irlandais ont un chef suprême, un enfant de dix ans, dont ils attendent l'adolescence avec cette patience qui caractérise leur race. Peters Town fit un signe de tête affirmatif.

— Cet enfant, poursuivit la jeune fille, mon père et moi, nous avons voulu nous en emparer. On nous l'a enlevé.

— Et vous avez perdu ses traces?

— Oh! non, dit miss Ellen, je sais où il est maintenant. On l'a fait évader de Cold bath fields, où il était au moulin; et c'est même à la suite de cette évasion que John Colden fut condamné à mort.

— Oui, je savais cela, dit le révérend, mais qu'ont-ils fait de l'enfant?

— L'enfant est entré à Christ's Hospital.

— C'est impossible! s'écria le révérend.

— Impossible, peut-être; vrai à coup sûr. Comment ont-ils fait? je l'ignore; mais l'enfant est là, sous la double protection du lord maire et de l'inviolabilité du lieu.

— Mais il y est sous un autre nom que le sien, sans doute? Il faut le démasquer!...

— Ah! vous voyez, dit en souriant miss Ellen, voici que vous laissez l'homme gris au second plan. Mais vous comprenez la nécessité d'avoir l'enfant tout d'abord?

— Oui, certes.

— Eh bien! dit miss Ellen, voici la besogne à laquelle il faut vous livrer tout de suite.

— Et ce sera une rude besogne, dit le révérend, car j'aimerais mieux me heurter à l'autorité du lord chancelier qu'à celle du lord maire.

— Vous avez raison, dit miss Ellen, mais nous aurons un auxiliaire.

— Lequel?

— C'est une femme qu'on appelle mistress Fanoche et qui était nourrisseuse d'enfants. Et je me charge de la trouver.

En prononçant ces derniers mots, miss Ellen se leva et rajusta son manteau.

— Souffrez maintenant que je me retire, mon révérend, dit-elle.

— Mais, miss Ellen, dit Peters Town, vous m'avez promis une explication.

— Oh! c'est juste. Vous voulez savoir le motif de mon étrange conduite vis-à-vis de l'homme gris? Et sa voix redevint railleuse. — Eh bien! écoutez-moi. Cet homme s'est mis dans l'esprit une singulière fantaisie. Il s'imagine qu'après l'avoir haï je finirai par l'aimer. Et justement, ajouta miss Ellen avec un cruel sourire, j'ai fait le même rêve.

— Vous voulez vous faire aimer de cet homme? Dans quel but?

— C'est alors que commencera ma vengeance. Pardon, vous ne me comprenez peut-être pas, dit-elle d'un ton hautain. Mais cela est, du reste, parfaitement inutile. Et elle tendit la main au révérend : — Au revoir, dit-elle. Demain vous aurez de mes nouvelles.

Les deux prêtres étaient tellement étonnés qu'ils la laissèrent partir. Mais lorsque le bruit de la porte se refermant fut arrivé jusqu'à lui, le révérend Peters Town regarda le jeune clergyman :

— J'ai peur, dit-il, qu'elle ne nous trahisse tôt ou tard.

— Pourquoi? fit le jeune homme étonné.

— Parce que de la haine à l'amour il n'y a qu'un pas. — Le clergyman tressaillit. — Mais, acheva le révérend, nous serons là, nous... et ces maudits apôtres de l'Irlande ne nous échapperont pas toujours!...

CINQUIÈME PARTIE

LES TRIBULATIONS DE SHOKING

I

Les belles de nuit emplissaient Haymarkett, se pressaient sous les arcades de Regent street, entraient au café de la Régence, et refluaient jusque dans Leicester square. Les cabs étaient devenus rares, les public-houses qui n'avaient pas de licence fermaient, les maisons de nuit s'ouvraient discrètement et à la sourdine.

Dans Ponton street, il y a une maison fameuse qu'on appelle *l'Enfer* de mistress Burton.

Le Français est galant, sentimental, et grand chercheur d'illusions. Même lorsqu'il est aimé à beaux deniers comptant, il se plaît à croire que son physique, ou tout au moins ses qualités morales ont un certain poids dans la balance.

L'Anglais est un homme positif, il ne croit pas à l'amour gratuit; il estime que le pauvre ne saurait inspirer une passion sérieuse, et quand il met la main sur son cœur, il sait bien qu'entre elle et ce généreux viscère se trouve son portefeuille gonflé de banknotes et de chèques. Car, ne vous indignez pas, ô Parisiens! le lord le plus respectable, le gentleman le plus accompli, donne à l'objet de son amour un chèque sur les docks ou sur la Banque, ni plus ni moins que s'il avait à régler un fournisseur. Cela explique l'enfer de mistress Burton et tout les enfers du monde.

Et, Parisiens, pour qui ce livre est écrit, n'allez pas croire que ce mot *enfer* est synonyme de flammes éternelles et de souffrances atroces, qu'il est le programme d'une légion de diables armés de fourches et de diablotins brandissant des fouets.

Non, rien de tout cela, comme vous allez voir, en pénétrant avec nous dans l'enfer de mistress Burton. A gauche est un marchand de cigares, à droite un hôtel français tenu par des Allemands. Le marchand de cigares est une marchande, ni jeune ni vieille, ni belle ni laide, parlant un joli français de Strasbourg, et honorée de la pratique de tous les marchands de chevaux.

L'hôtel est *confortable* et dans les prix doux ; il s'y trouve une table d'hôte de réfugiés hongrois et polonais, qui fréquentent assidûment Argyll-Rooms et l'Eldorado. Le marchand ferme à minuit ; à deux heures du matin, les Polonais sont ivres et errent en titubant dans Haymarkett. Ponton street est désert. L'enfer n'a ni flammes ni lumières. On ne voit pas une lumière à travers les stores baissés ; on n'entend pas le moindre bruit derrière la petite porte cintrée qui cependant, s'ouvre et se referme de minute en minute.

Un cab arrive et s'arrête. Tantôt c'est un gentleman qui en descend. Tantôt une femme élégante, bien encapuchonnée, bien voilée. La porte s'ouvre et se referme, le cab s'éloigne ; si la chose était défendue, le policeman qui est au coin d'Haymarkett n'aurait eu le temps de rien voir.

Mais mistress Burton paye une licence, et le policeman n'a rien à dire.

Or, ce soir-là, comme une heure du matin sonnait, deux hommes, deux gentlemen qui cachaient sous les vastes plis de leur waterproofs, l'irréprochable habit noir, le gilet à pardessous et à la cravate blanche, accessoires obligés de tout Anglais qui se respecte, à partir de neuf heures de relevée, cheminaient à pied sur le trottoir de Ponton street, se dirigeant vers la porte mystérieuse de l'enfer. Ils allaient doucement, tout doucement, comme des gens qui ont à se faire de sérieuses confidences et ne sont nullement pressés d'arriver à leur but.

— Mon cher ami, disait l'un en soupirant, Londres est bien changé depuis sept à huit ans. Celui qui parlait ainsi, était un homme d'environ trente-six ans, grand, blond, à la tournure militaire et portant moustaches, ce qui ne s'est vu, chez un officier anglais que depuis la guerre de Crimée...

— Bah! mon cher, répondait son compagnon, un adolescent presque imberbe. Londres est toujours la capitale du monde et la livre sterling y règne sans partage et y procure toutes les jouissances possibles.

— J'attendais cette réponse, mon cher baronnet, reprit le premier interlocuteur, pour vous avouer mon cas. — J'arrive des Indes, vous le savez? — Quand je quittai la libre Angleterre, j'avais votre âge, un cœur sentimental et un amour mystérieux.

— Ah! oui, miss Emily? — Vous m'avez déjà dit cette histoire, |répondit le jeune homme, histoire qui a eu, je crois, le dénoûment le plus heureux.

— Hélas ! oui, soupira le major Waterley.

C'était bien, en effet, le major Waterley qui avait confié un enfant à mistress Fanoche, que nous avons vu revenir à Londres, l'heureux époux de miss Emily et qui, enfin, avait souffert avec reconnaissance que celui qu'il croyait son fils fût adopté par lord Wilmot, l'excentrique personnage d'Hamspteadt, et placé comme tel au collége de Christ's Hospital.

— Aussi vrai que je me nomme Charles Mittchell et que je suis baronnet, répondit le jeune homme, vous m'étonnez fort, major. Vous soupirez en parlant de votre bonheur.

— Hélas! c'est que mon bonheur n'est pas complet.

— Bah! n'aimeriez-vous plus miss Emily?

— Au contraire, je l'adore !

— Alors, que vous manque-t-il?

— La satisfaction d'une passion fatale que j'ai contractée dans l'Inde; et c'est pour cela que je vous ai prié de me présenter chez mistress Burton.

— Mais de quoi s'agit-il donc?

— Je suis devenu fumeur d'opium. Or, il n'y a plus à Londres un seul endroit assez respectable pour qu'un gentleman ose s'y présenter. Les tavernes où on fume de l'opium sont fréquentées par des roughs, et on n'oserait y mettre les pieds.

— Eh bien! mon cher major, dit le baronnet en souriant, rassurez-vous.

— On fume chez mistress Burton?

— Oui, mais en grand mystère, et il faut être initié et fortement recommandé pour avoir accès dans la salle *des gens en délire*, c'est ainsi qu'on appelle le sanctuaire.

— Y serai-je admis, au moins?

— Oui, parce que mistress Burton n'a rien à me refuser. Mais vous me permettrez de ne pas vous y suivre, n'est-ce pas?

— A votre aise, dit le major. Sur ce dernier mot, le baronnet Charles Mitchell souleva le marteau de la porte, et l'enfer s'ouvrit devant eux...

II

La porte s'ouvrit. Le major et son jeune compagnon se trouvèrent dans une allée presque noire, à l'extrémité de laquelle vacillait un point lumineux, c'est-à-dire une petite lampe suspendue à la voûte et que le courant d'air de la porte avait laissé éteindre. Si l'enfer de mistress Burton était un lieu de délices, à coup sûr l'entrée n'en donnait pas le programme. La porte s'était ouverte et refermée toute seule, grâce à un cordon tiré de l'intérieur et à un contrepoids formé par un ressort à boudin.

— Hé! dit le major, cela n'a pas précisément l'air d'un palais.

— Vous verrez, répondit Charles Mitchell. Ils suivirent l'allée jusqu'au bout et, verticalement au-dessous de la petite lampe, ils trouvèrent une seconde porte. Alors le baronnet frappa deux petits coups distincts, puis un troisième un peu plus fort. C'était la manière usitée par les habitués de la maison. Cette seconde porte s'ouvrit et les deux visiteurs passèrent d'une demi-obscurité à une lumière plus vive. Ils se trouvaient en effet dans ce que les Anglais appellent le parloir. C'était une petite salle fort déserte, mais dépourvue de tout luxe. Il y avait du feu dans la cheminée, auprès du feu une bouilloire pour faire le thé, au milieu une table qui supportait une petite nappe et des tartines beurrées, et auprès de cette table une respectable lady à cheveux blancs qu'elle portait en longs *repentirs*, les mains ornées de bagues, proprette, grassouillette; ayant dû être fort jolie il y avait trente ou quarante ans, et qui avait conservé un fort beau sourire et un bel œil noir plein de feu. On eût dit l'épouse vénérée de quelque haut magistrat ou de quelque alderman de la Cité.

— Bonjour, maman Margaret, dit le baronnet sir Charles Mitchell en saluant la vieille dame et lui baisant respectueusement la main.

— Bonjour, mon fils bien-aimé, répondit la dame avec l'accent onctueux d'une véritable aïeule. En même temps, elle regarda le major avec curiosité. Le baronnet prit celui-ci par la main et dit :

— Maman, je vous présente un de mes bons amis, un parfait gentleman comme vous voyez, le major Waterley.

La vieille dame s'inclina avec autant de grâce et de légèreté qu'eût pu le faire une femme de pair aux réceptions de Sa Majesté la reine Victoria. — Vous pouvez entrer, mes enfants, dit-elle ensuite.

Le major Waterley ne put s'empêcher de jeter un regard quelque peu étonné autour de lui. Le petit salon paraissait n'avoir qu'une issue, celle par laquelle le major et le baronnet étaient entrés, et il eût juré qu'il se trouvait dans quelque paisible maison d'Hampsteadt ou de Notting Hill. Mais la vieille dame étendit la main vers le mur et pressa un ressort invisible. Aussitôt une porte masquée s'ouvrit. — Venez, dit Charles Mitchell en entraînant le major. Mille compliments, maman.

Le major se trouva alors dans un nouveau corridor; mais celui-là était large, bien éclairé ; le sol était jonché d'un épais tapis, les murs couverts de peintures représentant des fleurs et des oiseaux de paradis; et de distance en distance de belles lampes à globe dépoli, posées sur des statuettes de marbre, répandaient autour d'elles une clarté voluptueuse et discrète. Le major fit quelques pas et des accords mélodieux frappèrent ses oreilles. — On danse, dit Charles Mitchell. Et c'est mademoiselle Olympe qui tient le piano.

— Qu'est-ce que mademoiselle Olympe?

— Une petite dame française qui a un succès fou à Londres. Elle a des chevaux, une charmante maison dans Portland place, et lord Evandale se ruine pour elle. Depuis qu'elle fréquente le salon de mistress Burton, tout Londres y vient.

Le major arrêta Charles Mitchell. — Un mot, mon ami. Vous m'excuserez : je suis un soldat de fortune, qui revient des Indes, et n'est pas très au courant des habitudes de l'aristocratie ; avant d'entrer, permettez-moi de vous faire quelques questions. Nous sommes dans une maison de jeu, de plaisir et de fumeurs d'opium ? Pourquoi l'entrée en est-elle si obscure, si bizarre ? La maison est-elle donc clandestine ?

— Pas le moins du monde.

— Alors, je ne comprends pas ce mystère ?

— Mon ami, répondit le baronnet, vous avez toute la naïveté d'un homme qui a vécu sous le soleil des tropiques. Vous êtes Anglais, et vous ignorez, je le vois, la loi anglaise, qui vous permet de faire chez vous ce que bon vous semble, à la condition que vous ne gênerez personne. Si les salons de mistress Burton étaient sur la rue, si on voyait les fenêtres brillamment éclairées ; si au travers des rideaux de mousseline, des ombres suspectes passaient et repassaient enlacées, aux sons d'une valse enivrante, la pudeur anglaise en serait froissée.

— Ah! fort bien, dit le major. Mais cette dame respectable que nous venons de voir, est-ce mistress Burton ? sa mère ou son aïeule ?

— Ni l'un ni l'autre ; cette dame, qui est de très-bonne famille, et qu'on appelle lady Perceval, est la contrôleuse de la maison. Pardonnez-moi le mot. Personne ne pénètre ici sans lui avoir été présenté. Savez-vous bien qu'il faut être un parfait gentleman pour être admis chez mistress Burton?

— Ah! c'est différent.

— Maintenant, ajouta Charles Mitchell, on va nous annoncer, et je vous présenterai à la maîtresse de la maison.

Ils étaient arrivés au bout du corridor. Il y avait là deux grands laquais en culotte courte et en bas de soie qui prirent les pardessus de ces messieurs. Puis l'un d'eux ouvrit les deux battants d'une porte et annonça le major Waterley et le baronnet Charles Mitchell. Le major était au seuil d'un grand salon ruisselant de lumières, rempli d'hommes distingués et irréprochables et constellé de jeunes et belles femmes en robes de bal. On dansait.

— Attendons la fin de la contredanse, dit le baronnet, puis je vous présenterai...

III

La contredanse finie, les danseurs reconduisirent les dames à leur place. Alors le baronnet reprit le major par la main et s'avança vers une petite dame entre deux âges, qui portait une profusion de roses dans ses cheveux blonds, des gants rouges, des bracelets semés de rubis et d'émeraudes, et avait au cou un collier à triple rang de grosses perles. Cette dame, qui était encore jolie, bien qu'envahie par l'embonpoint, n'était autre que mistress Burton. Le baronnet lui baisa la main; puis il présenta le major, et mistress Burton tendit la main à celui-ci en lui disant : — Vous êtes désormais chez vous, monsieur. Après quoi, elle cacha son visage dans un énorme bouquet qu'elle tenait à la main, fit une révérence et alla s'occuper d'un petit vieillard fort respectable qui causait avec une toute jeune fille.

— Vous le voyez, mon ami, dit le baronnet tout bas au major, cela se passe comme dans le meilleur monde.

— Mais, où fume-t-on? demanda le major.

— Ah! mon ami, fit Charles Mitchell en souriant, vous êtes quelque peu pressé.

Le major jetait autour de lui des regards ardents et sentait une sorte d'ivresse lui monter au cerveau, en respirant les parfums pénétrants dont l'atmosphère était imprégnée, en admirant ces beautés étincelantes et médiocrement vêtues.

— Allons faire un wisht d'abord, dit le baronnet. Ils s'assirent à une table de jeu, et un gentleman, que le baronnet salua d'un geste, vint s'y asseoir pareillement. Charles Mitchell fit un petit signe au major. Ce signe voulait dire : Le gentleman que je vous présente est initié aux voluptés de l'opium. En effet, quand il les eut présentés l'un à l'autre, et tandis qu'il battait les cartes, le gentleman, qui se nommait sir Robert Hatton, dit en souriant au major : — Vous fumez, monsieur ? Moi aussi. Nous descendrons ensemble, quand l'heure viendra.

— Ah ! il y a donc une heure déterminée ? demanda le major.

— Oui. A quatre heures du matin seulement. Alors, presque tout le monde est parti. Il ne reste ici que des gens intelligents, qui préfèrent les voluptés divines aux plaisirs grossiers.

— Merci pour moi, Robert, dit le baronnet.

— Ah ! c'est juste, tu ne fumes pas. Tu ignores la félicité sans limites, alors. Le baronnet haussa imperceptiblement les épaules. Sir Robert était un enthousiaste.

— Écoutez, dit-il, fous que vous êtes, vous tous qui méprisez l'opium. Vous ne savez donc pas que, tandis que le corps commence à s'engourdir dans un demi-sommeil plein de charme et de mollesse, l'âme se dégage de lui et se crée des horizons et des mirages, et peuple et décore à sa fantaisie les lieux où se trouve son corps. Tout à l'heure nous descendrons dans le caveau. Tu n'y est jamais venu, Charles? Eh bien! tu y viendras.

— Non, la tentation de vous imiter pourrait s'emparer de moi. Comment est-il, ce caveau?

— C'est une petite salle de forme ronde, tendue d'étoffe orientale. Tout le long des murs règne un large divan sur lequel se placent les fumeurs. Chacun d'eux a à la portée de sa main une pipe, un grain d'opium et une lampe. On s'accroupit sur le divan et on fume. A la quatrième gorgée, les murs de la salle disparaissent. C'est-à-dire que l'horizon s'agrandit, le ciel bleu des tropiques apparaît; des légions de houris et de bayadères passent enlacées devant vous, dans un rayon de soleil et vous enivrent de leurs sourires.

— Et c'est là ce que tu appelles les félicités sans bornes? Mon cher, dit le baronnet, j'aime mieux baiser le bout des doigts de madame Olympe que tu vois là-bas, auprès de la cheminée, dans le grand salon, que rêver toute cette fantasmagorie d'amour qui t'enchante et te conduit peu à peu à l'abrutissement le plus complet.

Le gentleman Robert Hatton regarda le major en souriant : Il vous fait pitié, n'est-ce pas? dit-il.

— Oh! certes, répondit le major, dont le visage contracté exprimait la passion féroce.

— Mon cher major, dit Charles Mitchell en riant, vous jouez en dépit du bon sens. En effet, le major, qui avait le baronnet pour partenaire contre le gentleman, entassait faute sur faute. — Je ne suis pas très-fort, dit-il; excusez-moi...

— Et, reprit le baronnet, vous avez l'esprit troublé par la description que vient de vous faire mon ami Robert.

— Oh! répondit le major, tout ce qu'il a dit est exact. Et il jeta les yeux sur la pendule de la cheminée du salon de jeu, qui marquait deux heures et demie.

— Vous avez encore une heure et demie à attendre, dit le baronnet en riant. Aussi, j'en veux profiter. Je veux vous présenter à la *Sirène*.

— Qu'est-ce que cela? demanda le major Waterley avec indifférence.

— Une femme bien autrement séduisante que toutes les houris imaginaires que vous entrevoyez à travers les vapeurs de l'opium. Le gentleman sir Robert et le major échangèrent un regard de pitié. Mais Charles Mitchell reprit : — Vous ne me refuserez pas, mon ami, de venir saluer la Sirène. Je le lui ai promis. Et elle meurt d'envie de causer avec vous, depuis qu'elle sait que vous revenez des Indes.

— Eh bien! après la partie. Mais ajouta le major, vous le savez, j'adore ma femme. Et nulle créature humaine ne saurait me la faire oublier.

Un sourire glissa sur les lèvres du baronnet.

— Bah! dit-il, nous verrons bien. Et ils achevèrent la partie.

— Venez, dit alors le baronnet au major. Et il le conduisit dans un salon voisin où une jeune femme était assise à l'écart. Brune et les lèvres rouges, elle ressemblait, parmi toutes ces blondes créatures, à une pivoine poussée au milieu d'une touffe de lys. Son œil fascinateur était bien celui d'une sirène, — on ne lui connaissait pas d'autre nom du reste, — et quand son regard noir et profond eut rencontré le regard du major Waterley, celui-ci se sentit frissonner de la tête aux pieds, et il oublia momentanément l'ardent désir de fumer l'opium qui l'avait amené chez mistress Burton.

IV

La Sirène avait un autre nom sans doute ; mais ce nom avait disparu dans l'oubli, et depuis qu'elle était une des célébrités galantes de Londres, on ne l'appelait pas autrement. La beauté, comme l'amour, vit essentiellement des contrastes. A Paris, à Vienne, à Florence, on eût trouvé la Sirène moins belle qu'à Londres. Cette femme aux cheveux noirs, aux yeux bleus, au teint mat et légèrement bistré faisait sensation parmi toutes les filles d'Ecosse ou d'Irlande aux cheveux blonds. Mais ce nom de Sirène s'appliquait moins peut-être à sa beauté qu'à sa voix qui avait de mystérieux entraînements. D'où venait-elle ? était-elle Anglaise, Italienne ou Française ? On ne le savait pas, car elle parlait presque toutes les langues sans accent. C'était mistress Burton qui l'avait découverte et en avait fait le plus bel ornement de ses salons. Il y avait de cela environ deux mois.

Depuis lors, la Sirène avait fait parler d'elle aux quatre coins de Londres ; c'est-à-dire qu'on se l'était disputée avec acharnement, qu'on s'était battu pour elle et qu'un tout jeune homme, lord H..., dans un accès de folie, s'était tué à la porte de la jolie maison qu'elle habitait dans Portland place. Nous l'avons dit, à peine eût-elle levé les yeux sur le major Waterley que celui-ci, qui tout à l'heure protestait de son amour pour miss Emily qu'il venait d'épouser, s'était senti tressaillir de la tête aux pieds et avait éprouvé sur-le-champ l'attraction mystérieuse qu'exerçait cette singulière créature. Elle lui avait indiqué une place auprès d'elle sur le sopha où elle était assise, et dès lors le major avait oublié le motif premier de sa présence chez mistress Burton, c'est-à-dire son ardent désir de fumer de l'opium. Et, tandis que la Sirène commençait son œuvre, sir Charles Mitchell, le jeune baronnet qui avait servi d'introducteur au major Waterley, s'était écarté discrètement, avait promené pendant un instant un regard indécis autour de lui comme s'il eût cherché quelqu'un au milieu de cette foule élégante, et, passant dans les salons de mistress Burton, il avait fini par murmurer :

— Je crois que mon bon ami Arthur s'est moqué de moi.

Mais, comme il faisait cette réflexion entre ses dents une porte s'ouvrit, celle par laquelle le major et lui étaient entrés, et un jeune homme se montra sur le seuil. — Ah! enfin! se dit sir

Charles Mitchell. Et il se dirigea vers le nouveau venu qui lui tendit la main.

Or, ce nouveau venu n'était autre que ce jeune et élégant étourdi, le marquis de L..., que nous avons entrevu à Hyde Park, causant avec miss Ellen Palmure et lui demandant si le gentleman, qui venait de passer à cheval auprès d'elle n'était pas le prince russe qui se mourait d'amour depuis dix-huit mois qu'il l'avait rencontré à Nice où à Monaco. Le marquis n'adressa qu'un mot au baronnet. — Eh bien? — Eh bien, il est venu, dit le baronnet. Il est ici? Il cause avec la Sirène.

— Ah! ah! dit le marquis, c'est à merveille.

— Tout à l'heure on le fera descendre chez les fumeurs, si toutefois c'est nécessaire. Je crois bien que la Sirène fera la besogne toute seule. Tout en causant à voix basse, les deux jeunes gens observaient du coin de l'œil le major Waterley qui paraissait sous un charme étrange et qui suspendait son regard et son âme aux lèvres de la Sirène. — Vous pouvez être certain, dit le baronnet, qu'il ne voit plus et n'entend plus qu'elle en ce moment.

— Alors l'épreuve sera inutile. — Je le crois.

Il y eut un silence parmi les deux jeunes gens. Puis le baronnet prit le marquis par le bras, l'entraîna dans une embrasure de croisée et lui dit :

— Vous plairait-il de causer quelques minutes.

— Comment donc, mon cher?

— Je commence à être si fort intrigué, reprit le baronnet, que j'éprouve le besoin de vous demander une explication.

— Ah! fit le marquis en souriant, vous êtes intrigué?

— Au plus haut degré.

— Je le suis peut-être autant que vous.

— Alors, je ne comprends absolument plus rien à tout cela, dit le baronnet, et, à moins que vous ne vous moquiez de moi...

— Charles!

— Voyons, expliquons-nous nettement.

— Je ne demande pas mieux.

— Avant-hier, au club, vous m'avez proposé la singulière partie que voici : nous devions jouer un écarté en cinq points, sans revanche. Si je gagnais, vous me donniez mille livres... Si je perdais, je m'engageais à faire, pendant trois jours, tout ce que vous me demanderiez, à la condition, toutefois, que vous n'exigiez rien de moi qui ne fût d'un parfait gentleman.

— Et vous avez perdu, et il est juste que vous vous exécutiez, dit le marquis.

— Attendez encore. La partie perdue, vous m'avez dit : Vous connaissez le major Waterley ?
— Sans doute, ai-je répondu. — Eh bien ! je désirerais que vous le présentassiez chez mistress Burton. — Là, m'avez vous dit encore, vous tâcherez que la Sirène le subjugue, le fascine, le grise, dussiez-vous l'entraîner dans le salon souterrain où l'on fume de l'opium.

— Certainement, je vous ai dit cela, dit le marquis.

— Or, continua sir Charles Mitchell, j'ai obéi à vos instructions. J'ai amené le major ici d'autant plus facilement qu'il est fumeur d'opium enragé, et vous devez voir à l'animation de son visage que la Sirène lui plaît fort.

— Eh bien, fit le marquis.

— Eh bien ! je désirerais savoir quel intérêt vous pouvez avoir à ce que le major devienne amoureux de la Sirène ?

— Je n'en ai aucun.

— Plaît-il !

— C'est la vérité pure.

— Alors quelle singulière fantaisie ?...

— Je n'ai pas de fantaisie. J'obéis, voilà tout.

— Est-ce que vous aussi, vous auriez perdu une partie ?

— Non, mais je suis moi-même, fasciné par une sirène. Une sirène qui ne viendra jamais ici, comme vous le pensez sans doute. C'est elle qui, pour des motifs qu'elle n'a pas cru devoir me donner, a voulu que le major et la Sirène fussent mis en rapport.

— Peut-on savoir le nom de *votre* Sirène ?

— Oui, dit le marquis. C'est miss Ellen Palmure.

A ce nom, sir Charles Mitchell eut une véritable exclamation d'étonnement. — Par ma foi ! dit-il, si je comprends un mot à tout cela je veux être pendu à la porte même de Newgate, comme coupable de fenianisme.

— Et moi aussi, dit le marquis, comme un écho.

Cependant les salons de mistress Burton commençaient à se vider peu à peu, et l'heure des fumeurs d'opium approchait.

V

Cette même nuit-là, vers cinq heures du matin, une voiture dont les stores étaient soigneusement baissés stationnait au coin de Panton street et d'Haymarket. Il y avait déjà plus d'une heure qu'elle était là, et on eût pu croire que le cocher attendait ses maîtres, et que, par conséquent, la voiture était inoccupée, si, de temps à autre, un des stores ne se fût soulevé à demi, laissant apercevoir une tête de femme qui jetait dans la rue un regard investigateur. De quart d'heure en quart d'heure la porte de l'enfer s'ouvrait et un couple en sortait. Chaque invité de mistress Burton s'en allait reconduisant une de ces beautés faciles que faisait pâlir la Sirène. Tout à coup le store se souleva vivement. Cette fois, un homme était sorti seul de l'enfer et marchait rapidement vers la voiture stationnaire. Aussitôt qu'il fut tout près, la portière s'ouvrit : — Montez, dit une voix de femme.

Ce personnage, qui n'était autre que le marquis de L..., entra lestement dans la voiture dont la portière se referma. Alors il se trouva tête à tête avec miss Ellen. — Eh bien? dit-elle.

— Eh bien! je crois que tout est pour le mieux, dit le marquis.

— Il mord à la Sirène?

— C'est-à-dire qu'il est fou.

— A-t-il fumé de l'opium?

— Non, la chose était inutile. Pourtant il était venu dans cette intention, car il paraît qu'il possède au plus haut degré cette étrange passion, mais les regards et la voix de la Sirène l'en ont détourné. Quand on est venu lui dire que la salle des fumeurs était ouverte, il n'a même pas répondu.

— Il regardait la Sirène, fit miss Ellen avec une pointe d'ironie.

— Il la contemplait, il l'adorait...

— Et ils sont encore là-bas?

— Oui. Mais mistress Burton a envoyé chercher un cab pour eux. Tenez, le voilà. En effet, une voiture venait de s'arrêter à la porte même de l'enfer.

— Et vous croyez qu'il la suivra?

— En ce moment, elle le conduirait au bout du monde.

Miss Ellen tira le gland de soie qui correspondait au petit doigt de son cocher, et, en même temps, elle baissa la glace du devant du coupé.

— Avance de quelques pas, dit-elle. Le coupé vint se ranger tout auprès du cab. Alors miss Ellen laissa la glace baissée, mais elle fit descendre le store de façon à voir et entendre sans être vue.

— Attendons, dit-elle, je veux avoir une certitude.

Cinq minutes après, la porte de l'enfer se rouvrit. Bien que les voitures de place à Londres ne soient point assujéties à avoir des lanternes, le cab qu'on était allé chercher en avait deux, dont la réverbération se projetait jusque sur le trottoir. Cette clarté permit à miss Ellen de voir sortir de l'enfer une femme douillettement enveloppée dans un burnous de cachemire blanc. C'était la Sirène. Elle s'appuyait sur le bras d'un homme que le marquis de L..., désigna tout bas à l'oreille de miss Ellen : — C'est lui, dit-il. En effet, c'était le major Waterley. Il avait l'œil morne, le visage abruti des hommes qui sont mordus au cœur par une passion violente et sauvage. — Montez, dit la Sirène en s'élançant la première dans le cab. Le major obéit. — Portland place, dit-elle au cabman. Le cab partit.

— Maintenant, dit miss Ellen, je suis tranquille. Merci, marquis, vous êtes un gentilhomme accompli.

— Miss Ellen, répondit le marquis, savez-vous que tout ce que vous m'avez fait faire là est bien étrange? Et ma curiosité est piquée au plus haut degré.

— Mais vous ne saurez rien, mon ami. Avez-vous donc oublié nos conventions? Vous m'avez demandé la faveur de monter à cheval avec moi deux fois par semaine, n'est-ce pas? Et je vous l'ai accordée, à la condition que vous me rendriez un service sans chercher à en pénétrer le mystère. Eh bien ! je tiendrai ma parole, tenez la vôtre.

— Mais ne saurais-je jamais rien ?

— Je ne dis pas cela. Si vous êtes discret, docile, obéissant, dit la jeune fille en riant, on vous dira peut-être quelque chose plus tard. Adieu...

— Comment ! vous me renvoyez ?

— Voulez-vous que je vous mette chez vous ?

— Volontiers, dit le marquis.

— 24, Pall-Mall, dit la jeune fille au cocher. Quelques minutes après, le marquis était à sa porte. — Où allez-vous ? dit-il à miss Ellen en lui baisant la main.

— Encore un mystère ! dit-elle. Et elle attendit que le marquis fût entré. Alors elle dit au cocher : — A Hampsteadt, Heathmount, 18. Le coupé partit. Alors miss Ellen murmura : — Je suppose que mistress Fanoche n'a pas dormi bien profondément cette nuit. Une demi-heure après, le coupé s'arrêtait à la porte de ce cottage où mistress Fanoche avait caché jadis Ralph, le petit Irlandais, et dans le jardin duquel lord Palmure s'était vu mettre un masque de poix sur le visage.

VI

Pénétrons maintenant chez mistress Fanoche, notre ancienne connaissance de Dudley street. Mistress Fanoche avait renoncé, comme on le pense bien, à son premier métier de nourrisseuse d'enfants. D'abord elle s'était séparée de la vieille dame aux lunettes qui battait les enfants par inclination d'humeur, et qui n'avait pas, du reste, hésité à la trahir. On se souvient de ce qui s'était passé entre mistress Fanoche et l'homme gris. Après la disparition de Ralph, elle était retournée à Londres et à son grand étonnement, elle avait trouvé sa maison déserte. Si la vieille dame qui était partie, la veille au soir, en compagnie de lord Palmure et qui se voyait déjà propriétaire d'un joli cottage à Brighton avait abandonné les cinq petites filles dans le jardin, après son départ, une main charitable avait recueilli les pauvres délaissées.

Par les soins de l'homme gris, les enfants avaient été conduites dans une vraie pension où on prendrait soin d'elles et où on ne les maltraiterait pas. Mistress Fanoche ne s'était pas beaucoup préoccupée de savoir ce qu'étaient devenues ses anciennes pensionnaires ; elle était retournée à Hampsteadt où elle s'était tenue bien tranquille, jusqu'au jour où l'homme gris, au lieu de la châtier, avait préféré se servir d'elle pour représenter au major Waterley le petit Irlandais comme son fils et le faire admettre ainsi à Christ's Hospital. Mistress Fanoche avait été largement payée. Aussi, depuis ce temps-là, vivait-elle fort tranquillement, mangeant ses petites économies, et craignant, sinon Dieu, au moins cet homme qui se jouait d'un pair d'Angleterre et lui appliquait un masque de poix sur le visage. Mistress Fanoche avait conservé Mary l'Écossaise, sa fidèle servante. Mary sortait seule, allait aux provisions et rapportait à sa maîtresse, qui n'osait franchir le seuil de son jardin, les nouvelles du quartier. C'était ainsi que mistress Fanoche avait été tenue au courant de ce qui se passait dans le cottage voisin, chez le prétendu lord Wilmot qui, pour elle, était toujours le mendiant voisin. Elle avait appris, par la même source, que le condamné John Colden avait été arraché à l'échafaud et que l'homme gris, soupçonné d'avoir préparé cet enlèvement, n'avait pas reparu au cottage depuis. Cette dernière information avait permis à mistress Fanoche de reposer plus librement. Elle avait servi l'homme gris, mais elle le craignait, et la

Comme elle prenait son thé, vers huit heures du soir, elle entendit sonner à la grille du cottage. Mary alla ouvrir et revint avec une lettre. Cette lettre ne lui avait point été remise par le facteur, mais bien par un homme dont elle n'avait pu voir le visage, car il était enveloppé dans un grand manteau et avait son chapeau rabattu sur ses yeux. Mistress Fanoche, en prenant cette lettre, éprouva un petit tremblement nerveux.

Les consciences timorées, comme celle de la nourrisseuse d'enfants, ont de ces pressentiments inexplicables. Mistress Fanoche ouvrit cette lettre avec une sorte de répugnance, puis elle courut à la signature. Mais la signature était absente. Elle lut : « Mistress Fanoche est priée d'attendre cette nuit la visite d'une personne qui viendra lui parler de choses de la plus haute importance. Si mistress Fanoche n'ouvrait pas à la personne qui sonnera, elle s'exposerait à de vifs désagréments. Si mistress Fanoche avait la malencontreuse idée de porter la présente lettre à la police, elle s'exposerait à d'autres mésaventures. Enfin, si elle confiait à qui que ce soit la substance de ladite missive, elle encourrait la colère d'un personnage puissant. » La lettre échappa aux mains de mistress Fanoche. Une sorte de vague terreur s'empara d'elle. — Oh! dit-elle à Mary, ce n'est pas possible, on t'a trompée... L'homme gris n'est pas en prison.

Et, à partir de ce moment, mistress Fanoche fut en proie à une véritable panique. Néanmoins elle se conforma aux avis mystérieux renfermés dans la lettre; elle ne la montra point à Mary et exigea même que celle-ci s'allât coucher, son service fini. Puis, au lieu de se mettre au lit elle-même, elle demeura dans ce petit salon qui donnait sur le jardin et dans lequel, un soir, Shoking et l'homme gris avaient pénétré si brusquement. Là, anxieuse, tremblant au moindre bruit, elle attendit. La soirée s'écoula; elle entendit sonner minuit à toutes les paroisses du voisinage : puis deux heures du matin, puis trois et quatre. Le visiteur mystérieux ne se présentait pas. Mistress Fanoche commençait à espérer vaguement qu'on l'avait mystifiée. Mais, tout à coup la sonnette tinta.

Alors la nourrisseuse d'enfants sentit tout son sang affluer violemment à son cœur. Un moment même elle crut qu'elle n'aurait pas la force de bouger. Mais enfin, elle se leva, chancelant, elle sortit de la maison et traversa le jardin. Arrivée auprès de la grille, elle respira plus librement.

Elle avait reconnu une femme dans la personne qui sonnait. Elle ouvrit la grille et une voix jeune et fraîche lui dit : — Vous êtes bien mistress Fanoche?

— Oui, dit-elle.

— Je suis la personne que vous attendez, dit miss Ellen, car c'était elle. Et la patricienne entra, ajoutant : Je suis la fille de lord Palmure.

VII

Miss Ellen suivit mistress Fanoche, qui la conduisit dans le petit salon où elle était tout à l'heure. La nourrisseuse d'enfants avait commencé à respirer en voyant une femme; elle se rassura presque entièrement en entendant prononcer le nom de lord Palmure. Un lord qu'on avait ainsi traité dans son jardin à elle, mistress Fanoche, et qui n'en avait pas tiré vengeance, devait être un homme de mœurs douces et par conséquent peu à craindre. Et puis, enfin, il n'était pas question de l'homme gris, le personnage tant redouté. Cependant, lorsque miss Ellen eut relevé son voile et que son œil se fut arrêté sur mistress Fanoche, cette dernière ne put s'empêcher de tressaillir.

— Madame, dit la jeune fille, je n'ai pas le

temps de vous faire un long discours; et je vais vous expliquer en deux mots le motif et le but de ma visite nocturne. Vous avez été nourrisseuse d'enfants? dit miss Ellen.

— J'ai tenu un pensionnat, répondit mistress Fanoche.

— Vous aviez l'habitude de faire noyer les enfants...

— Oh! quelle calomnie!... s'écria mistress Fanoche, qui devint tout à coup livide.

— C'est du moins ce qu'a déclaré un homme que la justice a sous la main et qui se nomme Wilton.

— Le misérable!

Miss Ellen haussa légèrement les épaules. — Chère madame, dit-elle, je vous l'ai dit, je n'ai pas le temps d'entrer avec vous dans de longs détails; laissez-moi donc aller droit au but. Je viens vous donner à choisir : ou Botany Bay, c'est-à-dire la transportation, si même vous n'êtes condamnée à mort, ou l'impunité et quatre mille livres. Il est bien entendu, vous le comprenez, que j'ai besoin de vous. — Mais, milady, balbutia mistress Fanoche, de plus en plus dominée par l'accent hautain de la jeune fille, et comme palpitante sous son regard, je vous jure...

— Ecoutez-moi donc, fit sèchement miss Ellen, vous allez voir que je suis renseignée. Il y a quelques mois, un officier, revenant des Indes, le major Waterley, vous écrivit pour vous réclamer un enfant qui vous avait été confié.

— Ah! s'écria mistress Fanoche. Voilà bien qui prouve que je suis innocente de tout ce dont on m'accuse, car cet enfant, je l'ai rendu au major. Et la preuve en est, qu'il est aujourd'hui pensionnaire du collége de Christ's Hospital.

— Je sais cela, dit miss Ellen, seulement cet enfant vous l'aviez volé, il se nommait Ralph; mon père a voulu le ravoir et il s'est adressé à la vieille dame qui était votre associée.

Mistress Fanoche courba la tête. Elle voyait que miss Ellen était plus instruite qu'elle ne le supposait d'abord.

Miss Ellen poursuivit : L'enfant s'échappa, tomba aux mains d'une bande de voleurs, fut envoyé à Cold bath field et condamné au moulin, puis enlevé par un certain John Colden, qui a été condamné à mort... Enfin, une personne qu'on appelle l'homme gris vous l'a rendu, à la seule fin que vous le présentassiez au major Waterley comme son fils.

Le nom de l'homme gris avait fait pâlir mistress Fanoche. — Cet homme, dit-elle, est tout puissant dans Londres, il ordonnait, j'ai dû obéir sous peine de mort.

— Eh bien ! dit froidement miss Ellen, je suis son ennemie, moi. Et j'ai engagé avec lui une lutte sans trêve ni merci. Elle disait cela avec un calme hautain, le regard assuré, la tête rejetée en arrière, et mistress Fanoche ne put s'empêcher d'éprouver pour elle une naïve admiration.

— Vrai ? dit-elle, vous osez lutter avec l'homme gris !

— Et je l'ai presque terrassé à cette heure, dit miss Ellen avec un accent qui fit passer une conviction dans l'esprit de la nourrisseuse d'enfants. J'avais besoin d'un instrument pour lui donner le coup de grâce, ajouta miss Ellen. Cet instrument, c'est vous.

La nourrisseuse se prit à trembler. — Oh ! pas moi, madame, pas moi !...

— Tenez, dit miss Ellen qui ouvrit son corsage et en retira un papier qu'elle mit sous les yeux de mistress Fanoche frémissante, tenez, lisez... — Un ordre d'arrestation ! exclama la nourrisseuse éperdue.

— Signé du lord chief justice.

— Mais, je suis perdue, mon Dieu !

— C'est-à-dire que, je n'ai plus qu'à remettre cet ordre à deux policemen et vous serez conduite à Newgate demain matin. Cependant, vous n'irez pas en prison et vous toucherez une récompense de quatre mille livres si vous me servez.

— Mais, si je vous sers, milady, s'écria mistress Fanoche qui se voyait dans un impasse terrible, l'homme gris me tuera.

— Et si vous ne me servez pas, vous serez pendue. Wilton, à qui on a promis sa grâce, s'il faisait des révélations, est prêt à donner le chiffre de vos victimes.

Mistress Fanoche commençait à s'arracher les cheveux et elle avait les yeux pleins de larmes. Un moment elle songea à se ruer sur miss Ellen, à appeler Mary l'Écossaise à son aide et à lui arracher l'ordre d'arrestation. Mais c'eût été une violence inutile. Même en assassinant miss Ellen, elle n'eût pas détourné l'orage.

— Au lieu de vous lamenter, dit encore miss Ellen, écoutez-moi attentivement, et vous verrez que le danger que vous redoutez peut être conjuré. Le jour où je me servirai de vous pour frapper l'homme gris, il sera pendu et ne pourra plus se venger de vous.

— Mais enfin, dit la nourrisseuse, que faut-il que je fasse ?

— Il faut que vous déclariez par un écrit adressé au lord chief justice que l'enfant rendu au major Waterley n'est pas le sien, qu'il est Irlandais et se nomme Ralph, et que c'est le même qui a été condamné au moulin.

— Mais si j'écris cela, dit mistress Fanoche, je m'avoue coupable.

— Sans doute, et il faut même que vous confessiez dans cet écrit que vous avez confié le fils du major à Wilton, qui l'a noyé.

— Et alors je suis perdue ! dit encore mistress Fanoche.

— Vous serez condamnée, mais la reine vous fera grâce.

— Et qui me l'assure ?

— Moi, dit froidement miss Ellen. Et il y avait un tel accent de sincérité dans ce mot unique, que mistress Fanoche ajouta foi à cette promesse.

VIII

Le jour naissait, comme il naît à Londres. C'est-à-dire que le brouillard devenait rouge et transparent et que les arbres du jardin apparaissaient peu à peu au travers. Miss Ellen dit à mistress Fanoche: — Puisque vous avez toujours peur de l'homme gris, venez avec moi, je vais vous mettre en lieu sûr.

— Où me conduisez-vous donc? demanda la nourrisseuse.

— Chez le révérend Peters Town, l'homme le plus puissant de Londres.

— Je n'ai jamais entendu prononcer ce nom-là, dit-elle.

Miss Ellen sourit : Mais, fit-elle, on vous a parlé de l'archevêque de Cantorbéry? Eh bien ! le révérend Peters Town lui donne secrètement des instructions.

A la suite de son entretien avec miss Ellen, mistress Fanoche voyait clairement une chose ; c'est qu'elle était doublement perdue, si elle n'obéissait pas aveuglément. — Soit, dit-elle, je suis prête à vous suivre.

Miss Ellen remit son manteau et en baissa le capuchon sur sa tête. Mistress Fanoche jugea inutile de réveiller Mary l'Écossaise et de lui apprendre son départ. Quelques minutes après, les deux femmes montaient dans le cab que miss Ellen avait laissé à la porte. — Elgin Crescent ! dit-elle au cabman.

Le révérend Peters Town attendait sans doute

la visite de miss Ellen, car à peine le cab fut-il arrêté à sa porte, que cette porte s'ouvrit et que le prêtre anglican vint à la rencontre des deux femmes.— Je vous présente mistress Fanoche dont je vous ai parlé, dit miss Ellen.

Le prêtre fit passer les deux femmes dans son cabinet et se prit à regarder curieusement la nourrisseuse d'enfants. Alors miss Ellen lui fit un signe mystérieux que le révérend comprit; car il la fit passer dans une pièce voisine laissant mistress Fanoche toute seule.

— Eh bien, elle consent?

— A tout. Avez-vous prévenu le lord chief justice?

— Sans doute, puisque je vous ai envoyé l'ordre d'arrestation. Mais il y a une difficulté que nous n'avions pas prévue, reprit le révérend. Cette femme va faire sa déposition par écrit...

Elle confirmera ensuite cette déposition de vive voix en présence d'un magistrat de police et de deux secrétaires.

— Je lui ai promis sa grâce.

— Il serait difficile de l'obtenir; attendu que les débats du procès, s'il avait lieu, seraient publiés, et que la liberté de la presse nous gênerait.

— Mais le procès n'aura pas lieu. On la relâchera sous caution et elle pourra quitter l'Angleterre.

— Sa déposition n'en sera pas moins valable.
— Sans doute.
— Mais vous ignorez peut-être, miss Ellen, les règlements de Christ's Hospital et les singuliers priviléges dont jouit ce collége, depuis le roi Edouard VI son fondateur.

— Vous allez voir que je n'ignore absolument rien, répondit miss Ellen en souriant. Tout élève, revêtu de la soutane bleue et portant les bas jaunes, est inviolable. On ne pourrait l'arrêter que s'il commettait un crime dans la rue.

Il y a mieux ; je suppose qu'on le désigne à un policeman auquel on dira : Cet enfant est un condamné évadé de Bath square ; le policeman ne voudra pas le croire ; mais, le crût-il, il vous répondra : Je ne puis pas mettre la main sur un enfant revêtu de la soutane bleue. Enfin, j'admets, comme dernière hypothèse, qu'un policeman intimidé ose passer outre et mettre la main sur l'enfant, que celui-ci soit ramené en prison, reconduit au moulin et reconnu par tous les gardiens de Bath square, le lord maire protestera et, à la tête de ses aldermen, ira le réclamer.

— Vous voyez donc bien, dit le révérend Peters

Town, que tous nos efforts échoueront contre cette loi qui protége les élèves de Christ's Hospital.

— Non, dit miss Ellen, car on arrêtera l'enfant dépouillé de son costume. J'ai tout prévu.

Ne vous ai-je pas dit que j'avais gagné une femme qu'on appelle la Sirène ? Cette femme a fasciné le major Waterley : dans huit jours, cet homme n'aura plus qu'une pensée, qu'une volonté, qu'un but, être l'esclave de la Sirène. Il ne se souviendra même plus qu'il a une femme. D'ailleurs j'ai pris soin de me débarrasser provisoirement de mistress Waterley. Elle n'est plus à Londres.

— Qu'avez-vous donc fait pour cela ?

— Une chose bien simple : elle a reçu une heure après que son mari était sorti pour aller au club, un télégramme qui l'appelait en toute hâte a Glascow auprès de son père qui, disait la dépêche, avait fait une chute de cheval. Elle a fait chercher le major partout ; on ne l'a point trouvé, car il était chez mistress Burton, et la pauvre femme à pris le train de minuit. Elle arrivera demain soir chez son père, qu'elle trouvera bien portant et nous avons trois jours devant nous, en supposant même qu'elle revienne sur-le-champ.

Le major, lui, abruti d'amour et d'opium, est aux genoux de la Sirène.

Elle a la fantaisie de voir son fils. Le major, qui a oublié sa femme, mais a un vague souvenir de celui qu'il croit son enfant, court à Christ's Hospital. Cela se passe demain, je suppose; demain jeudi, jour de congé. Le supérieur du collége laisse l'enfant sortir avec son père, et celui-ci le conduit chez la Sirène.

— Mais, dit le révérend, la difficulté, l'impossibilité même dont je vous parle existe toujours. L'enfant est revêtu de son costume, et vous savez que lorsqu'un père obtient l'admission de son fils à Christ'sHospital, il prend l'engagement de le laisser sous ce vêtement jusqu'au jour où il a terminé son éducation.

— Je sais parfaitement cela, dit miss Ellen. Le major ne violera pas cet engagement. Mais la Sirène le violera, attendu qu'avec le tuyau d'un narghilé, on se débarrassera du major quand on voudra. On déshabillera l'enfant. La Sirène se chargera de lui mettre un joli petit habit bleu ou vert, avec des boutons de métal, ce qui ne peut manquer de l'enchanter.

— Et, alors la police arrivera.

— Ce n'est plus mon affaire, dit miss Ellen, c'est la vôtre.

— Mais enfin dit encore le révérend, vous savez que les arrestations dans les maisons sont très-difficiles.

— Aussi arrêtera-t-on l'enfant dans la rue. A Hyde-Park, par exemple, où la Sirène le conduira à la promenade.

Et, comme il regardait miss Ellen avec une sorte d'admiration, on entendit retentir un coup de sonnette. En même temps le clergyman qui servait de secrétaire au révérend entra.—Voici le magistrat de police et ses secrétaires, dit-il. Le révérend repassa dans son cabinet, où mistress Fanoche attendait, livrée à mille angoisses. — Madame, lui dit-il, l'heure est venue pour vous de faire votre confession pleine et entiere. La porte s'ouvrit et le magistrat de police entra. Alors mistress Fanoche sentit quelques gouttes de sueur perler à son front, et sa vue se troubla, et il lui sembla qu'elle entrevoyait, à travers un brouillard, se dresser la potence devant Newgate et Calcraff la regarder et lui crier: C'est à ton tour maintenant!

IX

Pénétrons à présent chez la Sirène. La Phryné pour qui on se brûle si gentiment la cervelle, la fauve enchanteresse aux yeux de basilic possède une charmante maison dans Portland Place. C'est sir Arthur L..., le malheureux gentleman dont elle repoussait l'amour, et qui s'est tué de désespoir, qui lui a fait ce cadeau d'outretombe. Il avait préparé la maison pour elle; il avait appelé à son aide des architectes, des peintres et des sculpteurs pour orner magnifiquement cette charmante demeure. Il avait peuplé le jardin de statues, entassé dans l'intérieur de la maison des curiosités et des objets d'art; il en avait fait, en un mot, un temple pour son idole. Mais l'idole refusait de l'habiter, lui vivant. Alors sir Arthur fit son testament et se tua. Le testament léguait la maison à la Sirène, et la Sirène en prit possession sans remords. C'est là qu'à dix heures du matin, la courtisane, appuyée à une fenêtre de son boudoir ouvrant sur le jardin, respire l'air et se réchauffe à un pâle rayon de soleil qui a fini par triompher du brouillard. De temps en temps, elle se retourne et jette un regard sur un homme endormi dans un fauteuil. Cet homme est le major Waterley. Il dort, les vêtements en désordre, la barbe défrisée, les cheveux emmêlés. Il dort d'un sommeil lourd et profond, résultat d'une double ivresse, celle du vin et de l'opium.

Dans un coin du boudoir est encore une table chargée des débris d'un souper. A terre, auprès du dormeur, gît sur le tapis le tuyau d'un narghilé. Le major a le front livide, les lèvres pendantes, et ses membres affaissés et ballants semblent attester que toute énergie a disparu de ce corps robuste et bien constitué. La Sirène le regarde de temps en temps; puis elle se remet à la fenêtre, et son œil se dirige au delà du jardin, dont on aperçoit la grille entre deux arbres verts. Elle paraît attendre quelqu'un. En effet, bientôt une voiture s'arrête devant la grille. — Enfin, murmure la Sirène, elle le verra endormi et verra si j'ai tenu ma parole.

Une femme descend de cette voiture; elle est voilée, et il est impossible de voir son visage; mais sa démarche trahit la jeunesse, et peut-être que l'homme gris, s'il était là, aurait, du premier coup d'œil, reconnu miss Ellen Palmure. C'est miss Ellen, en effet, qui revient de chez le révérend Peters Town où tout s'est passé selon ses désirs. Mistress Fanoche, moitié par peur, moitié par cupidité, car on a payé sa trahison quatre mille livres, soit cent mille francs en monnaie française : mistress Fanoche a déposé devant le magistrat de police qu'elle avait confié le véritable enfant du major Waterley et de miss Émily à un homme du nom de Wilton, qui a dû le jeter dans la Tamise, au-dessous du pont de Londres. Mistress Fanoche a avoué, en outre, qu'elle avait présenté au major le petit Irlandais condamné au moulin, et le magistrat a rédigé de tout cela un procès-verbal que la nourrisseuse a signé. Enfin, mistress Fanoche a été admise à fournir une caution de mille livres que miss Ellen a payée pour elle; et grâce à cette caution, elle a pu demeurer chez le révérend, où elle sera à l'abri des représailles de l'homme gris.

Miss Ellen est ardente pour la vengeance. Avant de frapper l'homme gris, avant de le faire tomber dans un piége qu'elle a savamment combiné, miss Ellen veut ruiner toutes ses espérances; avant de l'envoyer à l'échafaud, elle veut qu'il voie de nouveau au moulin cet enfant qui est l'espoir de l'Irlande catholique et opprimée. A peine le magistrat s'était-il retiré, qu'elle a mis le révérend Peters Town en campagne. — Il faut que vous obteniez, lui a-t-elle dit, un homme sûr, investi de toute la confiance du chef de la police. Il ne faut pas confier le soin de cette arrestation à un policeman vulgaire. Et le révérend est parti pour Scotland yard, tandis que miss Ellen courait à Portland place, s'assurer que le major Waterley était aux mains de la Sirène et que celle-ci avait suivi ses instructions à la lettre.

Miss Ellen arrive donc dans le boudoir, et à la vue du major endormi, elle éprouve une vive satisfaction. Son voile est tombé : elle apparait à la Sirène dans toute sa beauté resplendissante et hautaine. La Sirène, qui courbe les hommes sous son regard, baisse les siens devant miss Ellen. L'esclave affranchie est redevenue esclave en présence de la belle patricienne. Miss Ellen s'asseoit, la Sirène demeure debout.

— Que s'est-il passé? demande miss Ellen.

— Je l'ai amené ici à quatre heures du matin. Le major était déjà à demi-fou; il me jurait qu'il me suivrait au bout du monde. Nous avons soupé; il a bu comme un lord d'Écosse. Il paraissait ne plus se souvenir de rien. Cependant, comme le jour paraissait, il a eu un moment de lucidité.

— Oh! mon Dieu! s'est-il écrié, que doit penser mistress Waterley!

Alors je lui ai mis sous les yeux la lettre

que vous aviez envoyée, lui disant que cette lettre était allée le chercher au club, et que du club on l'avait envoyée ici. Cette lettre était de mistress Waterley, qui désespérant de voir rentrer son mari, était partie en lui annonçant qu'elle allait assister aux derniers moments de son père. Cette lettre a paru l'éveiller un moment et le tirer de la torpeur où l'ivresse l'avait plongé. Je lui ai pris alors les deux mains et je lui ai dit : — Donnez-moi une heure encore ; puisque votre femme est partie, que craignez-vous ?

Je l'ai senti frissonner sous mes regards ; en même temps, j'ai appelé Lucy, ma femme de chambre. Lucy est venue, apportant une pipe chargée d'opium. Peut-être eût-il fini par triompher de mes séductions. Mais à la vue de la pipe, sa passion sauvage s'est réveillée ardente. — Vous le voyez, ajouta la Sirène, vous le voyez, milady, maintenant il dort.

— Oui, dit miss Ellen, mais il faudra l'éveiller dans une heure ou deux, en lui imbibant les tempes et les narines avec cette eau. Et miss Ellen présenta à la Sirène un flacon à fermoir doré — Il s'éveillera encore abruti, mais pas assez pour ne pas comprendre ce que vous lui direz.

— Et que lui dirais-je ? demanda la Sirène.

— Écoutez-moi, dit miss Ellen, qui parlait toujours avec l'autorité du maître qui dicte ses ordres à l'esclave.

X

Peut-être s'étonnera-t-on que la Sirène, qui avait vu des hommes du grand monde se rouler à ses pieds en se tordant les mains de désespoir, pour qui d'autres étaient morts, qui n'avait qu'à se montrer à Hyde-Park pour y faire sensation et presque émeute parmi la jeunesse dorée de Londres, fût si humble et si soumise en présence de miss Ellen? C'est que cette femme était esclave au milieu de la libre Angleterrre. Esclave d'un passé nébuleux que tout le monde ignorait et que deux personnes connaissaient: le révérend Peters Town et miss Ellen. Un jour, miss Ellen avait eu besoin pour ses projets ténébreux d'une femme assez belle pour tourner la tête à un homme, assez criminelle pour qu'on osât lui demander tout, assez docile pour qu'on fût sûr de son obéissance. Le révérend Peters Town avait découvert la Sirène, Les prêtres anglicans sont bien autrement forts que qui que ce soit pour sonder la vie privée, s'emparer des consciences et exercer une police mystérieuse. Le clergé de Londres traque ces pauvres créatures qui se sont réfugiées dans l'amour comme dans une profession. De temps en temps, il obtient de la police qu'elle fasse une rafle, à trois heures du matin, sous les arcades de Régent street. Et quand une créature est assez haut placée par ses relations, pour échapper à l'action directe de la police, on se livre à de secrètes investigations sur son passé.

Or la Sirène, à quinze ans, avait commis plusieurs vols. Elle se nommait alors Anna Betlam, et elle était juive de naissance. Condamnée à dix ans de réclusion, elle était parvenue à s'échapper, à quitter l'Angleterre et à se réfugier en France d'abord, puis en Italie. Sa beauté lui avait fait, en quelques années, une véritable opulence. Sûre d'être oubliée, elle avait osé revenir à Londres, et, depuis un an, elle voyait tous les dandies à ses pieds, lorsque le révérend Peters Town avait fini par découvrir son identité. Il allait sans doute la signaler à la police, au moment où miss Ellen était intervenue. — Voici la femme dont nous avons besoin, avait-elle dit.

Le soir même, voilée, gardant le plus strict incognito, elle s'était présentée chez la Sirène et l'avait saluée de son vrai nom d'Anna Betlam. La Sirène avait pâli et balbutié. Alors miss Ellen lui avait dit : — Il s'agit pour vous de retourner en prison ou de me servir. Je ne vous demanderai rien qui sorte de vos habitudes et vous serez royalement payée. Et la Sirène, moins pour l'amour de l'argent, que par terreur, était devenue l'esclave docile de miss Ellen.

— Écoutez-moi donc, reprit celle-ci. Vous savez le rôle que vous devez jouer quand l'enfant sera ici? Hier encore, en sachant à quel dégré de fascination serait parvenu le major, je n'avais pas fixé le jour. Aujourd'hui, je sais qu'il est temps d'agir. Quand le major s'éveillera, il est probable que deux souvenirs lui reviendront aussitôt. Il pensera à sa famille, d'abord.

— Et à son enfant, ensuite?

— Justement. Vous enverrez un valet de pied à l'hôtel où il loge et le valet de pied rapportera une fausse dépêche de miss Emily, que voici. Miss Ellen remit la dépêche à la Sirène. Elle était enfermée dans une enveloppe non scellée et ainsi conçue :

« Cher ami, arrivée à Glascow. Mon père
» hors de danger. Je reste trois ou quatre jours
» avec lui. Dans cinq, je serai à Londres. »

Quand la Sirène eut pris connaissance de cette dépêche, miss Ellen lui dit : — Le major rassuré sur sa femme ne demandera pas mieux que de passer à vos pieds les quatre jours de liberté qu'on lui annonce. Mais il se souviendra que c'est aujourd'hui jeudi et qu'il a coutume d'aller chercher celui qu'il croit son fils à Christ's Hospital et de l'emmener à la promenade. Vous lui direz alors : — Allez, mon ami, je serai bien-heureuse de le voir, et je l'aimerai de tout mon cœur, pour l'amour de vous. Le reste me regarde. Vous avez compris, n'est-ce pas ?

— Oui, dit la Sirène.

— L'enfant déjeunera ici ; vous aurez soin que le major boive de ce vin de Porto que je vous ai envoyé et auquel est mêlé un puissant narcotique. Il s'endormira. Alors vous montrerez à l'enfant les beaux habits que je vais vous faire apporter et vous les lui ferez revêtir ; il ne demandera pas mieux, car cette affreuse soutane le gêne horriblement.

— Et à quelle heure irai-je à Hyde-Park ?

— A trois heures. Vous entrerez par la porte de Pall-Mall, à pied, en donnant la main à l'enfant. Vous irez vous promener au bord de la Serpentine. Je passerai à cheval et je vous ferai un petit signe qui voudra dire que les policemen sont là. Ces dernières instructions données, miss Ellen quitta la Sirène, et ayant abaissé de nouveau son voile épais sur son visage, elle remonta en voiture. Cette fois, elle rentra chez elle.

Lord Palmure, qui était demeuré au club jusqu'au jour, s'était mis au lit en rentrant, avec la persuasion que sa fille dormait depuis longtemps. En revanche, miss Ellen trouva un homme qui l'attendait dans l'antichambre de son appartement. C'était un homme d'apparence robuste bien qu'il eût des cheveux gris. Il portait des lunettes bleues, et il était enveloppé dans un manteau qui lui descendait jusqu'aux pieds. Il présenta une lettre à miss Ellen ; elle était du révérend Peters Town.

« Je vous envoie, disait-il, un homme qu'on m'a donné à Scotland yard comme habile et résolu, il arrêtera l'enfant, sans esclandre, et fera la chose si lestement qu'il est probable que personne n'y fera attention. Cependant, comme il est probable aussi que les Irlandais surveillent celui qu'ils considèrent comme leur chef dans l'avenir, il faut prévoir quelque résistance. L'agent Barnel que je vous envoie sera fortement escorté. »

Miss Ellen ayant lu cette lettre, regarda le personnage. Son apparence lui plut ; et il lui sembla qu'elle avait devant elle un homme calme et résolu. — Vous savez qu'il y a une prime de mille livres pour vous ? lui dit-elle.

L'agent s'inclina. — Mais, dit-il, je ne connais pas l'enfant.

— Soyez à trois heures à la porte de Pall-Mall, à Hyde-Park, je vous le montrerai.

L'agent s'inclina, et se retira en saluant miss Ellen jusqu'à terre.

XI

Ce même jour-là, bien avant que le soleil parût, et que le brouillard eût acquis cette transparence qui est le véritable jour de Londres, une lumière brillait dans les combles de Christ's Hospital, tremblotant derrière les rideaux d'une petite fenêtre mansardée. Cette fenêtre était celle d'une chambre dans laquelle travaillait une jeune femme. C'était une des lingères du collége. De temps en temps elle interrompait son travail pour s'approcher de la fenêtre, soulever un peu le rideau et regarder dans la rue. Elle n'attendait cependant personne du dehors, et l'accès de Christ's Hospital n'est pas facile aux étrangers. Non, ce dont elle voulait se rendre compte, c'était de l'heure matinale, par les insensibles progrès de l'aube blanchissant peu à peu la brume noirâtre qui estompait la cime des toits voisins. Elle attendait sept heures avec impatience. Pourquoi? Enfin, sept heures sonnèrent. Au même instant une cloche se fit entendre.

Cette cloche sonnait le réveil des élèves de Christ's Hospital. Nous l'avons dit déjà, Londres n'est pas une ville matinale; on s'y couche tard et on s'y lève plus tard encore. En France, les lycées sont sur pied à cinq heures en été, à six heures, au plus tard, en hiver. En Angleterre, les classes ne commencent guère avant huit heures. Maintenant, si l'on veut savoir pourquoi la lingère attendait ce moment du lever avec tant d'impatience, il suffira de rappeler que le major Waterley, se rendant pour la première fois chez lord Wilmot, ce personnage excentrique, au dire de mistress Fanoche, qui voulait adopter son fils, avait vu auprès de Ralph une femme qu'on lui avait donné comme sa nourrice. Et quand on se rappellera encore que l'homme gris avait su faire admettre Jenny l'Irlandaise comme lingère à Christ's Hospital, on devinera que c'était elle qui travaillait, bien avant le jour, dans sa chambrette. Dix minutes s'étaient à peine écoulées depuis que la cloche du réveil avait retenti lorsqu'on frappa doucement à la porte. Jenny courut ouvrir.

Ralph entra et se jeta à son cou. L'enfant était devenu plus sérieux encore, depuis qu'il portait la soutane bleue et les bas jaunes.

— Ah! mère, dit-il, cela m'a paru bien long depuis hier.

— Tais-toi, parle bas, dit l'Irlandaise avec un geste d'effroi. Tu sais bien ce que je t'ai dit, mon enfant. Je ne suis que ta nourrice, et nous serions perdus si on savait la vérité.

— On me renverrait au moulin, n'est-ce pas? dit Ralph avec un accent d'effroi.

— Hélas! oui, mon enfant; c'est déjà beaucoup qu'on te permette de venir m'embrasser tous les matins. Mon bien-aimé, dit Jenny qui avait pris l'enfant sur ses genoux, c'est aujoud'hui fête et congé pour toi, sais-tu?

— Oui, mère, et ce monsieur qu'il faut que j'apelle mon père, va venir me chercher pour me conduire à la promenade. Il est bien bon pour moi, du reste. Et la dame, celle que je ne peux pas arriver à appeler maman? Oh! elle me couvre de larmes... Mais alors, je pense à toi et j'ai envie de pleurer.

— Eh bien! il ne faut pas, dit la pauvre Irlandaise; il faut t'efforcer de l'aimer, mon cher petit.

Tiens, songe à une chose, aujourd'hui. C'est que tu me verras deux fois.

— Oh! quel bonheur! dit l'enfant en frappant dans ses deux mains. Comment cela, maman?

— Moi aussi, je sors aujourd'hui. Le directeur de la maison sait que je suis catholique, et j'ai la permission d'aller à la messe à Saint-Gilles deux fois par semaine. A quelle heure vient-il te chercher, monsieur Waterley?

— Habituellement, c'est à dix heures.

— Eh bien! dit Jenny, j'irai à la messe auparavant; puis, au lieu de rentrer tout de suite, j'attendrai dans la rue, à la porte du collége, et quant tu sortiras, je te verrai. — Quel bonheur! répéta l'enfant.

Un nouveau coup de cloche se fit entendre alors. Ce coup de cloche annonçait que les élèves quittaient le dortoir pour se rendre dans les cours. — Déjà! fit l'Irlandaise avec tristesse.

— Adieu, mère, au revoir, ma petite mère chérie, fit Ralph, qui se suspendit au cou de l'Irlandaise. — A bientôt, dit-elle d'une voix émue. Et l'enfant s'en alla rejoindre ses condisciples.

Une heure après, Jenny l'Irlandaise, vêtue proprement et simplement, comme une femme d'humble condition, entrait à Saint-Gilles. Un homme assistait à l'office divin, tout auprès de la porte, et tourna la tête en voyant entrer Jenny. C'était le vieux sacristain de l'église Saint-Georges, que son curé avait envoyé porter une lettre à l'abbé Samuel, et c'était précisément l'abbé Samuel qui disait la messe. Le vieillard s'approcha de Jenny et lui dit :

— L'abbé Samuel m'a placé ici en me recommandant de guetter votre arrivée. — Il veut absolument vous voir.

Une vague inquiétude s'empara de l'esprit de Jenny. Elle songea à son fils. Que pouvait lui vouloir l'abbé Samuel ? L'office divin achevé, elle se dirigea en toute hâte vers la sacristie. Alors le prêtre qui venait de quitter ses habits sacerdotaux accourut à sa rencontre et lui dit :

— Mon enfant, un nouveau danger menace votre fils. On veut l'enlever de Christ's Hospital, ajouta l'abbé Samuel. La mère pâlit et joignit les mains.

— J'ai reçu hier soir un billet de l'homme gris. Le voilà... Et l'abbé Samuel tira de sa poche un papier qu'il tendit à la jeune femme toute tremblante.

XII

Le billet écrit par l'homme gris à l'abbé Samuel, était daté de la veille et ainsi conçu : « Un nouveau péril menace l'enfant. Quel est-il? Je l'ignore, mais je le saurai bientôt. On veut l'enlever de Christ's Hospital. Plus que jamais il faut veiller. Si vous voyez sa mère, dites-lui qu'elle se tienne sur ses gardes. »

— O mon Dieu! mon Dieu! murmura la pauvre mère, que va-t-il donc nous arriver encore?

— Ma fille, répondit l'abbé Samuel, ne craignez rien. Dieu nous protégea. Seulement, veillez, retournez au plus vite à Christ's Hospital et ne perdez pas votre fils de vue.

— Mais, mon père, dit Jenny, c'est aujourd'hui qu'il sort? N'est-ce pas jeudi? Celui qui croit être son père, va venir le chercher comme à l'ordinaire, pour le conduire à la promenade.

— Eh bien! dit l'abbé Samuel, tachez de le voir avant qu'il ne sorte. Et recommandez-lui bien de ne pas quitter sa soutane et ses bas jaunes, sous aucun prétexte: tant qu'il portera ce costume, il ne peut rien lui arriver de fâcheux, et il est inviolable.

Jenny partit de Saint-Gilles. En route, elle se demandait comment elle pourrait voir son fils, avant qu'il ne sortit, si elle ne l'attendait pas dans rue. Et, comme elle ne trouvait pas d'autre moyen, elle se résigna à attendre à la porte, au lieu d'entrer. Il y avait en face de la grille de Christ's Hospital un *pastry cook*, c'est-à-dire un pâtissier. Jenny entra chez lui, choisit deux brioches sur le comptoir, demanda un verre de gin étendu d'eau, et se mit à manger, non pour, apaiser sa faim, mais pour avoir le droit de rester dans la boutique, afin de voir dans la rue sans être vue. Elle attendit longtemps, deux heures peut-être. Enfin un gentleman se montra dans la rue et descendit d'un cab qui s'arrêta, devant la grille du collége. Ce gentleman était le major Waterley, et Jenny le reconnut aussitôt. Alors elle jeta six pence sur le comptoir du pâtissier et sortit; puis elle aborda le major au moment où celui-ci s'apprêtait à sonner. Du moment où le gentleman ne renvoyait point le cab, il fallait, si Jenny voulait parler à son fils, qu'elle s'adressât au major. Le major Waterley avait le visage pâle, les yeux mornes, la lèvre pendante, comme un fumeur d'opium au réveil.

Tout s'était passé comme l'avait ordonné et prévu miss Ellen. En sortant de ce sommeil léthargique et abruti qui suit l'ivresse du hatchis, le major avait vu la Sirène auprès de lui. D'abord, il ne s'était souvenu de rien et avait demandé où il était. Puis, tout à coup, jetant un cri, il avait prononcé le nom de miss Emily. Alors la Sirène avait mis sous ses yeux la fausse épitre. Miss Emily n'était plus à Londres ; elle était à Glascow, c'est-à-dire à plus de cent lieues et pendant quatre jours, le major serait libre et la Sirène lui apparut si belle, qu'il ne se souvint même pas de l'écolier de Christ's Hospital. Mais, voyant qu'il n'en parlait pas, la Sirène lui dit : — Vous oubliez donc ce que vous avez à faire aujourd'hui, mon ami ? Et votre fils ? N'allez-vous donc pas le chercher pour le conduire à Hyde-Park.

— C'est donc aujourd'hui jeudi ? — Je ne m'en souvenais plus, dit-il.

— Eh bien ! je m'en souviens, moi, car je veux le voir. Du moment où il est votre fils, je l'aime. Et le major frissonna de volupté à ces paroles ; il rassembla ce qui lui restait d'énergie et de raison, et il prit le chemin de Christ's Hospital. En route, il se répétait machinalement, et comme un véritable maniaque, les derniers mots de la Sirène : — Je vous attends tous les deux pour déjeuner. Toute sa raison, toute sa lucidité d'esprit s'étaient réfugiées et concentrées dans cette idée qu'il allait déjeuner avec *elle*. Aussi, quand Jenny l'Irlandaise se montra et le salua, la regarda-t-il avec étonnement. Il ne la reconnaissait pas. —

Qui êtes-vous? lui dit-il. Que voulez-vous?.

— Je suis la nourrice de votre fils, et je veux voir mon cher enfant, dit-elle avec émotion.

— Eh bien! vous le verrez quand je sortirai.

Et il rentra, laissant Jenny à la porte. Un horrible pressentiment s'était emparé de la pauvre mère. Elle avait vu le major plusieurs fois déjà, il lui avait paru un homme doux et intelligent. Maintenant elle revoyait un homme abruti et brutal. Cette métamorphose n'était-elle pas l'œuvre de ceux qui voulaient s'emparer de Ralph? Le cœur de la mère avait deviné une partie de la vérité. Une demi-heure s'écoula encore. Enfin la grille se rouvrit et le major reparut, tenant Ralph par la main. L'enfant aperçut sa mère, eut un cri de joie et se jeta dans ses bras. Le major regardait d'un œil stupide.

Mais Jenny ne perdit pas un temps précieux. Elle approcha ses lèvres de l'oreille de l'enfant et lui dit : — Promets-moi bien de faire ce que je te dirai. Sous aucun prétexte, mon bien-aimé, dit-elle encore dans ce patois irlandais qui était comme la langue maternelle de l'enfant, sous aucun prétexte, ne quitte le vêtement que tu portes. Me le promets-tu?

— Oui, mère.

— Allons, adieu, bonne femme, dit le major. Et il repoussa Jenny et fit monter l'enfant dans le cab. La pauvre mère demeura là un moment, les yeux pleins de larmes, regardant le cab s'éloigner. Et comme il disparaissait au coin de la rue, et qu'elle s'apprêtait à rentrer dans Christ's Hospital, un nègre vint à passer. — Jenny? dit-il. L'Irlandaise se retourna et lui dit : — Vous me connaissez? — Oui. Je suis Shoking, suis-moi et ne crains rien, l'homme gris veille sur ton enfant. Et lui prenant le bras, l'ex-marquis espagnol entraîna la mère de Ralph loin de Christ's Hospital.

XIII

Cependant le major emmenait Ralph. Le petit Irlandais, qui avait déjà le caractère d'un homme, se rappelait la recommandation de sa mère, et bien qu'il n'en pût comprendre le motif, il était bien résolu à obéir. Le major ne s'aperçut pas, tant il était absorbé lui-même, du silence que gardait l'enfant ordinairement assez causeur. A Londres, où les distances sont énormes, il n'y a qu'une rapide course de cab de Christ's Hospital dans Newgate street, à Portland place. Ce fut l'affaire de vingt minutes. En voyant le cab s'arrêter devant la grille du jardin de la Sirène, l'enfant ne se reconnut pas, et il en témoigna tout son étonnement, — Pourquoi sommes-nous ici? dit-il.

Cette question arracha le major à l'atonie dans laquelle il était retombé. — Mon ami, répondit-il, ta mère est absente, elle est en voyage et je te mène chez une dame de mes parentes. L'enfant ne souffla mot et suivit docilement le major. Il suffisait qu'on lui parlât de miss Émily pour qu'il songeât à sa véritable mère et devint tout triste. La Sirène se promenait dans le jardin, attendant avec impatience. Quand elle vit paraître le major, tenant l'enfant par la main, elle s'empressa de venir à leur rencontre. — Oh! qu'il est mignon et joli ! dit-elle.

Et elle le prit dans ses bras et le couvrit de caresses. Il y a des rapprochements bizarres, des affinités inexplicables, des sympathies qui naissent à première vue et nous font aimer, sur-le-champ, des gens que nous voyons pour la première fois. Ralph, qui savait bien que miss Émily n'était point sa mère, en dépit des caresses qu'elle lui prodiguait, ne s'était jamais senti attiré vers elle. Elle lui apparaissait même comme coupable d'usurpation, et il y avait chez lui un sentiment de jalousie, qui tenait de l'amant plutôt que du fils. Ralph avait une adoration, sa mère. Il avait donc éprouvé une aversion instinctive pour celle qui en prenait le titre. Cette aversion n'existait pas chez lui pour le major et la raison en était bien simple encore : il n'avait point connu son vrai père. Eh bien! chose étrange! il éprouva une sympathie mystérieuse et subite pour la Sirène. Les cheveux noirs, le teint mat et blanc, les dents éblouissantes de la pécheresse, lui donnaient comme une vague ressemblance avec Jenny l'Irlandaise. Et puis, cette femme qui fascinait les hommes, était non moins habile à séduire les enfants. Ralph se laissa embrasser et il dit naïvement à la Sirène : — Oh! vous êtes bien belle, madame.

— M'aimes-tu déjà? fit-elle.

— Oui, madame.

Elle l'embrassa de nouveau, tandis que l'amoureux major la contemplait avec extase et lui baisait respectueusement la main. Il etait onze henres, le moment du déjeuner. L'enfant qu'elle plaça à côté d'elle fut ébloui par ce luxe de cristaux et de vaisselle plate qui régnait sur la table. Des vins jaunes comme de l'ambre miroitaient dans des carafons taillés à facettes; des fruits de toute beauté emplissaient des corbeilles de porcelaine de Sèvres, pâte tendre; des mets exquis et usque-là inconnus à Ralph fumaient dans des une vague ressemblance avec Jenny l'Irlandaise. Et puis, cette femme qui fascinait les hommes, était non moins habile à séduire les enfants. Ralph se laissa embrasser et il dit naïvement à la Sirène : — Oh! vous êtes bien belle, madame.

— M'aimes-tu déjà? fit-elle.

— Oui, madame.

Elle l'embrassa de nouveau, tandis que l'amoureux major la contemplait avec extase et lui baisait respectueusement la main. Il était onze heures, le moment du déjeuner. L'enfant qu'elle plaça à côté d'elle fut ébloui par ce luxe de cristaux et de vaisselle plate qui régnait sur la table. Des vins jaunes comme de l'ambre miroitaient dans des carafons taillés à facettes; des fruits de toute beauté emplissaient des corbeilles de porcelaine de Sèvres, pâte tendre; des mets exquis et jusque-là inconnus à Ralph fumaient dans des plats d'argent et répandaient des parfums âcres et pénétrants. Le major, qui sortait à peine d'une première ivresse, fut bientôt retombé dans une seconde. Les vins étaient capiteux et lui montaient à la tête, comme le sourire de la Sirène et les dernières fumées du hatchich. Quant à l'enfant, la Sirène lui versait du bordeau qu'elle additionnait d'eau. C'était là encore une recommandation de miss Ellen qui avait pensé que, si l'enfant se laissait dépouiller de bonne grâce de son costume, il était inutile de le griser.

Avant la fin du repas, le major s'endormit. L'abrutissement avait repris tout son empire. Depuis qu'il était à Christ' Hospital, Ralph, qui sortait tous les huit jours, avait pris goût à ces promenades que ses prétendus parents lui faisaient faire en voiture dans Hyde Park et dans Zoological Gardens. De secrets instincts aristocratiques et dominateurs se développaient en lui, à la vue de ces beaux équipages, de ces fringants cavaliers qui emplissent les jardins publics, par les belles après midi. Aussi, en voyant le major fermer les yeux, le pauvre enfant dit-il d'une voix désolée : — Je n'irai donc pas à Hyde Park aujourd'hui?

— Je t'y mènerai, moi, mon petit ami, lui dit la Sirène.

— Vous, madame?

— Oui, mon enfant. Tiens, regarde par la croisée, vois-tu la voiture toute prête? En effet, Ralph, qui était néanmoins un peu étourdi, s'était approché de la croisée, et il put voir dans la cour un joli landeau découvert, attelé de deux magnifiques chevaux qu'un cocher poudré et vêtu d'une livrée bleue et blanche à gros boutons d'or, tenait en mains. — Oh! la belle voiture! dit-il naïvement. La Sirène sonna. Une femme de chambre presqu'aussi jolie qu'elle, entra alors et vint étaler sur un canapé, entre les deux croisées, un petit chapeau gris à plumes de coq de bruyères, un pantalon bouffant et serré au genou couleur bleu de ciel et une charmante veste de velours cerise à brandebourgs noirs. — Qu'est-ce que cela, madame? dit l'enfant en regardant ces objets.

— Mon petit ami, répondit la Sirène, c'est pour toi. Je veux que tu sois, à Hyde Park, le plus joli et le plus mignon des jeunes gentlemen qui jouent à la balle au bord de la Serpentine. N'est-ce pas que ces habits-là sont plus beaux que cette vilaine souquenille qui te fait ressembler à un enfant de chœur? — Oh! oui, madame, dit Ralph avec un soupir, mais je ne veux pas quitter ma soutane. Maman me l'a défendu.

— Mais ta maman est en voyage, elle ne le saura pas.

— Oh! ce n'est pas de celle-là que je parle... De... ma nourrice... celle que j'appelle maman aussi.

— Alors tu ne veux pas?
— Non, madame.

Et Ralph eut un accent de volonté dont la Sirène comprit qu'elle ne triompherait pas par la persuasion — Allons, pensa-t-elle, il faut user des moyens énergiques de miss Ellen. Elle fit un signe, et la camérière emporta le charmant costume. En même temps, elle versa au petit Irlandais deux doigts de ce vin jaune que l'enfant couvait du regard depuis qu'il était à table et dont il n'avait pas osé demander jusque-là.

XIV

L'enfant avait bu sans défiance, et il continua à babiller avec la Sirène, qui avait pris sur lui un mystérieux ascendant. Cependant, au bout de quelques minutes, un singulier phénomène se produisit : l'enfant n'éprouva ni lourdeur, ni somnolence, ni aucun des effets ordinaires qui résultent de l'absorption d'une liqueur falsifiée ; mais il fut pris d'un redoublement de gaieté, et, voyant le major endormi, il se mit à rire aux larmes. Les rapports continuels des Anglais avec les Indes leur ont livré plus d'un secret. Dans l'Inde, il y a des végétaux dont le suc amène une folie momentanée et fait perdre le souvenir. C'était une substance de ce genre que miss Ellen avait mélangée au vin de Xérès dont l'enfant venait de boire un demi-verre. Ralph perdit presque subitement la mémoire. Il demanda, en montrant le major, quel était ce monsieur. Puis, s'étant regardé dans une glace, il trouva que sa soutane était fort laide. Alors la Sirène lui dit :

— Mais tu ne veux donc pas la quitter ?

— Oh! si, fit-il, c'est trop laid.

— Mais ne m'as-tu pas dit que ta mère ne voulait pas?

— Ma mère? fit-il encore comme cherchant à retenir un souvenir fugitif : Puis regardant la Sirène : — Mais c'est toi, ma mère, dit-il. Et il lui sauta au cou.

Dès lors, la Sirène fut maîtresse de la situation. Elle sonna de nouveau, et la femme de chambre reparut avec les beaux vêtements. Ralph tomba devant eux en extase. En un tour de main, les deux femmes le dépouillèrent de sa soutane bleue et de ses bas jaunes ; puis elles lui ajustèrent les jolis habits envoyés par miss Ellen. — Viens, dit alors la Sirène en le prenant par la main ; nous allons nous promener.

Quelques secondes après, il était sur les coussins de soie du landau. auprès de la Sirène, et le fringant équipage, descendant Hay Market, entrait dans Pall-Mall et se dirigeait vers cette porte de Hyde Park auprès de laquelle miss Ellen avait donné rendez-vous à l'agent de police en cheveux blancs, qui devait s'emparer de Ralph et le conduire en prison. Cet homme était son poste et miss Ellen aussi. La belle patricienne montait un cheval bai brun qui caracolait à l'entrée du parc et qu'elle maniait avec une adresse et une grâce parfaites. L'agent, vêtu en gentleman, était à pied, auprès de la grille, à dix pas de miss Ellen qui allait et venait, s'éloignait au galop, revenait ensuite, faisait volter sa monture et ne perdait pas de vue un seul instant la porte par où devait arriver la Sirène. Chaque fois qu'une voiture entrait et qu'il y avait un enfant dans cette voiture, l'agent regardait miss Ellen d'un air qui voulait dire : — N'est-ce point cela ?

— Non, répondait miss Ellen d'un léger signe de tête. Enfin la voiture de la Sirène parut. Miss Ellen sourit à la courtisane, et le landau entra dans Hyde Park. Alors miss Ellen s'approcha de l'agent. — Les voilà, dit-elle.

— Bien, dit celui-ci. Nos hommes sont disséminés un peu partout, mais je vais les rallier.

— Je ne crois pas que vous éprouviez de la résistance, lui dit miss Ellen. L'enfant a dû boire une certaine liqueur qui lui ôte momentanément la mémoire.

— Et quant aux Irlandais, dit à son tour l'agent, je crois qu'ils ne se doutent de rien, et qu'il n'y en a aucun dans le parc.

Quelques minutes après, la Sirène se promenait au bord de la Serpentine, tenant par la main Ralph, qui continuait à l'appeler maman. Une demi-douzaine de gentlemen à pied suivaient à distance. Miss Ellem, un peu plus loin, observait du coin de l'œil ce qui allait se passer. Tout à coup, à un endroit où la rivière faisait un coude assez brusque, l'agent de police aux cheveux blancs s'approcha de la Sirène. Celle-ci s'arrêta :
— Que me voulez-vous ? dit-elle.

— Je suis, dit-il tout bas, celui que vous attendez. Suivez-moi, je vais monter avec vous dans votre voiture pour sortir du parc. Il est inutile d'attirer l'attention. Le landau de la Sirène suivait à quelque distance. Elle ne se fit pas prier. Sur un signe d'elle, le cocher s'arrêta. Alors l'homme aux cheveux blancs lui offrit la main, et la Sirène monta en voiture la première. Puis il y monta lui-même et dit au cocher : — Trafalgar square Le landau sortit d'Hyde Park. Miss Ellen, toujours à distance, en sortit pareillement et elle se mit à longer Pall-Mall que le landau traversait rapidement. Au milieu de Trafalgar square, au pied même de la statue de Charles 1ᵉʳ, un fiacre attendait. Sur l'ordre de l'agent, le landau s'en approcha. Alors miss Ellen, qui s'était arrêtée à une centaine de pas, put voir l'agent de police aux cheveux blancs descendre du landau, prendre l'enfant dans ses bras, le jeter vivement dans le fiacre, se placer auprès de lui, fermer la portière et crier au cabman : — Bath square !

Bath square, nous l'avons déjà dit, est l'abréviation de *Cold Bath field* la prison où tourne le terrible moulin. Le fiacre s'éloigna rapidement et la Sirène donna à son cocher l'ordre de retourner à Hyde Park. Alors miss Ellen s'approcha du landau en caracolant et dit à la pécheresse : — C'est bien, vous pouvez être tranquille désormais, vous recevrez la prime que je vous ai promise. Et elle s'éloigna, murmurant avec un accent de triomphe : — Voici ma première victoire sur l'homme gris, mais elle est complète !...

XV

Miss Ellen, on le pense bien, n'avait pas préparé toute seule l'arrestation de Ralph et sa réintégration à Cold Bath field. Le révérend Peters Town avait agi non moins activement qu'elle. C'était lui qui avait obtenu l'ordre d'arrestation, lui qui avait demandé à la police un agent habile, lui, enfin, qui, en fournissant des notes sur la Sirène, avait permis d'employer utilement cette femme. Miss Ellen avait été le général qui ordonne le plan de bataille, mais le révérend avait fourni les indications, les renseignements et les soldats. La patricienne avait donné rendez-vous au révérend dans Hyde Park, à l'heure où l'arrestation devait être opérée. L'un et l'autre, du reste, n'avaient pas été sans inquiétude, jusqu'au moment où la Sirène et l'agent de police aux cheveux blancs étaient ressortis de Hyde Park sans que personne fît attention à eux et à l'enfant qu'ils emmenaient. Ils étaient en droit de supposer, l'un et l'autre, que les Irlandais veillaient sur Ralph nuit et jour, et qu'il ne devait pas faire un pas hors de Christ's Hospital. L'événement avait démenti cette opinion. On avait enlevé le chef futur de la cause irlandaise aussi facilement qu'on arrête un pick-pockett.

Aussi miss Ellen, descendant Parliament street, rencontra-t-elle le révérend Peters Town dans la voiture où il s'était tenu en observation et qui était sortie de Hyde-Park en traversant Saint-James. La jeune fille fit un signe au groom qui la suivait à distance, monté sur un robuste poney, et celui-ci accourut au galop. Miss Ellen lui jeta sa bride, se laissa glisser à terre, et monta dans le coupé du révérend. — Eh bien! lui dit-elle, qu'en pensez-vous?

— C'est fait, dit le révérend avec un accent de joie passionnée. J'ai envoyé mon clergyman à Cold Bath fields et il assistera à la réintégration du petit misérable au moulin.

— Ah! mon révérend, dit miss Ellen avec un sourire moqueur, vous oubliez que vous parlez de mon cousin le plus germain. Le révérend regarda miss Ellen : — Je ne pense pas, cependant, dit-il, que vous le vouliez prendre sous votre protection?
— Pardon, dit mis Ellen, j'ai des projets sur lui. Elle consulta une charmante petite montre qui pendait à sa ceinture :

— Est-ce chez vous ou chez moi, dit-elle, que l'agent doit venir toucher la prime de mille livres que nous lui avons promise?

— Chez vous. — Mais il ne viendra certainement pas avant une heure. — Il faut plus d'une heure pour que les formalités de l'incarcération soient remplies.

— Alors nous avons pour le moins une heure à rouler. Dites à votre cocher de rentrer dans Saint-James et de prendre l'allée la moins fréquentée. Le révérend transmit l'ordre indiqué par miss

Ellen, et, tandis que la voiture roulait dans Saint-James, la jeune fille reprit : — Mon père avait formé un premier projet que ces misérables Irlandais ont déjoué jusqu'à ce jour. — Ralph, continua miss Ellen, est le fils unique et légitime de sir Edmund, son frère, mort sur l'échafaud à Dublin et dont l'immense fortune a été confisquée. — Mon père avait donc songé à s'emparer de la mère, à élever l'enfant dans la haine de l'Irlande, à me le faire épouser et ensuite, à obtenir de la reine la restitution de la fortune confisquée.

— Malheureusement, dit Peters Town, cela n'est plus possible aujourd'hui, parce que l'enfant est condamné et que la justice ne lâche pas ses prisonniers.

—Vous oubliez que mon père est membre du Parlement et que rien ne lui serait plus facile que d'obtenir son élargissement. S'il réclame l'enfant, il lui sera rendu.

— Vous avez raison, dit le révérend, mais ne pensez-vous pas que cet enfant est déjà Irlandais par le cœur?

—Quand nous l'aurons séparé à jamais de sa mère, quand l'homme gris aura été pendu, nous n'aurons plus rien à craindre et nous l'élèverons comme bon nous semblera. Miss Ellen parlait avec une telle assurance, que le révérend Peters Town ne fit plus d'objection. Seulement il dit à miss Ellen :

— Mon jeune clergyman doit venir aussitôt que tout sera fini à Bath square.

— Vous lui avez donné rendez-vous chez moi? Eh bien! entrons, dit miss Ellen, qui avait hâte d'apprendre que Ralph était réinstallé au moulin. Et le coupé du révérend sortit de Saint-James, prit la route de Belgrave square et le prêtre et la jeune fille rentrèrent dans l'hôtel de Chester street par cette petite porte du jardin qui s'était ouverte si souvent, pendant la nuit, devant de mystérieux visiteurs. Puis ils allèrent s'asseoir dans le pavillon entouré d'arbres où ils avaient tenu plus d'un conciliabule nocturne. Une heure s'écoula, puis deux, puis un troisième. — Voilà qui est singulier, dit enfin Peters Town, mon clergyman ne revient pas.

— Et je ne vois pas davantage l'agent de police venir toucher sa prime. Ces gens-là sont pourtant assez pressés d'ordinaire.

Enfin la sonnette de la petite porte du jardin se fit entendre. — Je vais ouvrir, dit Peters Town. C'était le clergyman qui sonnait. Eh bien? dit le révérend, aussitôt que le jeune prêtre eût franchi le seuil de la porte.

— Eh bien! répondit le clergyman, qui paraissait quelque peu bouleversé, voici trois heures que le directeur de Cold Bath fiels attend et qu'il ne voit rien venir; l'enfant n'a pas été arrêté sans doute. — Est-ce possible? s'écria Peters Town.

— Mais si, dit miss Ellen, qui accourait derrière le révérend, il a été arrêté sous nos yeux.

— Alors je ne sais pas où on l'a conduit.

— Peut-être à Mil bank ou à Newgate, dit le révérend.

— Non, répondit miss Ellen, cela est impossible. J'ai entendu l'agent dire au cocher : Conduisez-nous à Bath square. — Les Irlandais l'auront délivré pendant le trajet. Miss Ellen était devenue pâle de fureur. — Oh! dit-elle, si cela était!

Le révérend s'écria, en regardant le clergyman :
— C'est à croire que vous êtes fou!... Et il s'élança vers la porte :

— Où allez-vous donc? lui demanda miss Ellen.

— Je vais... je vais... parbleu! fit-il avec un accent de rage, je vais savoir ce qui est arrivé... Le jeune clergyman était trop timide pour oser rester en tête-à-tête avec une aussi belle personne que miss Ellen. Il suivit son chef. Quant à miss

Ellen, elle demeura seule, écumante, hors d'elle-même, se disant : — Si on a délivré l'enfant, quel autre a pu le faire que ce démon qui a nom l'homme gris ?

XVI

Pendant quelques minutes, miss Ellen se promena sous les grands arbres du jardin, d'un pas inégal, saccadé ; elle avait les cheveux au vent, l'œil en feu. On eût dit une lionne captive qui fait, en rugissant, le tour de sa cage. Mais un nouveau coup de sonnette se fit entendre Elle courut ouvrir, et elle jeta un cri en se voyant face à face avec le vieil agent de police qui avait arrêté l'enfant à Hyde-Park. Le bonhomme avait aux lèvres ce sourire placide et plein de finesse cependant, qui avait donné à miss Ellen une haute opinion de ses mérites. — Pardonnez-moi, dit-il en saluant jusqu'à terre, de venir aussi tard. Mais pour mener les choses à bien, il faut le temps. Le calme de cet homme, le petit accent de triomphe qui perçait dans sa voix annonçaient une pleine réussite et non une défaite, et miss Ellen stupéfaite s'écria : — Mais il ne vous est donc rien arrivé ?

La physionomie du bonhomme exprima alors

un véritable étonnement. — Je ne comprends pas, dit-il.

— L'enfaut?...

— Eh bien! je l'ai arrêté. Vous étiez à Hyde-Park avec moi, miss Ellen. Vous m'en avez vu sortir avec la Sirène et l'enfant. Et, si je ne me trompe, vous nous avez suivis jusqu'à Trafalgar square, où vous m'avez vu mettre l'enfant dans un fiacre?

— Oui, dit encore miss Ellen, et vous avez crié au cabman : « A Bath square. » Cependant, un homme à moi un jeune clergyman était à Bath square, et il n'a vu venir ni l'enfant ni vous.

— C'est que, en effet, je n'ai pas conduit mon prisonnier à Bath square.

— On vous l'a donc enlevé? Les Irlandais...

— Mais non! miss Ellen. L'enfant est demeuré en mon pouvoir.

— Pourquoi donc encore ne l'avez-vous pas conduit sur-le-champ en prison?

Il continua à sourire: — Pour deux raisons dit-il, mais qu'on ne peut avouer en plein air... Et il regardait du coin de l'œil la porte du pavillon demeurée ouverte.

— Entrons, dit miss Ellen. Et elle passa la

première. L'homme aux cheveux blancs les suivit et ferma la porte derrière lui.

— Ainsi, reprit miss Ellen, vous avez toujours l'enfant en votre pouvoir? — Et pour quelles raisons ne l'avez-vous pas conduit au moulin?

— D'abord parce qu'il fallait traverser le quartier irlandais, qu'il aurait peut-être été reconnu, et que si on avait intérêt à nous suivre, j'avais intérêt à dépister ceux qui nous suivraient. En route j'ai changé la direction du cocher.

— Et où êtes-vous allé?

— Au bord de la Tamise. Et j'ai mis l'enfant à bord d'un navire.

— Vous voulez dire d'un bateau ponton qui sert de prison et qu'on appelle le *Royalist?* dit miss Ellen.

— Non, à bord d'un navire qui doit lever l'ancre cette nuit et qui va en France. Cette fois miss Ellen recula; et elle regarda cet homme avec un redoublement de stupeur. — Voilà ma première raison, reprit-il avec un flegme parfait, voulez-vous la seconde?

— Mais parlez donc! s'écria miss Ellen en frappant du pied.

— Il fallait mettre l'enfant en sûreté.

— Et vous avez choisi un navire qui quitte l'Angleterre dans quelques heures?

— Non, je vous ai trompée, tout à l'heure, il est parti, le navire, avec l'enfant et la mère...

Miss Ellen jeta un cri.

Alors, il y eut comme un coup de théâtre. Cet homme à cheveux blancs et que l'âge paraissait avoir voûté, se redressa tout à coup ; ses cheveux blancs tombèrent comme par enchantement. Le front laissa échapper une membrane plissée, semblable à celle que les pères nobles portent au théâtre, et suivit la perruque sur le parquet; les lunettes bleues prirent le même chemin; sa voix chevrotante devint claire, sonore, pleine de notes moquantes, et ce personnage ainsi transformé se mit à rire et dit : — Mais vous ne me reconnaissez donc pas, miss Ellen? — L'homme gris! s'écria-t-elle.

— Parbleu! dit-il, vous auriez dû le deviner auparavant. Allons, miss Ellen, allons, c'est encore une partie perdue, et il en faut faire votre deuil. Elle le regardait, comme la vipère écrasée mais vivante encore, doit regarder l'homme dont le talon lui a brisé les reins.

— Oh! dit-elle, vous encore, vous toujours!

— Jusqu'à ce que vous m'aimiez, miss Ellen,

dit-il. Et il osa fléchir un genou devant elle, lui prendre une main et la porter à ses lèvres. Elle se dégagea en rugissant, fit un bon en arrière, sauta sur un poignard qui se trouvait sur la cheminée et se rua sur lui. — Oh ! je te hais! murmura-t-elle. L'homme gris para le coup, mais pas assez vite pour empêcher le poignard de lui effleurer le bras et de se teindre de son sang. — Ah ! dit-il en riant, de la haine féroce à l'amour passionné, il n'y a qu'un pas. Puis il la désarma lestement, ouvrit la fenêtre et sauta dans le jardin. — Au revoir! dit-il. Miss Ellen s'était affaissée sur le parquet, rugissante, étouffant de colère. On eût dit qu'elle allait mourir...

XVII

Pour expliquer ce qui s'était passé et ce que miss Ellen n'avait compris, du reste, que vaguement, tant l'apparition de l'homme gris l'avait bouleversée, il est nécessaire de nous reporter à ce moment où un nègre, qui n'était autre que Shoking, avait frappé sur l'épaule de Jenny l'Irlandaise en lui disant : — Ne crains rien, et suis-moi. Jenny avait reconnue Shoking à la voix; car, pour le reste, la chose aurait été tout à fait impossible. La seule chose que Shoking avait conservée du vieil homme, c'était la manie du *comme il faut* Un moment gêné dans son enveloppe de nègre, craignant tout d'abord qu'on ne le prît pour un domestique, Shoking avait bientôt surmonté cette première impression, et l'homme gris en lui constellant la poitrine de plaques, de crachats et de décorations l'avait puissamment aidé à se reprendre au sérieux. Shoking était vêtu au dernier goût. Simpson, le tailleur à la mode, avait coupé ses habits, et s'il ne portait au cou le moindre cordon de commandeur, du moins il avait à la boutonnière de son paletot une rosette multicolore. La rosette en question distinguait le nègre Shoking des nègres qui cirent les bottes, et lui donnait tout de suite l'apparence d'un haut personnage. Il entraîna donc l'Irlandaise qui lui dit : — Mais où me conduisez-vous ? — Tu verras bien, dit Shoking. Il fit signe à un cab qui passait à vide. — A Rotherithe, dit-il au cabman. Et il fit monter Jenny et s'assit auprès d'elle. Le cab descendit des hauteurs de la Cité au pont de Londres, qu'il traversa, gagna le Borough et prit le chemin de Rotherithe. — Oh! disait Jenny, pendant le trajet, j'ai peur pour mon enfant!

— En effet, répondit Shoking, tu as raison, ma chère, et tu es dans ton rôle de mère, mais moi, qui sais bien que l'homme gris n'a jamais promis sans tenir, je suis rassuré. Ton fils court un grand danger, mois on le sauvera.

— Mais enfin, dit Jenny, pourquoi me conduisez-vous à Christ's Hospital? Ce n'est pas là que je dois rester si je veux revoir mon enfant. Et puis, dit naïvement l'Irlandaise, pourquoi donc vous être ainsi noirci, Shoking?

— Mais, répondit le néo-nègre, je ne suis pas noirci, c'est ma couleur naturelle. Regarde plutôt. Et il mouilla son doigt et se mit à frotter le dos de sa main gauche en ajoutant : — Tu le vois, c'est bon teint. — Ainsi vous êtes nègre? Mais qui vous a rendu ainsi?

— L'homme gris, afin que mes ennemis ne puissent jamais me reconnaître.

— Et vous resterez ainsi?

— Je le crains; mais, dit Shoking, cette nouvelle condition ne me déplaît pas. Sais-tu comment je m'appelle? — Shoking, ou lord Wilmot. — Tu n'y es pas, ma chère Je ne suis plus lord, je suis marquis. Je me nomme don Christoforo, y Cordova, y Mendès, y Santa-Fe, y Bogota, grand officier de l'ordre de l'Éléphant blanc, commandeur de l'Aigle jaune de Lithuanie, grand'croix de celui du Serpent bleu et ambassadeur de la

République de Matamoros. Shoking avait dit tout cela gravement, d'une haleine, en homme qui sait par cœur ses titres et dignités, et, malgré ses préoccupations maternelles, Jenny ne put s'empêcher de sourire. Enfin le cab arriva dans Rotherithe et descendit vers la rivière. Un petit bateau à vapeur chauffait à bord du quai. — C'est là que nous allons, dit Shoking. Il paya le cab et le renvoya, reprit Jenny par la main et la fit entrer dans le canot qu'on avait, en les apercevant détaché du navire. Quelques minutes après, ils étaient à bord

— Mais vous voulez donc me faire quitter Londres? demanda Jenny avec un redoublement d'inquiétude. Et mon fils? il faut donc que j'abandonne mon fils?

— Mais non, dit Shoking, ton fils va venir ici et il partira avec nous. L'homme gris me l'a promis et quand il promet, il tient.

— Oh! dit Jenny en joignant les mains, que m'importe alors, si mon enfant est avec moi? Il y avait à bord un capitaine et des matelots, tous aussi noirs que Shoking. Un pavillon de fantaisie flottait au grand mât, et le bateau portait à la proue ce mot en lettres d'or. *Santa-Fé.* — J'ai donné un de mes noms à mon navire, dit Shoking.

— Il est donc à vous, demanda l'Irlandaise.

— Oui, ou plutôt à la république, dont je suis ambassadeur. Tu ne vois donc pas comme on me salue. En effet, le capitaine s'était approché de Shoking et l'accablait de salamalecs en l'appelant excellence. — Viens, dit Shoking à Jenny, je vais te conduire dans ta cabine. Comme ils se dirigeaient vers le grand panneau pour descendre à l'intérieur du navire, un homme montait sur le pont. Cet homme, c'était John Colden, le condamné à mort, le libérateur de Ralph, celui que la police de Londres et les roughs, alléchés par une forte prime, recherchaient inutilement depuis un mois. — Vous aussi, dit l'Irlandaise, vous êtes ici?

— Oui, répondit John, et ce soir, nous serons à l'abri des colères et des rancunes de la libre Angleterre. — Mais où allons-nous? — Je ne sais pas, dit John. Jenny répéta la question en regardant Shoking. Mais Shoking répliqua : — Je ne le sais pas plus que vous. Mes instructions sont cachetées et je ne dois les ouvrir qu'en pleine mer. En attendant, le capitaine a ordre de descendre la Tamise, comme si nous allions en Hollande.

Jenny attendit environ quatre heures, livrée

aux plus vives angoisses. Malgré l'assurance de Shoking, malgré sa foi dans l'homme gris, elle tremblait qu'il ne fût arrivé malheur à son fils.

Mais tout à coup, on vit apparaître sur le bord de la rivière un cab à quatre roues dont les stores étaient baissés. — C'est lui, ce ne peut être que lui, dit Shoking. Et l'Irlandaise eut un violent battement de cœur, mais elle espéra...

XVIII

L'Irlandaise attachait un regard avide sur cette voiture qui s'arrêtait à bord de quai. Tout à coup elle jeta un cri de joie. Un homme venait d'en sortir, et cet homme tenait un enfant par la main. Bien qu'il n'eût plus son costume d'écolier de Christ's Hospital, la pauvre mère l'avait reconnu sur-le-champ et malgré la distance. C'était Ralph! Ralph, encore vêtu comme à Hyde Park où l'avait conduit la Sirène. Mais quel était cet homme à cheveux blancs et qui avait l'air d'un vieillard? Le marquis don Cristoforo, c'est-à-dire le bon Shoking, se pencha à l'oreille de l'Irlandaise haletante et lui dit : — C'est *lui*. Lui! c'est-à-dire l'homme gris, l'être bizarre et puissant qui pouvait noircir les uns et vieillir les autres à son gré. En même temps, Shoking fit un signe au capitaine, qui donna l'ordre de remettre à l'eau le canot. Ce fut l'affaire de quelques minutes ; mais ces quelques minutes durèrent un siècle pour l'Irlandaise. Enfin le canot revint et l'homme gris monta à bord avec l'enfant. Durant le trajet qu'ils avaient fait en voiture, le maître avait fait avaler à l'enfant quelques gouttes d'une liqueur contenue dans un petit flacon qu'il avait tiré de sa poche. Ce breuvage avait détruit l'effet de celui que lui avait donné la Sirène. La mémoire était revenue à Ralph, et c'était avec un étonnement profond qu'il s'était vu avec un homme qu'il ne connaissait pas.

Alors l'homme gris, reprenant sa voix ordinaire lui avait dit : — Tu ne me reconnais donc pas?

— Non, monsieur. — Vous avez la voix de l'homme gris... mais...

— Mais je n'ai plus son visage... — As-tu peur de moi?

— Non, car vous avez l'air bien respectable.

— Alors, écoute-moi... Et l'homme gris lui avait raconté ce qui s'était passé chez la Sirène et le danger qu'il avait couru de retourner au moulin.

— Mais, où me conduisez-vous, monsieur? avait encore demandé Ralph tout frissonnant.

— A bord d'un navire où tu retrouveras ta mère.

L'enfant avait eu confiance, et, comme on le voit, l'homme gris avait tenu sa parole. Or, tandis que l'Irlandaise pressait son fils sur son cœur, l'homme gris fit un signe à John Colden, qui se tenait respectueusement à distance. Le condamné à mort si miraculeusement sauvé de l'échafaud s'approcha. — Regardez bien tous trois, dit alors l'homme gris, et écoutez-moi. Il étendait la main vers le sud-ouest, leur montrant l'horizon à travers cette forêt de mâts qui couvrait la Tamise.

— Dans quelques heures, leur dit-il, vous serez en pleine mer et hors de portée du canon britannique. Alors, au milieu des brumes vous verrez apparaître un rocher qui, à fleur d'eau d'abord, grandira et se découpera sur le bleu du ciel. Puis, approchant encore, vous verrez une ville sur ce rocher, et cette ville c'est Calais. Calais, c'est la France; c'est le commencement de cette terre où les fils de l'Irlande trouvent des frères, où les catholiques peuvent entrer, le front haut, dans leur église. C'est là que vous allez! — Vive la France! s'écria Shoking.

L'homme gris s'adressa alors à lui : — Toi, lui dit-il, tu n'iras pas jusque-là. — En route, lorsque vous aurez doublé le château de Douvres, vous rencontrerez certainement le bateau à vapeur qui fait le service des dépêches. Hélez-le et stoppez; tu quitteras le *Santa-Fé* et tu passeras à bord de ce steamer. — Et je reviendrai? demanda Shoking.

— Sans t'arrêter; j'ai besoin de toi.

— Mais, dit la pauvre Irlandaise, ne reviendrons-nous jamais, nous?

— Vous reviendrez quand l'heure du triomphe aura sonné pour notre cause, et quand votre fils, devenu homme, pourra commander à nos frères. Et il embrassa avec effusion l'Irlandaise, l'enfant, John Colden, et, prenant Shoking à part : — En quittant le navire, tu remettras au capitaine les instructions cachetées que je t'ai remises. — Il saura ce qu'il doit faire de la mère et de l'enfant. Quant à toi...

— Moi, je reviendrai, dit Shoking.

— Sans doute, et je te rendrai ta couleur.

Shoking tressaillit. — Puisque j'ai pu te rendre noir, je te referai blanc quand il me plaira.

— Mais c'est donc ma mort que vous voulez,

maître? dit Shoking avec effroi., puisque les roughs...

— Un seul était dangereux, John ; mais comme il sera pendu dans quelques jours, tu n'as rien à craindre de lui. Puis l'homme gris ajouta en riant : — Conviens plutôt que tu regrettes déjà ton marquisat et tes décorations... Shoking soupira. L'homme gris avait touché juste.

— Mais, dit-il, pour consoler le vaniteux bonhomme, tu redeviendras lord Wilmot et on t'appellera Votre Honneur.

— Soit, dit Shoking. Et maintenant, maître, quelle nouvelle besogne entreprendrons-nous ?

— Nous pendrons mistress Fanoche, qui a bien mérité son sort. — Ma foi, oui, dit Shoking.

— Adieu... au revoir... dit encore le maître en pressant une dernière fois les mains de l'Irlandaise. Puis il sauta dans le canot qui le ramena au quai. Alors la cloche du steamer se fit entendre, le capitaine monta sur son banc de quart, un jet de fumée s'échappa de la cheminée, la vapeur siffla et le *Santa-Fé* leva l'ancre et fendit de son hélice les flots noirs de la Tamise. Debout sur la rive, l'homme gris le suivit des yeux jusqu'à ce qu'il eût disparu derrière les docks. Alors un sourire vint à ses lèvres.

— Maintenant que le chef futur de l'Irlande est en sûreté, dit-il, à nous deux, miss Ellen!... Tu me hais trop pour ne pas m'aimer un jour!...

XIX

C'était, on le devine, après avoir conduit Ralph à bord du *Santa-Fé* et après le départ de ce steamer que l'homme gris était allé chez miss Ellen. On sait ce qui s'était passé entre elle et lui. L'homme gris avait ensuite sauté dans le jardin par la fenêtre, gagné la petite porte, et arrivé dans la rue, il était monté dans un cab en disant au cocher : — Mène-moi à Saint-Gilles. Il était jour encore, mais la nuit approchait.

A Londres, — c'est un phénomène qui se renouvelle tous les jours — vers dix heures du matin, le brouillard s'éclaicit ; parfois un rayon de soleil luit au travers et, jusqu'à trois ou quatre heures du soir, les Anglais peuvent dire alors, eux qui ne sont pas difficiles, que le temps est beau. Vers quatre heures le brouillard commence à s'étendre sur la Tamise ; puis le fleuve disparaît peu à peu, et le brouillard monte, estompant les piles des ponts, noyant les maisons qui sont au bord de l'eau ; et, montant toujours, il se répand dans la ville, qui allume alors précipitamment ses réverbères. Plus la journée a été claire, plus le soir devient brumeux. Quelquefois, en décembre, le brouillard arrive à une telle denstié que les voitures cessent tout à coup de circuler, et que des policemen parcourent les rues, armés de torches, pour indiquer leur chemin aux passant égarés. Ainsi il arriva ce soir-là.

A peine la nuit fut-elle venue, que le cabman, soulevant la petite trappe, cria à l'homme gris :— Je n'ose plus avancer. — Eh bien! arrête, je vais descendre. Et, en effet, l'homme gris descendit, mit une demi-couronne dans la main du cabman, et continua sa route à pied, se disant : — Maintenant que je ne suis plus dans Belgrave square, je n'ai pas peur qu'on coure après moi.

Les voitures, en effet, avaient tout à coup cessé de rouler. L'homme gris, qui cheminait dans le brouillard, s'orientant comme s'il eût été en plein jour, remonta vers Piccadilly sans hésitation, traversa Leicester square et gagna, en moins de vingt minutes. Soho square d'abord et ensuite la place des Sept Quadrants, qui s'ouvre au beau milieu du quartier Saint-Gilles. Une lumière brillait à une fenêtre du troisième étage d'une maison. Cette lumière, un signal sans doute, était posée au bord de la croisée, contre la vitre, et, au travers du brouillard, ressemblait à un charbon perdu dans les cendres. L'homme gris posa deux doigs sur sa bouche et fit entendre un coup de sifflet. Aussitôt la lumière disparut. Alors l'homme gris s'approcha de la porte et attendit qu'elle s'ouvrit. Deux minutes s'écoulèrent, puis un pas se fit entendre dans le corridor et, la porte ouverte, une voix d'homme demanda : — Etes-vous celui qu'on attend? — Pardieu! répondit l'homme gris. Bonjour, monsieur Bardel. M. Bardel, on s'en souvient, était ce gardien chef de Bath square qui avait aidé à l'évasion de Ralph et qui, depuis longtemps, était gagné à la cause irlandaise. L'homme gris le prit par le bras. — Y a-t-il longtemps que vous êtes ici? lui demanda-t-il.

— A peine un quart d'heure. — Vous venez de la prison? — Oui. — Que s'y est-il passé?

— Dame! ce que nous avions prévu. Le gouverneur s'impatiente : mais il a si grande confiance en M. Simouns... — M. Simouns, c'est moi, fit gris l'homme en riant.

— Si grande confiance, qu'il a l'intention, poursuivit M. Bardel d'un ironique, de lui confier une autre mission, aussitôt que l'enfant aura été réintégré au moulin.

— Ah! ah! Quelle est cette mission?

— De retrouver ce bandit introuvable qu'on appelle l'homme gris. Et M. Bardel se mit à rire de nouveau.

— Alors, dit l'homme gris, ce bon gouverneur s'impatiente, mais il ne désespère pas?

— Ma foi! non. En revanche, le clergyman ne voyant rien venir a perdu courage. — Ah! ah!

— Et il a couru chercher son patron, le révérend Peters Town. — Et celui-ci est venu? — Il est arrivé trois quarts d'heure après, furieux, blême, hors de lui. Mais le gouverneur l'a calmé en lui disant :

— M. Simouns est un homme prudent, si, l'enfant enlevé, il ne l'a pas amené ici directement, c'est qu'il avait vent que les fenians rôdaient autour de la prison et méditait un coup de main.

— Ah! ah! il a dit cela? Et le révérend s'est résigné à attendre?

— Oui. Il est à Cold Bath field, toujours dans le parloir du gouverneur.

— Eh bien! dit l'homme gris, allons à Cold Bath field. Il m'est venu une bien belle idée et je la vais mettre à exécution, la brume aidant.

— Que comptez-vous faire? demanda monsieur Bardel. — Vous allez voir. Et il le prit par le bras.

— Quel brouillard ! dit M. Bardel, nous retrouverons-nous ?

— Parfaitement. Je vois dans le brouillard comme en plein jour. Et l'homme gris, sans se tromper une seule fois, eut amené en moins d'une demi-heure M. Bardel à la porte de la taverne de la justice, laquelle, on le sait, est en face de la prison de Cold Bath fields. — Entrons, dit-il, j'ai un mot à écrire. Il tira un carnet de sa poche et ils entrèrent dans la taverne qui était à peu près déserte. Alors l'homme gris écrivit le billet suivant :

« L'enfant est en sûreté. Mais, impossible de
» le conduire à Bath square avant demain. Les
» Irlandais sont sur pied.

» Simouns. »

— Vous allez porter cela au gouverneur, en lui disant que c'est un commissionnaire qui vous l'a remis. M. Bardel prit le papier et l'homme gris demanda un grog au gin.

XX

Cependant, comme M. Bardel se dirigeait vers la porte de la taverne, l'homme gris le rappela :
— Un mot encore. Si, par impossible, le révérend Peters Town, reprit le maître, n'était plus

à Bath square, vous prendriez un prétexte pour repartir et vous viendriez me le dire. — Oui, fit M. Barbel. Et il sortit.

L'homme gris but son grog à petits coups ; puis il se mit à promener son regard investigateur et calme autour de lui. La taverne, nous l'avons dit, était à peu près déserte. Pourtant, un homme enveloppé dans un large carrik, et la tête couverte d'un chapeau ciré, était assis auprès du comptoir et causait, en buvant une pinte d'ale avec le land lord. — Oui, mon cher, disait cet homme, qui n'était autre qu'un cabman, c'est un triste métier que le nôtre par les brouillards de l'hiver. Me voici à rien faire pour toute la nuit, et je ne peux même pas ramener ma voiture au loueur à qui, cependant, il faudra que je paye une demi-guinée pour la journée et une couronne pour la nuit, prix de location du cab et du cheval.

— Bah! répondait le land lord, quelquefois, vers minuit, le brouillard s'éclaircit et on y voit à se conduire. Nous autres, oui, dit le cabman, mais cela ne donne pas confiance à la pratique, qui préfère rentrer chez elle à pied, en se faisant accompagner par un policeman ou un watchmann, plutôt que de s'exposer à un accident. Pendant ce temps, la location court, le cheval mange, et il n'y a pas de pain à la maison, et j'ai une femme et quatre enfants. L'homme gris ne perdait pas un mot de ce que disait le pauvre diable. — Hé ! cabman ! lui dit-il en lui faisant un petit signe. Le cabman s'approcha. — Veux-tu boire un grog, poursuivit l'homme gris et causer un brin? J'ai dans l'idée que tu ne t'en repentiras pas. L'homme gris avait l'air d'un parfait gentleman. Son invitation flatta le cocher, qui s'empressa d'accepter et porta sa pinte à moitié vide sur la table devant laquelle était assis son amphitryan de hasard. Sur un signe de l'homme gris, le land lord apporta peux grogs, et alors le premier, baissant la voix, dit au cabman : — Tu n'es donc pas content?

— Comment voulez-vous que je sois content? répondit le pauvre cocher; il faudra que je paye demain matin dix-huit schillings à mon loueur, et je n'ai pas fait deux couronnes de recette aujourd'hui?

— Je vais te proposer un marché, et je crois que ce marché sera pour toi une bonne affaire, reprit l'homme gris.

— De quoi s'agit-il? fit le cabman en ouvrant de grands yeux avides.

—Voici d'abord une livre, dit l'homme gris. Et il mit un souverain d'or dans la main du cocher stupéfait. Puis il continua : — Tel que tu me vois, j'ai fait un pari. Le pari est la chose la plus commune en Angleterre. On parie sur tout, à propos de tout, depuis le turf d'Epsom jusqu'aux caves mystérieuses où ont lieu les combats de coqs. Un Anglais, rough ou gentleman, qui ne parie pas, n'est pas un Anglais. Le cabman attendit donc avec calme que l'homme gris s'expliquât. Celui-ci reprit : — J'ai parié de me déguiser en cabman et de conduire une voiture jusqu'à Hampsteadt, sans me tromper une seule fois dans mon chemin, malgré le brouillard. — C'est impossible, dit le cabman.

— Si c'est impossible, je perdrai mon pari, dit l'homme gris avec un flegme tout britannique. Mais voici ce que je te propose. Je vais déposer ici, entre les mains du land lord une somme de cent livres, comme caution de ta voiture et de ton cheval. Où sont-ils? — Dans la cour, sous un hangar J'ai débridé le cheval, et il tire un brin de paille. — Bon, je continue. En même temps, je te donnerai dix livres pour toi, et j'emmènerais ton cab, et tu me donneras ton carrik, et ton chapeau ciré. — Tope! dit le cabman, cela me va.

En ce moment, la porte de la taverne s'ouvrit, et M. Bardel entra. Il vint droit à l'homme gris, et, se servant de cet idiome irlandais que les Anglais ne comprennent pas : — Le révérend est toujours à Bath square, dit-il, et il est rayonnant depuis que je lui ai remis le billet. Mais il veut s'en aller; il a dit au gouverneur qu'il reviendrait demain matin, mais qu'il lui fallait absolument rentrer chez lui, dans Elgin Crescent, car il a laissé une personne toute seule dans sa maison.

— Et il a demandé un cab, n'est-ce pas? — Oui, et je suis sorti pour lui en chercher un, mais je doute que j'en puisse trouver. — Vous vous trompez, mon cher Bardel, dit l'homme gris.

Le cabman, qui n'entendait pas un mot de cette conversation, attendait avec une certaine anxiété la réalisation des promesses mirifiques du gentleman. Alors l'homme gris tira de sa poche un portefeuille, et de ce portefeuille une liasse de banknotes; puis il appela le landlord. — Master, lui dit-il, si demain à midi, je ne suis pas revenu ici avec la voiture et le cheval de ce brave homme, vous lui remettrez cet argent. Le land lord, qui avait assisté au marché, ne témoigna aucun étonnement. Il prit les banknotes et les serra dans le tiroir de son comptoir. Il n'y avait que M. Bardel qui ouvrait de grands yeux. — Viens me mettre en possession de ta voiture, ajouta l'homme gris, qui donna au cabman dix souverains d'or. Cachez-vous, M. Bardel. Et tous trois sortirent par une porte qui était dans le fond de la taverne et qui ouvrait sur la cour.

Là, M. Bardel, de plus en plus étonné, vit l'homme gris endosser le carrick et coiffer le chapeau du cabman, monter sur le siége et prendre en main le fouet et les rênes ; et, quand le cab fut sorti de la cour, l'homme gris lui dit :

— Maintenant, allez dire au révérend que vous avez trouvé un cab.

Le cocher, devenu rentier, rentra dans la taverne, et le cabman improvisé rangea son véhicule à la porte même de la prison. Le brouillard était si épais que, tandis que M. Bardel pénétrait de nouveau dans la prison, l'homme gris se dit :

— Je puis bien le mener à Spithe fields, ce bon révérend, il croira, tant il fait noir, que nous allons à Elgin Crescent.

XXI

En effet, le révérend Peters Town, qui était arrivé à Bath square plein d'agitation, s'était calmé en lisant le billet apporté par M. Bardel et signé *Simouns*. La raison mise en avant par le prétendu agent de police était si plausible, si naturelle, que le révérend ne douta pas un seul instant de la véracité de cette assertion. Car, les Irlandais devaient avoir organisé à l'entour de Bath square, un véritable cordon humain qui aurait empêché l'enfant d'y entrer. M. Simouns était donc un habile homme en cachant son prisonnier et en attendant au lendmain pour le reconduire au moulin, renforcé d'une escouade tout entière de policemen. Du moins, telle fut l'opinion émise par le gouverneur de Cold Bath fields, et cette opinion fut si bien partagée par le révérend Peters Town que celui-ci dit alors : — Je n'ai plus rien à faire ici et je vais rentrer chez moi.

— Mais, mon révérend, lui dit le gouverneur, comment allez-vous pouvoir vous en aller? Peters Town, qui était arrivé avant que le brouillard n'eût interrompu la circulation des voitures, trouva la question bizarre. M. Bardel, qui assistait à l'entretien, dit à son tour : — Il est difficile, par le brouillard qu'il fait, de trouver son chemin, monsieur.

— Et une voiture, dit le gouverneur. Cependant on va essayer de vous en trouver une. — J'y vais, dit M. Bardel, enchanté de pouvoir aller raconter à l'homme gris l'effet produit par la lettre.

On sait ce qui s'était passé dans la taverne. Dix minutes après, M. Bardel revint et annonça qu'il avait un cab et que ce cab était à la porte. Alors Peters Town dit au gouverneur : — Vous vouliez m'offrir l'hospitalité, je vous la demande pour mon secrétaire. Et il montrait le clergyman, à qui il dit : — Vous allez rester ici, mon ami, et demain, aussitôt que M. Simouns aura amené l'enfant, vous viendrez me prévenir. Puis il fit ses adieux au gouverneur et suivit M. Bardel, ne se doutant guère que le cabman à qui il allait avoir affaire, était l'homme qu'il s'était juré de faire pendre à la porte de Newgate. Lorsque Peters Town fut dehors, il s'aperçut, en effet, que le brouillard était d'une extrême densité. — Hé! hé! dit-il au cabman, immobile sur son siége, pourrez-vous marcher par ce brouillard? — Certainement, Votre Honneur, répondit le prétendu cabman. Votre Honneur n'a qu'à monter. Où allons-nous? — A Notting hill, dans Elgin Crescent. — *All reight!* dit le cabman.

L'homme gris fit un appel de rênes, donna un coup de langue, et rendit la main à son cheval.

Pendant un grand quart d'heure, le révérend,

absorbé par sa joie de voir enfin l'enfant en son pouvoir, — car il le croyait plus fermement que jamais aux mains de M. Simoüns, — le révérend, disons-nous, ne fit pas la moindre attention au chemin parcouru. D'ailleurs, à Londres, où toutes les rues se ressemblent, il est impossible de se reconnaître par une nuit de brouillard. Le cab roulait rapidement. Cependant à un certain moment, l'attention du révérend fut éveillée. Le cab passait sur une large place qui était très-éclairée, et il se demanda si le cabman ne se trompait pas. Il frappa donc au guichet; le cabman souleva la petite trappe, et demanda ce qu'il voulait. — Ne vous trompez-vous pas ? lui dit le révérend. Il me ble que nous sommes dans Leicester square, ce qui serait tout à fait l'opposé de notre direction.

— C'est Votre Honneur qui se trompe, dit le cabman. Nous sommes dans Sussex square, Kinsington gardens. — En ce cas c'est différent, dit le révérend Peters Town en se replongeant dans sa rêverie. Le cab entra dans des rues désertes et mal éclairées. Tout à coup il s'arrêta. Alors Peters Town se pencha en dehors pour savoir ce dont il s'agissait. Il vit la devanture d'un public-house au travers des rideaux rouges duquel passait une clarté douteuse. Le cabman descendit.

— Je prie Votre Honneur de m'excuser, dit-il, et de me permettre de boire un verre de gin. Et il entra dans le public-house. Il s'écoula deux minutes, puis le cabman sortit et remonta sur son siége. Mais le révérend ne s'aperçut pas que deux hommes étaient sortis avec lui, et que ces deux hommes se cramponnaient aux sangles qui supportaient le cab, lequel repartit aussitôt, ayant sa cargaison ainsi doublée. Le cab s'arrêta une seconde fois. Les réverbères n'étaient plus visibles, et il sembla au révérend qu'il était au milieu d'une immense plaine blanchâtre.

— Mais où diable sommes-nous? se dit-il alors, pris d'une vague inquiétude, et il appela le cabman et répéta sa question tout haut. — Nous sommes arrivés, dit celui-ci. — A Notting hill? — Oui, Votre Honneur.

— C'est bizarre, murmura le révérend, mais je ne me reconnais pas.

Cependant, il ouvrit les volets du tablier de bois du cab et mit pied à terre. Mais alors son inquiétude redoubla. D'abord il vit deux hommes près de lui; ensuite, il eut beau chercher des maisons, il n'en aperçut point. Enfin, il entendit un bruit sourd auquel il ne put se tromper. C'était le bruit de la Tamise roulant au-dessous du brouillard, et au lieu d'être à Notting-hill, il était sur un des ponts de Londres.

— Je vous disais bien que vous vous trompiez, cabman! dit-il avec colère. — Non, Votre Honneur. Et le cabman se mit à rire ; puis il mit deux doigts sur ses lèvres et fit entendre un coup de sifflet. Aussitôt, au bruit sourd du fleuve se mêla un autre bruit, celui de deux avirons qui frappaient l'eau avec une régularité cadencée. — Mon révérend, dit alors le cabman, j'avoue que je vous ai un peu détourné de votre chemin; mais je savais combien vous désiriez voir un homme dont vous avez beaucoup entendu parler, et que vous vous proposiez même de faire pendre. A ces mots, le révérend tressaillit et recula stupéfait. Et le cabman se mit à rire de nouveau.

— J'ai l'honneur, dit-il, en me présentant moi-même, de vous présenter l'homme gris. Le révérend étouffa un cri et voulut reculer et fuir. Mais les deux hommes qui s'étaient accrochés au cab, à la porte du public-house, où le prétendu cabman avait bu un verre de gin, se placèrent résolûment devant lui, et lui mirent la main sur l'épaule : — Vous êtes notre prisonnier, Votre Honneur, ricana l'homme gris. On entendait toujours le bruit des avirons qui battaient l'eau, et ce bruit devenaît de plus en plus dintinct, preuve qu'une barque approchait.

XXII

Si un abîme se fût entr'ouvert sous les pas du révérend Peters Town, il n'eut certes pas éprouvé une plus violente épouvante. Ces hommes austères, de mœurs ascétiques, fanatisés par leur ambition, et qui vont droit à leur but mystérieux sans jamais s'arrêter, sont sujets à ces terreurs soudaines. Le révérend qui avait juré la perte de l'homme gris et de tous ceux qui servaient l'Irlande, se fit sur-le-champ ce raisonnement : — De chasseur, je suis devenu gibier, de vainqueur, vaincu. Si j'avais tenu cet homme en mon pouvoir, j'aurais été sans pitié. Il me tient et il va me tuer, c'est son droit. Le pont était désert, la nuit épaisse, le brouillard noyait jusqu'à la clarté des réverbères, et le révérend Peters Town était entouré de trois hommes dont un seul eût suffi pour le réduire à l'impuissance. La peur rend muet. Le révérend ne prononça donc pas un mot, il ne fit pas un geste. Comme une victime, il attendit que ses bourreaux frappassent.

— Votre Honneur m'excusera, dit alors l'homme gris, si je prends quelques petites précautions. Et, avec une adresse de jongleur indien, il passa au cou du révérend un cordon de soie qu'il suffisait de serrer pour l'étrangler. En même temps, il dit à l'un des deux hommes recrutés dans le public house : — Mets à Son Honneur les gants que je t'ai donnés.

— Ils vont m'étrangler, puis me jeter dans la Tamise pensait le révérend, dont la gorge crispée n'aurait pas même pu laisser passer un gémissement ou un cri. Le complice de l'homme gris tira alors de sa poche non point des gants, mais un instrument des plus vulgaires, sans lequel le bon gendarme français voyage rarement, et qu'on appelle une paire de menottes. En dix secondes, le révérend eut un cordon au cou, les mains attachées, et, par excès de précaution, on lui passa une ficelle autour des chevilles, de façon à lui ôter le libre usage de ses jambes. Tous ces préparatifs, au lieu de compléter la sinistre épouvante qui s'était emparée du révérend, produisirent l'effet contraire. Dans son cerveau affolé, une lueur d'espoir brilla tout à coup. — S'ils voulaient me tuer, pensa-t-il, ils se seraient bornés à m'étrangler et à me jeter par dessus le parapet. Non, ils veulent me garder prisonnier. Ce qui semblait venir à l'appui de cette opinion, c'était le bruit d'avirons qui retentissaient sur le fleuve, et qui vint tout à coup mourir au-dessous du pont. Alors l'homme gris dit au révérend : — Votre Honneur sera plein d'indulgence, et comprendra que nous ne voulons pas qu'il nous échappe. Dès lors, le révérend fut fixé. On en voulait à sa liberté, non à sa vie. — Seulement, ajouta l'homme gris qui tira un poignard de dessous son carrick, Votre Honneur comprendra que si le moindre cri lui échappait, je serais contraint de lui enfoncer ce jouet dans la gorge. Peters Town eut enfin un geste de résignation. Du moment où on lui laissait la vie, rien n'était désespéré, ni même perdu. Les hommes comme lui ne renoncent jamais à prendre leur revanche tôt ou tard.

Alors l'homme gris se pencha sur le parapet et siffla de nouveau. Un coup de sifflet monta, en réponse au sien, des profondeurs de l'abîme perdu dans le brouillard. — Parfait! murmura celui que Shoking appelait le *maître*. Et il s'adressa encore au révérend : — Nous allons vous faire suivre un petit chemin qui va vous paraître périlleux, dit-il. Mais Harris est un robuste compère, et il ne vous lâchera pas. Ainsi ne craignez rien. Malgré l'obscurité, Peters Town, qui commençait à respirer, put voir alors un des deux hommes le plus grand et celui qui paraissait le plus robuste dérouler une corde à nœuds qu'il portait à la ceinture, puis fixer cette corde par un bout à la balustrade de fer du pont. — Nous vous avons ainsi ficelé, mon révérend, continua l'homme gris, moins dans la crainte que vous nous échappiez que dans celle que vous ne vous débattiez et, paralysant nos mouvements, nous empêchiez de descendre librement. Sur ces mots il fit un signe à celui qu'il venait d'appeler Harris. Celui-ci prit Peters Town dans ses bras, l'enleva de terre, le chargea sur son dos, enfourcha le parapet du pont, et, comme si son fardeau eût eu la légèreté d'un coussin de plumes, il se mit à descendre lestement le long de la corde à nœuds qu'il tenait d'une main, tandis que son autre bras soutenait le révérend, ivre de cette terreur que le vide procure.

Penché sur le parapet, l'homme gris suivit des yeux cette grappe humaine qui descendait et finit par se perdre dans le brouillard. Il avait la main sur la corde tendue par le poids, et ce ne fut que lorsque cette corde se détendit qu'il comprit que Harris et le révérend avaient touché la barque verticalement placée en dessous. Le second des deux hommes recrutés dans la taverne était demeuré auprès de lui. — Tu as été cocher? lui dit-il. — Oui, maître. — Alors tu vas reconduire le cab, à la taverne de la Justice, auprès de Bath square. Ce disant, l'homme gris enjamba la parapet à son tour, et se laissa glisser le long de la corde. Deux minutes, après, il touchait, lui aussi, le fond d'un de ces longs bateaux plats qui circulent par centaines sur la Tamise. Harris et son prisonnier, ainsi que l'homme qui, au coup de sifflet, avait détaché l'embarcation du rivage, s'y trouvaient.

— Mon révérend, dit l'homme gris, vous devez avoir sur vous un ordre écrit et signé par le lord chief Justice, en vertu duquel il vous est possible de mettre en réquisition autant de policemen et de magistrats de police qu'il vous plaira. Peters Town ne répondit pas. — Fouille monsieur, ordonna l'homme gris à Harris. Celui-ci plongea ses mains dans les vastes poches de la longue redingote du prête anglican, et il en eut bientôt retiré un portefeuille qu'il remit à l'homme gris. — C'est bien, murmura celui-ci, nous vérifierons cela tout à l'heure. En route! Et, il fit un signe au batelier dont les avirons tombèrent aussitôt à l'eau.

XXIII

Où conduisait-on le révérend Peters Town ? Voilà ce qu'il n'aurait pu dire, et ce que le marinier, qui était arrivé sous le pont avec la barque, ne sut que lorsque l'homme gris lui eût dit un mot à l'oreille. Mais comment le marinier était-il venu? Comment, enfin, l'homme gris, qui ne songeait nullement deux heures auparavant à s'emparer du révérend, avait-il trouvé dans une taverne deux Irlandais prêts à lui prêter main forte? C'est ce que nous allons expliquer d'un mot. Depuis qu'il était en relations avec l'abbé Samuel et les autres chefs Irlandais, l'homme gris s'était servi rarement de ce signe mystérieux qui disait qu'il était chef aussi. Il s'était presque toujours contenté de John Colden, de Shoking et de quelques autres pour auxiliaires. Mais il savait bien que les deux cent mille fenians qui sont répandus dans Londres, un peu partout, obéissent quand même, ensemble ou isolément, à quiconque leur prouve son autorité. L'homme gris, vêtu en cocher, laissant le cab dans la rue, était donc entré dans un public-house de Newport street où il savait qu'il trouverait des Irlandais. Personne ne fit attention à lui, quand il s'approcha du comptoir. Mais lorsqu'il eut demandé du gin avec un fort accent irlandais, deux hommes qui se trouvaient dans un coin de la taverne levèrent aussitôt la tête. Alors l'homme gris leur fit ce signe de croix bizarre qui, trois mois auparavant, lui avait instantanément soumis l'homme en guenilles qui s'appelait John Colden.

Soudain, ces deux hommes jetèrent quelques pence sur la table et s'approchèrent du prétendu cocher. Celui-ci leur dit en patois irlandais : — Voulez-vous me suivre; j'ai besoin de deux frères? — Parle et ordonne, répondit l'un qui était une sorte de géant. — Comment te nommes-tu? — Harris. — Et toi? — Michaël. — C'est bien. Accrochez-vous au cab que je conduis. Dans le cab est un des ennemis les plus mortels de l'Irlande. C'était ainsi qu'il avait trouvé Harris et son compagnon prêts à faire tout ce qu'il ordonnerait. En route, Harris, juché sur le marchepied, avait pu causer tout bas avec l'homme gris, qui lui avait donné de minutieuses instructions et remis une corde à nœuds, qu'il portait enroulée autour de son corps. Le pont sur lequel le cab s'était arrêté était le pont de Westminster. Or, il y avait chaque nuit, depuis que l'homme gris était allé chez miss Ellen par le souterrain percé à fleur d'eau, il y avait, disons-nous, une barque et un Irlandais qui attendaient sur la rive droite, tout auprès de la taverne de Queen's Elizabeth. L'Irlandais avait ordre de venir attendre sous le pont, si jamais il entendait le coup de sifflet convenu. On le voit, l'homme gris n'avait pas eu de grands préparatifs à faire pour s'emparer de Peters Town. Maintenant, où allait-il le conduire? C'est ce que le révérend ignorait. La nuit était si noire qu'il n'aurait pu dire, du reste, en quel endroit de Londres, et sous quel pont il avait été embarqué de cette façon singulière. Tout ce qu'il put comprendre, c'est que la barque descendait le fleuve, au lieu de le remonter, ce qui était facile, en prenant garde aux coups d'avirons très-espacés et à la rapidité avec laquelle on marchait. L'enlèvement de Peters Town avait été, comme on le voit, tout à fait improvisé. L'homme gris n'avait donc pas, tout d'abord, songé à l'endroit où il le conduirait. Mais, tandis que Harris descendait le long de la corde à nœuds, ayant le révérend sur ses épaules, il lui était venu une idée. Il s'était souvenu de cette péniche où parfois les vagabonds se réfugiaient la nuit, et dont Shoking lui avait parlé.

La barque descendit donc rapidement, passa sous le pont de Waterloo, puis sous celui des

Moines-Noirs, s'embarrassa un moment au milieu
de la véritable petite flotille de canots qui obstrue
une des arches du pont de Londres, et; toujours
glissant au travers du brouillard, vint accoster,
au bout de quelques minutes, la grosse péniche
du marchand de chevaux, Manning. Shoking
avait raconté à l'homme gris tous les détails de sa
captivité dans la péniche ; ce qui faisait que ce
dernier, sans avoir jamais mis les pieds sur le
ponton, en connaissait tout les aménagements
intérieurs. Il savait que le ponton avait une cale
qui se fermait extérieurement et que c'était dans
cette cale que l'Écossais avait cru voir le diable,
en voyant Shoking métamorphosé tout à coup
en nègre. Pendant tout le trajet, le révérend
n'avait pas dit un seul mot. Résigné en apparence,
il couvait au fond de son âme tortueuse des tem-
pêtes de fureur.

Mais, en revanche, l'homme gris lui avait conté
une foule de choses, comme, par exemple, la co-
médie jouée par le prétendu M. Simouns qui, au
lieu de reconduire Ralph en prison, l'avait mené
à bord d'un navire qui, maintenant, était en pleine
mer et hors de portée des canons anglais. Et le
révérend, réduit à l'impuissance, se disait : — Cet
homme qui, jusqu'à présent, s'est montré plus

fort que nous, cet homme vient de commettre une faute impardonnable, la faute de ne pas me jeter à l'eau. Garrotté comme je le suis, je me serais noyé, et il aurait un ennemi implacable de moins. Je suis son prisonnier, j'ignore même ce qu'il veut faire de moi, mais il n'est prisonnier qui ne s'évade ou ne soit délivré, et alors...

En ce moment, le révérend Peters Town n'était plus dominé par sa haine religieuse : il ne jurait plus, in petto, la perte de l'homme gris, parce que celui-ci servait la cause de l'Irlande. Non, il haïssait l'homme gris parce que celui-ci l'avait humilié et joué. Donc la barque accosta la péniche.

Sur un signe de l'homme gris, Harris, qui était d'une force proportionnée à sa taille, prit le révérend dans ses bras et monta le premier sur le pont, en s'aidant d'un bout de corde qui pendait à bâbord. L'homme gris le suivit. — Écoute, lui dit-il alors; je vais te donner une haute mission. — Je suis prêt, dit Harris. — Tu vas être le gardien d'un homme plus dangereux pour l'Irlande que tous les beaux parleurs qui braillent au parlement. Et ils descendirent dans le faux pont, poussant devant eux le révérend.

XXIV

L'homme gris, une fois dans le faux-pont, jugea inutile de demeurer plus longtemps dans l'obscurité. Il tira de sa poche une boîte d'allumettes et un rat de cave, et soudain une clarté permit au révérend de voir enfin à l'aise le visage de cet homme avec qui il luttait dans l'ombre depuis longtemps, et au pouvoir de qui il se trouvait en ce moment. L'homme gris, on s'en souvient, avait dépouillé, chez miss Ellen, le front ridé et les cheveux blancs du prétendu M. Simouns. Il était redevenu l'homme jeune, élégant de tournure et beau de visage, qui avait juré que la fille de lord Palmure l'aimerait tôt ou tard. Aussi, le révérend le regarda-t-il avec avidité, comme pour graver à jamais ses traits dans son souvenir. Et il se disait, tandis que les préparatifs de sa captivité commençaient : — J'aurai ma revanche quelque jour, et je l'aurai terrible.

Ces préparatifs, dont nous parlons, étaient d'une extrême simplicité. Sur l'ordre de l'homme gris, l'Irlandais Harris fourra son mouchoir en guise de bâillon dans la bouche de Peters Town, qui n'opposa aucune résistance. Ensuite, il lui lia plus solidement les jambes. Après quoi, il le descendit dans la cale et l'y coucha sur le dos. Puis il remonta, après que l'homme gris se fût assuré que la cale n'avait aucune issue. Alors, ce dernier ferma le panneau, et dit à Harris :

— Tu vas rester ici. Je t'enverrai des vivres dans une heure. Sous aucun prétexte, ne quitte la péniche ; au nom de l'Irlande, tu me réponds de ton prisonnier. Harris s'inclina.

— Cependant, dit-il, il faut tout prévoir. — Il y a souvent des vagabonds qui viennent coucher ici.

— Tu les assommeras, s'ils ne veulent pas s'en aller.

— Ce n'est pas cela, fit Harris. Il arrive que les policemen de la rivière viennent quelquefois visiter la péniche et emmènent à bord du *Royalist* tout ce qu'ils trouvent. Si cela arrivait, que ferais-je ?

— Tu étranglerais ton prisonnier avant qu'ils ne fussent montés à bord. — C'est bien, dit Harris, je ferai comme vous me l'ordonnez. Et il se coucha dans l'entrepont, juste au-dessus du panneau qui fermait la cale, devenue la prison du révérend Peters Town.

L'homme gris monta sur le pont, après avoir remis un rat-de-cave à Harris, et se laissa glisser ensuite, le long de la corde, dans la barque où l'autre Irlandais l'attendait.—Où allons-nous? demanda celui-ci en poussant au large. — Nous remontons au pont de Londres et ensuite à la gare de Cannons-street. L'Irlandais se mit à nager avec vigueur et la barque glissa de nouveau sur la Tamise.

Alors l'homme gris tira sa montre, une montre à répétition, et la fit sonner. Il était dix heures moins le quart. Or, l'homme gris avait fait ce calcul : Le steamer le *Santa-Fé* était parti à trois heures de l'après-midi. Il avait dû mettre, en chauffant à toute vapeur, quatre heures pour sortir de la Tamise, prendre la mer et doubler le cap de Douvres. Il avait dû rencontrer, une heure plus tard, le bateau-poste de Calais, et Shoking avait dû passer à bord de ce dernier. Il était donc probable que le faux nègre, ramené à Douvres vers neuf heures du soir, y prendrait aussitôt le train de Londres. L'homme gris ne désespérait donc pas de le revoir cette nuit-là même.

La barque remonta la Tamise et vint accoster le ponton d'embarcation qui est auprès du pont sur lequel passe le South Eastern railway, c'est-à-dire le chemin de fer du Sud-Est. L'homme gris enjoignit à son batelier de descendre dans une taverne, d'y acheter du pain, du jambon et un pot de bière, et de porter le tout à Harris. Puis il sauta sur le ponton, gagna la rive gauche et monta, par une ruelle, à Cannons-street. Le train qui part de Douvres à neuf heures quarante arrive à Londres à onze heures. L'homme gris avait donc une heure à attendre. Mais les gares anglaises ne sont point fermées au public comme en France. On y entre librement, et plus d'un pauvre diable qui ne sait où passer la nuit y trouve l'hospitalité sur les banquettes d'une salle d'attente.

L'homme gris entra donc dans la gare, s'enveloppa dans son manteau et attendit, couché sur un banc. A onze heures moins six minutes le train fut signalé et toucha à London-Bridge, de l'autre côté de la Tamise. A onze heures précises, il entra dans la gare de Cannons-street. Shoking en descendit. Comme il sortait, entraîné par la foule, l'homme gris lui frappa sur l'épaule : — Je t'attendais, dit-il, laissons passer tout ce monde, nous avons le temps.

Quand les voyageurs les plus pressés furent hors de la gare et que la foule commença à s'éclaircir, l'homme gris dit à Shoking : — Où as-tu rencontré le bateau-poste? — A moitié chemin de Calais. — As-tu remis des instructions au capitaine du *Santa-Fé?* — Oui, maître.

— Alors me voilà tranquille sur le sort de Jenny, de son enfant et de John Colden. Passons à mistress Fanoche, maintenant. — Ah! oui, dit Shoking, qu'allons-nous donc en faire? — En vertu d'un ordre du lord chief justice que voilà. Et l'homme gris tira de sa poche le portefeuille du révérend Peters Town, l'ouvrit et y prit le papier dont il parlait et qui portait le sceau de la justice anglaise.

— Seulement, dit-il, j'ai besoin de faire un peu de toilette : as-tu faim? — Je n'ai pas dîné, dit Shoking. Ils sortirent de la gare et l'homme gris lui montra une taverne en lui disant : — Attends-moi là, mange un morceau, ne te grise pas surtout, je reviens dans une demi-heure. — Mais où allez-vous, maître? — Tu sais que j'ai un logis dans chaque quartier ; j'ai une chambre à deux pas d'ici, auprès de Saint-Paul.

Et l'homme gris laissa Shoking à la porte de la taverne. Celui-ci se fit servir de la bière brune, une tranche de roastbeef froid et du jambon, et se mit à manger avec l'appétit d'un homme qui a respiré l'atmosphère saline de la mer. Trois quarts d'heure après, l'homme gris revint. Seulement, ce n'était plus l'homme gris, c'était M. Simouns, l'agent de police aux cheveux blancs. Shoking avala en hâte sa dernière bouchée et son dernier verre de bière brune, et le suivit. Il y avait un cab à la porte. Tous deux y montèrent et l'homme gris dit au cabman : — A Elgin Cressent. — Chez le révérend ? fit Shoking. — Oui, mais il n'y est pas, murmura l'homme gris en souriant...

XXV

Qu'était devenue mistress Fanoche pendant tout ce temps-là ? L'intéressante nourrisseuse d'enfants avait, comme on l'a vu, cédant à une première épouvante, fait sa confession à un magistrat de police, lequel avait dicté à un secrétaire les aveux qu'elle faisait, au fur et à mesure qu'ils sortaient de sa bouche, puis lui avait donné le procès-verbal à signer. Alors, miss Ellen et le révérend Peters Town, en présence de qui tout cela avait eu lieu, l'avaient rassurée sur les conséquences que pourraient avoir ses déclarations, et le magistrat l'avait admise à fournir caution. Mistress Fanoche avait vu alors miss Ellen ouvrir un portefeuille et en tirer une poignée de bancknotes qu'elle avait remises au magistrat. En Angleterre, un magistrat de police est en même temps juge d'instruction. Il décide si le coupable peut demeurer provisoirement en possession de sa liberté, et s'il lui est permis de rester en tel ou tel lieu. Or donc, celui qui venait d'interroger mistress Fanoche était parti, laissant cette dernière en présence du révérend Peters Town.

Alors, celui-ci lui avait dit : — Ma chère, il ne faut pas vous dissimuler que vous êtes un grand coupable, et que sans la haute protection qui vous couvre et l'importance du service que vos aïeux ont rendu au gouvernement de Sa Majesté la reine, vous seriez allée coucher à Newgate, pour n'en sortir que le jour de votre mort. Si même vous étiez traduite devant la cour d'assises, vous seriez condamnée et nul, pas même moi, ne pourrait vous sauver. Mistress Fanoche avait écouté, en frémissant, cette petite harangue, et peut-être s'était-elle repentie de n'avoir pas osé braver la colère de l'homme gris. Mais le révérend avait continué : —Maintenant, si vous m'en croyez, vous resterez ici jusqu'à demain soir. A cette date, on ne se sera pas encore occupé de votre affaire et personne ne songera à vous avant trois ou quatre jours. Demain soir, tout sera préparé pour votre fuite. Mon secrétaire, ce jeune clergyman que vous avez vu, vous conduira à Brighton, en vous faisant passer pour sa sœur aînée. Il vous remettra un portefeuille qui contiendra les quatre mille livres convenues et vous prendrez passage soit sur un navire qui part pour la France, soit sur un autre qui passe l'Atlantique et va en Amérique. Lequel préférez-vous? — Je préfère aller en Amérique, avait répondu mistress Fanoche. Le révérend était sorti. Il allait, comme on le pense bien, assister à l'arrestation du petit Irlandais et à son incarcération. Mais avant de quitter sa maison, il avait dit deux mots à Tom. Qu'était-ce que Tom? Un mélange de bedeau et de domestique, un homme qui accompagnait le révérend au temple, et lui servait en même temps de valet de chambre. Tom était un homme entre deux âges, petit, trapu, les cheveux gris et crépus, le visage rouge, le cou très-court, la lèvre bestiale et le rire idiot. Tom n'était cependant pas dépourvu d'une certaine intelligence, en outre, il avait une qualité rare; il était esclave des ordres qu'on lui donnait. Or, le révérend, après avoir installé mistress Fanoche dans une chambre très-propre de la maison, dit à Tom:— Sous aucun prétexte, tu ne laisseras sortir cette femme.

Tom inclina la tête, signe qu'il avait compris d'abord, et ensuite que mistress Fanoche passerait plutôt sur son corps que de franchir le seuil de la maison. Le révérend s'en était donc allé.

Tom était fidèle, mais il était bavard, et la solitude lui convenait peu. Ordinairement, il faisait la conversation avec le clergyman, secrétaire de Peters Town; mais le clergyman avait suivi son supérieur. Tom se fit, après le départ du révérend, le raisonnement suivant : — Je dois empêcher cette femme de sortir; mais il ne m'est pas défendu de causer avec elle. Et il monta dans la chambre où mistress Fanoche était aux prises avec son épouvante. — Ma chère dame, lui dit-il, je venais savoir comment vous vous trouviez ici?

— Fort bien, répondit mistress Fanoche, pourvu toutefois que je n'y reste pas longtemps. Tom eut un mouvement d'épaules qui signifiait qu'il n'en savait absolument rien. — Où est votre maître? demanda la nourrisseuse. — Il est sorti, répondit Tom. — Reviendra-t-il bientôt? — Je ne le crois pas. Il m'a commandé de vous faire apporter à dîner de chez le pâtissier voisin.

Tom était causeur, nous l'avons dit, mais mistress Fanoche n'était pas d'humeur, ce soir-là, à soutenir aucune conversation. Elle tressaillait au moindre bruit et se disait que le magistrat de police allait peut-être se raviser et revenir pour l'arrêter. Elle ne répondait donc que par mono-

24

syllabes aux questions de Tom, et celui-ci, au bout d'une heure, désespérant une conversation suivie, la quitta en lui disant : — Je vais vous faire apporter à dîner. Une demi-heure après, mistress Fanoche était à table, en présence d'un morceau de roastbeef et d'une foule de pâtisseries. Le révérend Peters Town avait commandé à Tom de ne rien épargner et de traiter mistress Fanoche avec tout le confortable possible. Mais mistress Fanoche n'avait pas grand'faim, l'angoisse lui serrait l'estomac. Elle dîna donc du bout des lèvres ; Tom remonta, espérant que mistress Fanoche causerait davantage après souper ; mais il n'en fut rien. Elle se borna à demander si le révérend Peters Town était rentré. Tom lui répondit que non, et descendit à son office de fort mauvaise humeur. La soirée s'écoula. Mistress Fanoche aurait fort bien pu se mettre au lit ; mais elle n'osa pas. Poursuivie par cette pensée, que le magistrat de police pouvait se raviser et ordonner son arrestation, elle avait déjà ouvert la fenêtre et mesuré la hauteur où elle était du sol. La fenêtre donnait sur le jardin entouré de grilles assez hautes, et toute fuite était impossible de ce côté-là. Néanmoins, mistress Fanoche ne se couchait point et, au lieu de se dissiper peu à peu, sa terreur

augmentait à mesure que sonnaient les heures
de la nuit. Le révérend ne revenait pas. Tout à
coup, il était alors plus de minuit, la sonnette de
la porte d'entrée se fit entendre, puis des voix
confuses montèrent jusqu'à la nourrisseuse. Elle
entr'ouvrit sa porte sans bruit et prêta l'oreille;
et elle reconnut la voix de Tom qui disait : —
Mais je vous jure que mon maître est absent. —
Oui, mais il y a une femme là-haut, que nous
avons ordre de conduire en prison, répondit une
autre voix. Et mistress Fanoche, éperdue, courut
vers sa fenêtre, avec l'intention de sauter dans le
jardin au risque de se casser le cou. Malheureusement la force lui manqua et ses jambes refusant
de la supporter, tant son émotion était grande,
elle s'affaissa au milieu de la chambre, en poussant un sourd gémissement.

XXVI

En entendant sonner, Tom était allé ouvrir sans
défiance. Il était même persuadé que c'était le
jeune clergyman, le secrétaire du révérend Peters
Town qui entrait. Quel n'avait pas été son étonnement en se trouvant face à face avec M. Simouns,
car ce n'était pas la première fois qu'il voyait le
prétendu agent de police, celui-ci ayant eu affaire

la veille au révérend, qui s'était concerté avec lui pour l'enlèvement du petit Irlandais. M. Simouns était suivi d'un nègre, et la vue de ce nègre effrayait quelque peu le valet de chambre sacristain. — Mon maître est sorti, disait-il.

— Oui, répondit M. Simouns en pénétrant dans le vestibule, mais il y a en haut une femme que nous venons arrêter.

— Voilà ce que je ne souffrirai pas, répondit Tom. Je suis le serviteur fidèle de mon maître, reprit Tom, et ce qu'il me commande je le fais.

— Que vous a-t-il donc commandé, votre maitre, monsieur Tom ?

— De ne laisser la femme dont vous parlez sortir d'ici sous aucun prétexte. Et si vous ne me tuez, ou ne me garrottez....

— Mon cher monsieur Tom, dit M. Simouns, il n'y a qu'un malheur à toutes vos belles résolutons. C'est que c'est le révérend qui m'envoie.

— Alors, dit Tom, il vous a certainement donné un mot de sa main ?

— Non, il a fait mieux que cela, il m'a donné son portefeuille pour vous le remettre, en vous priant de le serrer dans son secrétaire. Et M. Simouns tendit à Tom, un peu interdit, le portefeuille du révérend, duquel il avait extrait, du reste, l'ordre d'arrestation signé par le lord chief justice. Si Tom eût vu M. Simouns pour la prémière fois, peut être se fût-il défié tout de même, et fût-il allé jusqu'à supposer que le révérend était tombé aux mains d'une bande de voleurs. Mais Tom avait déjà vu M. Simouns en grand conférence avec son maître. En outre, le portefeuille renfermait des banknotes, et quel est le voleur qui rend un portefeuille ainsi meublé? Tom ajouta donc une foi pleine et entière aux paroles de M. Simouns. — Ah! fit-il, s'il en est ainsi, venez. Je vais vous livrer la petite dame.

Mistress Fanoche, on le sait, avait ent'rouvert sa porte sans bruit et elle avait entendu une partie de ce dialogue. Alors, la peur s'était emparée d'elle. On venait l'arrêter! Et elle avait essayé de se traîner jusqu'à la fenêtre et de sauter dans le jardin.

Mais elle n'en avait pas eu la force et lorsque M. Simouns et le nègre, conduits par Tom qui s'était armé d'un flambeau, arrivèrent, ils la trouvèrent étendue sans connaissance sur le parquet.

— Eh bien dit M. Simouns, j'aime autant cela. Nous n'aurons pas besoin de lui mettre un bâillon pour l'empêcher de crier. Il fit un signe au nègre Shoking, — car on doit l'avoir reconnu, — prit mistress Fanoche à bras le corps et la chargea sur son épaule.—En route, dit M. Simouns. Shoking et lui avaient laissé à la porte un fiacre à quatre places. Ils y déposèrent mistress Fanoche évanouie ; puis M. Simouns souhaita le bonsoir à Tom, l'engageant à se coucher, car, disait-il, le révérend Peters Town ne devait pas rentrer cette nuit-là ; et ils montèrent dans le fiacre en disant au cabman : Conduis-nous à la station de police.

— Mais, dit alors Shoking, je croyais que nous allions à Newgate, maître. Alors, qu'allons nous faire à la station de police ?

— C'est-ce que tu vas voir. Nous allons chercher le dossier de mistress Fanoche. Tu penses bien, dit-il, qu'il faut que la misérable soit pendue. Et pour qu'elle soit pendue, il faut que le magistrat qui l'a interrogée et l'a laissée libre sous caution, remette son interrogatoire et son dossier au gouverneur de Newgate.

— Mais puisqu'il l'a admise à fournir caution ?

— Aussi ne saura-t-il pas ce que je veux faire du dossier que je vais lui réclamer de la part du révérend en lui montrant l'ordre écrit par le lord chief justice.

La station de police était à deux pas de la maison du révérend. Quand la voiture s'arrêta, mistress Fanoche était toujours évanouie. — Je te la confie, dit M. Simouns. Et il sauta lestement à terre et tira la sonnette de nuit de la station. Peu après, la porte s'ouvrit et se referma sur lui. Mistress Fanoche était toujours évanouie ; cependant un soupir souleva sa poitrine, et Shoking se dit : Je crois qu'elle revient à elle. En effet, le premier soupir fut suivi d'un second, puis d'un troisième, et la nourrisseuse s'agita convulsivement sur la banquette du fiacre. Mais, en ce moment, on ouvrit la portière, et M. Simouns reparut, un immense portefeuille sous le bras. C'était le dossier de mistress Fanoche. — A Newgate cria-t-il au cocher.

A peine la voiture se fut-elle remise en mouvement, que la nourrisseuse ouvrit les yeux. — Où suis-je? dit-elle. Les lanternes projetaient une faible clarté à l'intérieur du fiacre. Mistress Fanoche aperçut d'abord le nègre, puis M. Simouns, et crut avoir affaire à des inconnus. — Mon Dieu ! répéta-t-elle, où suis-je ? quels sont ces hommes ? que me veulent-ils ? Mais alors, une voix qui la fit tressaillir lui répondit : — Ma chère, vous êtes au pouvoir de deux agents de police, qui vous conduisent à Newgate, d'où vous ne sortirez que le jour de votre mort. — Mistress Fanoche jeta un cri aigu.

— Oh! cette voix, dit-elle, où donc ai-je entendu cette voix? M. Simouns se mit à rire:

— Cela t'apprendra, ma chère, dit-il, à trahir l'homme gris. A ces paroles, mistress Fanoche poussa un nouveau cri et retomba évanouie sur les coussins du fiacre. Une demi-heure après les portes de Newgate se refermaient sur elle, et M. Simouns remettait son dossier au gouverneur. Dès lors, aucune puissance humaine ne pouvait plus sauver mistress Fanoche de la potence qu'elle avait si bien méritée.... — L'heure de Dieu vient tôt ou tard, murmurait l'homme gris en s'en allant, et Dieu, c'est la suprême justice.

XXVII

Le fiacre qui avait conduit l'homme gris et Shoking à Newgate, les attendit à la porte, tandis qu'ils faisaient écrouer mistress Fanoche. L'opération n'avait pas duré dix minutes. Avec de vrais agents de police mistress Fanoche se serait peut-être débattue; peut-être même aurait-elle crié; mais avec l'homme gris, elle ne souffla mot. Cet homme exerçait sur elle un tel empire, il lui inspirait une si grande épouvante qu'elle n'avait opposé aucune résistance, et n'était sortie de son évanouissement que pour s'abandonner à une prostration sans limites. L'homme gris et Shoking étaient donc remontés en voiture. — Où allons-nous? demanda alors Shoking.

Le maître consulta sa montre : — Quatre heures du matin, dit-il. Il ne fera pas jour avant sept heures et demie. Nous avons du temps devant nous. — Mais où allons-nous ? répéta Shoking qui avait ouvert la portière. — A Hampsteadt. Shoking transmit l'ordre au cocher. Maître, reprit-il, quand le fiacre roula, vous avez mis Jenny, son fils et John Colden en sûreté, c'est bien. Mais... vous?... Et il y avait dans cette timide question, comme une vague et mystérieuse terreur. — Moi, dit l'homme gris en souriant, je n'ai pas encore accompli ma tâche. Écoute-moi, et tu comprendras que je n'ai pas le droit de quitter Londres. Les Irlandais attendaient un chef; ce chef est un enfant et jusqu'à l'heure où devenu homme, il pourra prendre en mains ce pouvoir occulte qui lui fera une royauté dans l'ombre, en attendant le triomphe du jour, il faut qu'une main plus ferme, une pensée plus intelligente, fasse mouvoir tous les fils de cette vaste intrigue, tous les soldats de cette immense conspiration qui enveloppe peu à peu l'Angleterre. L'abbé Samuel a besoin d'un homme auprès de lui, et cet homme c'est moi. Shoking secoua la tête. — Oui, dit-il, tout cela est fort bien; mais deux personnes presque aussi fortes que vous, ont juré votre perte, le révérend Peters Town et miss Ellen. — Je ne crains que cette dernière, répondit l'homme gris ; je la crains jusqu'à l'heure où elle m'aimera. — Mais vous avez donc encore cet espoir? fit naïvement Shoking. — Oui.

L'accent de l'homme gris était net et convaincu; mais il ne persuada point Shoking. — Singulière idée, murmura-t-il après un silence, que de vouloir se faire aimer de cette femme hautaine et cruelle, et qui n'a d'humain que l'apparence.

Le jour où elle m'aimera, elle sera mon esclave, dit l'homme gris. J'en ferai un des serviteurs les plus dévoués de l'Irlande.

Shoking murmura à part lui : — Tous les hommes de génie ont leur marotte. Celui-là a mis dans sa tête qu'il serait aimé de miss Ellen. Mais il en sera, je crois, pour ses frais d'espérance, et il a le temps d'attendre. Le fiacre atteignit Hampsteadt assez rapidement. Alors, comme il s'arrêtait à la grille du cottage, un souvenir traversa l'esprit de Shoking : — Maître, dit-il, ne m'avez-vous pas dit que vous me rendriez ma couleur naturelle? Quand donc le ferez-vous?

— C'est pour cela que je t'amène ici. Et Shoking éprouva en même temps un mouvement de joie et un sentiment de regret. Il fut joyeux de penser qu'il allait redevenir blanc ; mais il soupira en songeant qu'il cesserait, du même coup, d'être marquis, décoré d'une foule d'ordres et porteur d'un nom si long qu'il aurait fait trois lignes du journal le *Times*.

Le cottage était silencieux et perdu dans l'ombre des grands arbres qui l'environnaient. — Tu n'es pas revenu ici depuis que je t'ai fait marquis ? demanda l'homme gris. — Non, répondit Shoking. — Alors, tu ne sais pas comment va la fille de Jefferies ? — Non. Mais Suzannah doit toujours être auprès d'elle.

L'homme gris traversa le jardin et pénétra dans le vestibule de la maison où brûlait une petite lampe suspendue au plafond.

Ce valet de chambre modèle qui, le premier, avait appelé Shoking mylord, dormait tout vêtu sur une banquette. L'homme gris l'éveilla. Le valet ne témoigna aucune surprise à la vue de Shoking devenu nègre. — Suis-nous, dit l'homme gris, ou plutôt éclaire-nous, nous allons à la chambre de lord Wilmot.

Le valet prit un flambeau et monta le premier

les marches du large escalier. Tous trois arrivèrent ainsi dans ce cabinet de toilette où Shoking avait pris son premier bain. — Tu ne reconnais pas mylord? dit alors l'homme gris au valet de chambre. Mylord a eu une fantaisie, il s'est teint en noir pour pénétrer dans une taverne où les nègres se réunissent.—Excentrique! murmura le valet avec flegme. — Prépare un bain, dit encore l'homme gris, et va me chercher cette caisse en bois des îles dans laquelle se trouvent plusieurs flacons.

Le valet ouvrit les robinets à tête de cygne, et l'eau chaude et l'eau froide tombèrent en même temps dans la baignoire de marbre blanc. Puis il sortit pour aller chercher la caisse demandée par l'homme gris. Alors celui-ci dit à Shoking: — Tu penses bien que ce n'est pas l'affaire d'une heure. Ton traitement durera quinze jours, et pendant quinze jours tu prendras soir et matin un bain comme celui que je vais te préparer. Déshabille-toi.

Shoking poussa un dernier soupir en regardant du coin de l'œil cette rosette multicolore qui ornait la boutonnière de son paletot. Puis il obéit. Et comme il se glissait dans le bain et fermait les deux robinets, le valet de chambre revint avec la caisse aux flacons mystérieux.

XXVIII

L'homme gris ouvrit alors la caisse et y prit une fiole qu'il fit miroiter à la bougie et qui contenait une essence incolore. Puis il la déboucha et en versa le contenu dans le bain. Aussitôt l'eau se colora en vert tendre et Shoking s'écria : — Mais c'est un bain d'absinthe que vous me faites prendre.

— Attends, dit l'homme gris. Il prit un second flacon qu'on eût dit plein de vin, et il versa dans le bain. L'eau, verte tout à l'heure, passa subitement au rouge vif ; puis ce rouge devint écarlate, s'assombrit un peu et Shoking épouvanté murmura. — Bon ! voici que je suis dans le sang à présent.

— Tu vas rester deux heures dans ce bain, dit le maître, et puis, ton valet de chambre te lèvera, t'essuiera, t'enveloppera dans un peignoir bien chaud et te mettra au lit. Comme tu es fatigué, tu dormiras. Quand tu t'éveilleras, tu te feras apporter un miroir. — Et je me retrouverais blanc ?

— Non, mais tu t'apercevras que ton noir est moins vif et que ta peau se marbre par places. — — Et ce soir, je prendrai un autre bain ? — Oui.

L'homme gris s'approcha alors d'une table sur

laquelle il y avait de quoi écrire. Puis il prit la plume et traça quelques mots sur une feuille de papier. Et, remettant ce papier au valet de chambre : — Chaque soir, dit-il, tu iras chez le chimiste du quartier et tu lui feras emplir ces deux flacons de la composition que je viens de prescrire, puis tu les verseras l'un après l'autre dans le bain de mylord. Le valet s'inclina.

— Mais, dit Shoking, est-ce que je ne pourrai pas sortir durant ces quinze jours ? — Non, car à mesure que le traitement opérera, ton corps passera par toutes les couleurs de l'arc-en-ciel, et tu seras hideux à voir. On te jetterait des pierres, si tu te montrais dans la rue. Shoking, soupira de nouveau, — Mais au moins, dit-il, je reviendrai blanc ? — Comme neige. — Et mes cheveux ? — Tes cheveux retourneront au roux, leur couleur naturelle.

Alors l'homme gris laissa Shoking au bain, et passa dans une pièce voisine, où il procéda, lui aussi, à une nouvelle toilette. Il se débarrassa de sa perruque de cheveux blancs, de son crâne plissé, et de tout ce qui constituait M. Simouns, pour redevenir ce gentleman de trente-six à trente-huit ans, à l'œil bleu, au visage pâle et distingué, aux favoris châtain-clair, cet homme enfin d'une rare distinction que les dandys de Hyde Park avaient pris pour le gentilhomme russe amoureux de miss Ellen. Quand il fut ainsi métamorphosé, il revint dans la pièce où Shoking était toujours au bain. — Je viens te dire adieu, fit-il, et m'occuper de trouver au révérend une prison digne de lui, et plus sûre que la première.

Shoking, à qui l'homme gris avait raconté la manière dont le révérend Peters Town était tombé en son pouvoir, ne put réprimer un éclat de rire. L'homme gris lui serra main, puis il s'enveloppa de son waterproof et quitta le cottage. Comme il avait renvoyé le fiacre qui les avait amenés, il descendit Heath-mount à pied, fumant son cigare, et du pas tranquille d'un bourgeois de Londres qui quitte le club après une partie de whist. Il rentra ainsi dans Londres, en moins d'une heure et demie, et quelque chose qui ressemblait à un rayon de jour commençait à percer le brouillard lorsqu'il arriva dans la cité.

Une taverne qui avait une licence de nuit, était ouverte dans Farringdon street à peu près en face de l'imprimerie du *Times*. Comme l'homme gris n'avait pas eu le temps de manger depuis la veille au matin, il y entra, s'installa dans le box des gentlemen et se fit servir des sandwich et du vin de Porto. Son repas fini, il s'aperçut que le jour grandissait, et jetant une couronne sur le comptort il se remit en route, à petits pas, sans se presser, comme un homme qui roule de vastes projets dans sa tête.

Le Blak-Friars ou pont des Moines-Noirs est au bout de Farringdon street. L'homme gris le traversa et gagna ainsi la rive droite de la Tamise. Une fois là, il hâta tout à coup le pas. Sans doute il avait trouvé ce qu'il cherchait depuis son départ de Hampsteadt, c'est-à-dire l'endroit où il pourrait mettre le révérend Peters Town en sûreté et dans l'impossibilité de recouvrer sa liberté. Au lieu de s'enfoncer dans les ruelles sombres du Borough, l'homme gris remonta alors vers le Southwark. Et suivant toujours le bord de la Tamise, il se dirigea vers Queen's Élisabeth Tavern, l'établissement auprès duquel, le bateau dans lequel on avait enlevé le révérend, était retourné stationner. Au coup de sifffet qu'il fit entendre, un autre répondit, puis le bruit de deux avirons, et la barque vint chercher le maître. — As-tu fait ce que je t'ai commandé? dit l'hommage gris à l'Irlandais.

— Oui, j'ai porté un panier de provisions à Harris. — Et le prisonnier. — Il se tenait tranquille.

— C'est bien. Pousse au large. A bord de la péniche.

La barque fila sur la Tamise encore chargée de brouillard, bien que le jour eût grandi ; elle repassa sous le pont des Moines et le pont de Londres et mit le cap sur Rotherithe. Mais tout à coup l'homme gris poussa un cri d'étonnement et de stupeur. Il écarquillait vainement les yeux ; vainement il cherchait la péniche du regard... La péniche avait disparu... et sans doute le révérend Peters Town avec elle !...

XXIX

Où avait donc passé la péniche et avec elle le révérend Peters Town, que l'homme gris croyait si bien tenir en son pouvoir ? Pour le savoir, il faut rétrograder de quelques heures, et pénétrer, bien avant le jour, dans une taverne de Rotherithe où se réunissait une population d'ouvriers des ports et des matelots, plus hideuse encore que celle qui se presse, la nuit, sur l'autre rive de la Tamise, dans les bouges du Wapping. Cette taverne avait un singulier nom, l'*hôtellerie de l'Ange* On y buvait, on s'y querellait, on y échangeait à toute heure des coups de poings et quelquefois des coups de couteau. Quand venait minuit, le landlord posait les volets à sa deventure et avait l'air de fermer boutique ; mais les habitués ne s'en allaient pas pour cela. Quelquefois un policeman se montrait au bout de la rue, mais il avait bien soin de ne pas passer devant l'hôtel de l'Ange. Or, cette nuit-là, un homme entra en disant : — Si personne ne me paye à boire, ou si le landlord ne me fait pas crédit d'un verre de gin ou d'ale, je mourrai très-certainement de soif, car je n'ai pas un demi-penny dans ma poche.

— Hé ! c'est Nichols, dit un matelot de commerce en levant la tête. — Oui, c'est moi, Robert, répondit Nichols, l'ancien associé de John le rough et de l'Ecossais Mac Ferson, pour la capture du condamné à mort John Colden. — Tu as soif? dit le matelot. — Ma gorge est plus sèche que le four d'un pâtissier.

— Et pas d'argent? — J'ai bu mon dernier shilling hier soir. — Viens t'asseoir ici, je t'invite, dit encore le matelot.

Nichols ne se le fit pas répéter, et, sur un signe de Robert, une servante apporta un pot de bière brune. — Ça ne va donc pas? reprit celui-ci. — Non, dit Nichols. — Tu ne veux donc plus travailler aux docks? — Ah! dame! soupira Nichols, c'est l'ambition qui m'a perdu et pour avoir été

trop gourmand... — Tu n'as plus de quoi manger?
— Hélas!

Et Nichols fit à Robert le matelot, le récit de ses aventures et de ses mésaventures, c'est-à-dire du temps qu'il avait perdu à rechercher John Colden, alléché qu'il était par la prime annoncée. Le matelot, qui était un honnête garçon, haussa les épaules: — C'est des bêtises tout ça, dit-il. Veux-tu travailler? J'ai de l'ouvrage à te proposer. — Quel ouvrage? fit Nichols. — Cinquante shillings et la nourriture pour une semaine. — Plaît-il? fit Nichols.

— Tel que tu me vois, dit le matelot, je suis venu ici pour embaucher quatre hommes. Si tu veux en être, c'est marché conclu.

— Mais pour quelle besogne? demanda Nichols. — Tout ce qu'il y a de plus simple et de plus honnête. Tu as navigué? — Dix ans. — Fort bien. Nous embarquons au point du jour. — Et où allons-nous? — A Boulogne, par la Tamise; nous allons conduire un convoi de chevaux pour le compte de master Manning, le marchand célèbre.

A ce nom, Nichols tressaillit et se souvint de ses aventures sur la péniche. — Cela te va-t-il? insista le matelot. — Oui. — Eh bien! bois encore un coup. As-tu faim? — Oui, dit encore Nichols.

Robert fit servir de la choucroute et du jambon à Nichols, qui se mit à dévorer. Une heure après ils quittaient le cabaret en compagnie de deux autres ouvriers des ports, comme Nichols, anciens matelots. — Les chevaux arriveront par le convoi de cinq heures du matin, à la gare de London-Bridge, dit alors Robert ; et il faut que nous soyons à bord pour les recevoir. Mais il nous manque un matelot, où le prendre ? — Bah ! fit Nichols. Je gagerais tout ce qu'on voudra que nous allons le trouver à bord de la péniche. — Comment cela ? — Il n'y a pas de nuit où quelque pauvre diable, qui ne sait où coucher, n'aille s'y réfugier. — Tiens, dit Robert, c'est une idée cela !

Et ils se dirigèrent vers le bord de l'eau, et, un quart d'heure après, ils montaient à bord de la péniche. L'Irlandais Harris n'avait pas quitté son poste, seulement, il avait absorbé les provisions que lui avait apportées le batelier, il avait bu un pot de bière tout entier, et s'était endormi ensuite. Seulement il s'était couché tout de son long sur le panneau qui fermait la cale, au fond de laquelle le révérend Peters Town était prisonnier, et, si celui-ci avait essayé de sortir ou de briser le panneau, Harris se fût certainement éveillé. — Quand je te disais que nous trouverions notre affaire ici, s'écira Nicholis en apparaissant, en haut de l'échelle qui plongeait dans les flancs de la péniche. Et, à la lueur du bout de chandelle allumé par Nichols, le matelot Robert et les deux autres compagnons aperçurent Harris l'Irlandais endormi.

XXX

La lumière éveilla Harris en sursaut. En un clin d'œil il fut sur ses pieds et regarda les gens à qui il avait affaire. Harris, nous l'avons dit, était un véritable colosse et il était doué d'une force herculéenne. Mais il était en présence de quatre hommes, et quatre hommes viennent toujours à bout d'un seul. Mais Harris, en dépit de ses proportions gigantesques, était intelligent et possédait un grand sang-froid. — Que voulez-vous? dit-il. — Tiens, dit Nichols, c'est un Irlandais. — Et je m'en vante, fit Harris. Je vous demande ce que vous me voulez. Et il prit l'attitude d'un boxeur qui se met en défense. Mais le matelot Robert lui dit :

— Tu es ombrageux, camarade. Sois bien persuadé que nous ne te voulons pas de mal, au contraire... et tu me parais homme à ne pas refuser cinquante shillings. — Cela dépend, dit froidement Harris. — Que faisais-tu ici?... demanda encore Robert. Harris avait les deux pieds sur le panneau de la cale, et il était par conséquent toujours maître de son prisonnier. — Et vous-même, répondit-il, qu'y venez-vous faire?... — Je suis le capitaine du bâtiment. — De cette péniche. — Oui. — Eh bien! dit Harris, excusez-moi, mais ne sachant où coucher...

— Je m'en doute bien, reprit le matelot. Seulement, il va falloir choisir, camarade. — Choisir quoi? — Ou aller finir ta nuit ailleurs, ou être des nôtres, car nous allons partir. Harris tressaillit.— Avec la péniche?...—Et un convoi de chevaux. — Diable! pensa l'Irlandais, le maître n'avait pas prévu ça. Comment vais-je tirer le révérend de la cale?

Robert ajouta : —Tu ne me parais pas riche. — Je suis pauvre comme tous les Irlandais, répondit fièrement Harris. — Mais tu ne refuses pas de gagner ta vie honnêtement. — Non, certes.

— J'ai besoin d'un quatrième matelot. Nous allons à Boulogne et nous revenons. Tu seras nourri et tu auras cinquante shillings. — Mais fit Harris qui tenait à gagner du temps, avant de m'embarquer comme matelot, il faudrait savoir si j'ai navigué. Cependant, rassurez-vous, j'ai dix ans de mer et j'ai été pilote-côtier. — Alors, tu tiendras la barre, fit Robert.

Harris eut un frisson de joie à ces derniers mots. Une inspiration, rapide comme un éclair, traversa son esprit. Il était peu probable qu'on eût affaire dans la cale avant le départ, et l'épaisseur du panneau avait dû empêcher le révérend Peters Town d'entendre ce qui se disait dans l'entre-pont.

Or, comme il pouvait tout aussi bien supposer que la péniche était pleine d'Irlandais, il était présumable qu'il continuerait à se tenir tranquille.

Donc, une fois en route, et lui tenant la barre, Harris était sûr de son plan, c'est-à-dire de la réalisation de cette idée qui venait de lui passer par l'esprit. Cette idée, comme on va le voir, était fort simple. Harris s'était dit : — Je connais la Tamise comme le quartier de Drury lane, où j'habite depuis quinze ans. Je sais qu'à l'embouchure du fleuve il y a des rochers à fleur d'eau, que les pilotes évitent avec soin. Je passerai au travers avec mon habileté merveilleuse, et je me gagnerai ainsi la confiance de mes compagnons, qui ne se défieront plus de moi. Mais, un peu plus loin, à un quart de lieue des côtes, il y a un autre récif; je gouvernerai droit dessus, et la péniche sombrera. Je suis assez bon nageur pour gagner la côte à la nage, et probablement mes compagnons en feront autant. Il n'y aura que le prêtre qui, enfermé à fond de cale, se noiera. Le maître m'avait commandé de le garder prisonnier; mais, à l'impossible nul n'est tenu. Je le noie, c'est tout ce que je puis faire.

Et dès lors, Harris parut accepter avec empressement les offres du matelot Robert. Les mâts, couchés sur le pont, furent redressés et gréés; puis on attendit le convoi de chevaux. Le convoi arriva un peu après six heures, et fut embarqué immédiatement. Les premiers rayons du jour perçaient le brouillard, lorsque Robert prenant le commandementt de la péniche, ordonna l'appareillage, et bientôt après, la péniche, toutes voiles dehors; quitta le mouillage de Rotherithe et s'élança sur les flots de la Tamise. Une heure plus tard, Robert disait à Nichols, en lui montrant Harris qui tenait la barre : — Je crois que nous avons fait là une fière rencontre. C'est un matelot fini. — Oui, mais il me déplaît, murmura Nichols. Le révérend Peters Town était toujours à fond de cale et personne n'avait songé à y descendre.

XXXI

Déjà la péniche avait passé devant Gravesend et approchait de l'embouchure de la Tamise; déjà Harris était sûr du triomphe, et le matelot Robert, embauché par M. Manning comme capitaine, s'extasiait sur son habileté à tenir la barre, lorsque Nichols, qui n'était pas un travailleur de premier ordre, se dit : — Je ne me suis pas encore reposé, je vais descendre dans l'entre-pont, et je dormirais un brin sur la paille, entre deux chevaux. Le hasard voulut que la place qu'il choisit pour son lit de repos fût tout auprès du panneau de la cale. — Hé! hé! dit-il, c'est pourtant là que j'avais enfermé Shoking, et que cet imbécile de Mac Ferson l'a laissé échapper.

Et faisant cette réflexion, il se souvint que dans la cale, il devait y avoir un amas de paille, et qu'il y serait mieux, et plus confortablement encore que dans l'entre-pont. Il ouvrit donc le panneau et se laissa glisser dans les ténèbres. Mais ses pieds, au lieu de toucher le sol, heurtèrent un corps mou, et, tout aussitôt, il entendit une sorte de gémissement. — Par Saint-George! s'écria-t-il, il y a quelqu'un ici ! — Oui, répondit une voix, il y a quelqu'un qui fera la fortune de celui qui lui viendra en aide. Nichols était un homme de sang-froid. Il frotta une allumette sur son pantalon en guenilles ; la flamme petilla et il aperçut alors le révérend garrotté et couché sur le dos. — Un prêtre? murmura-t-il, aussi vrai que je me nomme

Nichols. — Nichols ! exclama le révérend, tu te nommes Nichols? Tu as connu John le rough ? — C'était mon ami. — Alors, dit le révérend, c'est toi qui recherchais John Colden. — Oui, dit encore Nichols

Peters Town comprit que le ciel ou plutôt l'enfer lui envoyait un secours. — Nichols, dit-il, si tu me délivres, tu auras deux cents livres demain. —Deux cents livres ! —Oui, c'est l'homme gris et ces abominables Irlandais qui m'ont enfermé ici.

Nichols s'empressa de débarrasser le révérend de ses liens. — Oui, certes, dit-il, je veux vous délivrer, mais comment? Il y avait un homme qui vous gardait à bord de la péniche. — Oui, un Irlandais appelé Harris. — C'est lui qui tient la barre, dit Nichols, et certainement il aura assez d'ascendant sur les autres pour vous retenir ici.

Puis Nichols eut une inspiration : — Savez-vous nager? dit-il, — Un peu. — Alors je vous délivrerai et je vous sauverai. Ne bougez pas, tenez-vous tranquille et comptez sur moi.

Nichols regrimpa dans l'entre-pont et ferma le panneau. Une seconde après il était sur le pont. La péniche venait d'entrer dans cette partie de la Tamise qui, voisine de l'embouchure, est souvent, en hiver, chargée de brumes épaisses. Harris tenait toujours la barre. — Il ne quittera pas son poste en ce moment, pensa Nichols. Et il sonda du regard l'épaisseur de la brume qui masquait les côtes.

La péniche était à peu près en face de Stanford. Nichols redescendit dans l'entre-pont souleva de nouveau le panneau de la cale et dit au révérend qu'il avait débarrassé de ses liens : — Vite ! montez ! Peters Town se hissa dans l'entre-pont. — Otez vos habits et vos souliers, dit encore Nichols. Le révérend obéit. Alors Nichols ouvrit un sabord. — Si les forces vous manquent, dit-il, je vous soutiendrai. Ne craignez rien, j'ai sauvé plus d'un homme qui se noyait. Et il poussa le révérend, qui sauta résolument à l'eau. Puis Nichols s'élança après lui dans la Tamise. La brume était si épaisse que ceux qui étaient sur le pont n'entendirent qu'un bruit sourd. Mais ils ne virent rien...

XXXII

Quinze jours s'étaient écoulés depuis le jour où l'homme gris stupéfait, constatait la disparition de la péniche et du révérend, et où celui-ci s'était sauvé à la nage en compagnie du rough Nichols. Pendant ces quinze jours dien bien des événements avaient eu lieu. D'abord Shoking était redevenu blanc; ensuite on avait instruit deux procès criminels, celui de John le rough, le meurtrier de Paddy et celui de mistress Fanoche, la nourrisseuse d'enfants. John avait été pendu la veille devant la prison de Horsemonger. L'exécution de mistress Fanoche était pour ce jour-là même où nous retrouvons Shoking et l'homme gris. Il était six heures du matin, nuit encore par conséquent; et une pluie fine se dégageait du brouillard.

Cependant grande était l'agitation dans la cité. Aux environs de Newgate street et d'Old Bailey, immense la foule, et il fallait jouer des coudes pour se frayer un passage au travers de ce monde avide de spectacles sanglants et d'émotions. Tous les public-houses étaient ouverts et pleins de buveurs. Il y en avait même un au coin d'Old-Bailey dont le publican avait loué toutes les fenêtres à des lords, à des gentlemen et à des ladies. Les fenêtres se louent, à Londres, pour une exécution, comme à Paris une stalle d'Opéra. Or, parmi les gens élégants qui venaient dans cette maison dont nous parlons, assister au supplice de mistress Fanoche se trouvait une élégante personne dont le visage était couvert d'un voile épais, mais dont la taille svelte annonçait la jeunesse, et les cheveux uxuriants, la beauté. Elle avait loué pour elle et sa femme de chambre, une croisée tout entière à l'étage au-dessus du public-house, et elle était arrivée à quatre heures du matin, alors que la foule encore clair-semée, permettait aux voitures d'approcher.

Le premier étage, dont le public-house proprement dit composait le rez-de-chaussée, était destiné à des meetings et des repas de corps. Aussi était-ce une longue et vaste salle percée de dix croisées donnant toutes sur Old Bailey; or, cette salle était pleine lorsque six heures sonnèrent.

La femme au voile épais et sa camérière étaient donc à leur fenêtre et assistaient avec un empressement et une curiosité dignes en tous points du peuple anglais, à la construction de l'échafaud. Toutes les fenêtres louées étaient occupées, sauf une seule. Il avait suffi cependant de placer dessus une pancarte annonçant qu'elle avait un locataire, pour que personne ne songeât à s'en emparer. Or, la femme au voile épais occupait précisément la croisée voisine. De temps en temps elle tournait à demi la tête vers la porte de la salle. On eût dit qu'elle était plus curieuse de savoir à qui cette fenêtre appartenait pour une heure, qu'elle n'était friande du sinistre spectacle qu'on préparait sur la petite place triangulaire d'Old-Bailey.

Enfin, nous l'avons dit, six heures sonnèrent. Presque aussitôt deux nouvelles personnes entrèrent dans la salle. Il y eut parmi celles qui s'y trouvaient déjà un moment d'étonnement et presque un mouvement de curiosité. Ces deux personnes étaient des gens du peuple, un homme encore jeune, un autre plus vieux, de véritables roughs en guenilles et qui venaient, de par la toute-puissance de la liberté anglaise, s'asseoir, pour leur argent, au milieu de ces gentlemen et de ces ladies. Quelques-unes de ces dernières laissèrent même échapper un geste de répugnance.

Une seule personne ne broncha point, c'était la femme au voile épais. Or, ces deux nouveaux venus qui avaient sans doute donné plus d'un coup de poing pour se frayer un passage à travers la foule qui encombrait les abords de Newgate, n'étaient autres que Shoking et l'homme gris. Ce dernier était venu, dans la journée précédente, vêtu en gentleman et avait loué sa fenêtre, puis il avait parcouru des yeux la liste que lui avait présentée le publican et qui contenait les noms des personnes qui avaient déjà loué des fenêtres. Un de ces noms l'avait fait tressaillir et il n'avait pu s'empêcher de murmurer : — Enfin, je vais donc la retrouver quelque part. Or donc, l'homme gris et Shoking, qui avaient eu leurs raisons sans doute pour se vêtir ainsi, venaient de faire leur apparition, au moment même où l'échafaud était dressé. Les aides de Calcraff allaient et venaient à l'entour, portant des torches, et sur la plateforme on aurait pu voir le pauvre Jefferies plus pâle encore qu'à l'ordinaire. La femme au voile s'était penchée au dehors. L'homme gris en fit autant. Tout à coup la lueur d'une torche éclaira son visage une seconde et la femme au voile étouffa un cri de surprise : alors l'homme gris s'approcha et avec une courtoisie que ses haillons semblaient vouloir démentir. — Ne serait-ce pas à miss Ellen Palmure que j'aurais l'honneur de parler?

— Silence! murmura-t-elle d'une voix émue. En voyant le prétendu rough s'approcher de cette élégante personne, les ladies et les gentlemen croyaient deviner la vérité. Le rough n'était autre qu'un excentrique gentleman empruntant au peuple anglais ses haillons pour mieux voir à son aise pendre mistress Fanoche la nourrisseuse d'enfants. Et l'homme gris et miss Ellen causèrent dès lors familièrement et personne ne fit plus attention à eux.

. . . .

XXXIII

Que disaient donc entre eux miss Ellen et l'homme gris? Dès les premiers mots, l'entretien avait pris une tournure tout à fait distinguée et même chevaleresque. Cet homme en guenilles s'était approché de la patricienne en lui disant :
— J'étais sûr, miss Ellen, de vous trouver ici. Miss Ellen eut un dernier éclair dans les yeux, puis elle tendit sa main à l'anglaise à son ennemi.
— Pouvez-vous douter fit-elle. que je vinsse à votre triomphe? — Ah! c'est juste, dit-il en souriant. — Vous êtes la cause de la mort de cette pauvre nourrisseuse d'enfants, hein? — Mon Dieu! répliqua-t-il en souriant toujours, puisque j'ai usurpé un bout du rôle de la Providence, il faut bien que je le joue en conscience. — Voyons n'a-t-elle pas mérité la mort? et toutes les innocentes créatures qu'elle a martyrisées n'ont-elles par le droit d'être vengées? — Incontestablement.

— Il y a bien longtemps que je n'ai eu l'honneur de vous rencontrer, miss Ellen. — Quinze jours au moins, cher. — Me haïssez-vous toujours? — Plus que jamais.

L'homme gris tenait toujours dans sa main la main de miss Ellen, et il lui sembla que cette main tremblait légèrement. — Ah! vraiment, fit-il, vous me haïssez ? — De toute mon âme. — Tant mieux !... l'heure approche. — L'heure où je vous aimerai? — Oui. Elle ne répondit pas ; mais quelque chose comme un soupir souleva sa poitrine. Puis comme si elle eût voulut se donner une contenance, elle regarda l'heure à sa montre.

— Nous avons sept ou huit minutes encore, dit-elle, me permettez-vous une question? — Parlez, miss Ellen. — Vous avez donc mis mon cher petit cousin en sûreté ?

— Oui certes, et je puis vous donner de ses nouvelles, il est en France, dans une pension où on l'élève et où on en fera un homme. Vous verrez, miss Ellen. Quand il en sera temps, l'Irlande aura en lui un chef digne d'elle. Il tenait toujours la main de miss Ellen et cette main continuait à trembler. — Monsieur, reprit-elle, puisque vous m'avez donné des nouvelles de Raph, pourriez-vous me dire ce que vous avez fait du révérend Peters Town!

L'homme gris tressaillit; son regard pesa sur miss Ellen comme s'il eût voulu descendre au fond de son âme, en scruter les pensées les plus secrètes et mettre sa sincérité à la torture. — Vous ne le savez donc pas! dit-il enfin, voyant que miss Ellen continuait à le regarder avec curiosité.

— Depuis le jour où vous m'êtes apparu sous le nom de M. Simouns, je ne l'ai plus revu, dit-elle. Pour la première fois, peut-être, cet homme qui savait lire au fond des cœurs, se trompa. Il crut que miss Ellen disait vrai. Miss Ellen-dit-il, j'ai enlevé le révérend comme j'avais fait de l'enfant, et cela le même soir. Je l'ai enfermé à bord de la péniche *Manning*, sous la garde d'un géant appelé Harris. Malheureusement on a eu besoin de la péniche pour transporter des chevaux en France. Alors Harris n'a pas trouvé d'autre moyen de conserver son prisonnier que d'accepter à bord le rôle de pilote. Miss Ellen paraissait écouter l'homme gris avec avidité. Celui-ci continua. — La péniche a pris le large et descendu la Tamise. A Hampsteadt, un brouillard épais couvrait le fleuve, mais ce brouillard servait les projets d'Harris. Cependant, à un certain moment, il a entendu comme le bruit de deux corps qui tombent à l'eau, et il a soupçonné qu'un des hommes de l'équipage avait délivré le révérend qui était enfermé dans la cale et que tous deux s'étaient sauvés par un sabord. Mais, comme il ne pouvait quitter la barre, il lui a été impossible de vérifier le fait. Alors il a donné suite à son projet. — Ah! il avait un projet! — Oui. Une fois en pleine mer il a dirigé la péniche sur un écueil, et elle a sombré. La brune était si épaisse que Harris, qui s'est sauvé à la nage, n'a pu savoir si ses compagnons s'étaient tous noyés. Mais nous avons tout lieu d'espérer que le révérend...

L'homme gris fut interrompu par une immense clameur de la foule. Mistress Fanoche venait d'apparaître sur l'échafaud. Elle criait et pleurait, et se débattait aux mains des aides de Calcraff.

Ce fut rapide comme l'éclair. Le bonnet noir s'enfonça sur ses yeux, la trappe joua... Mistress Fanoche se balança dans l'espace.

Alors l'homme gris entraîna miss Ellen loin de la croisée. — Eh bien! dit-il. — Oh! fit-elle avec une émotion qui le fit tressaillir, vous êtes un homme terrible... je vous hais, mais je vous admire... Et elle voulut s'esquiver au milieu de cette foule de curieux qui avait envahi la salle du public-house. Mais il la retint. — Je voudrais vous voir, dit-il, donnez-moi un rendez-vous! — Oseriez-vous donc y venir! — Oui, car vous allez m'aimer, si vous ne m'aimez déjà. — Eh bien! fit-elle, avec une voix qui tremblait d'émotion, si vous l'osez, venez dans le souterrain qui vous a servi à pénétrer une fois chez moi. — Quand! — Demain. — A quelle heure! — Minuit. — J'y serai. Et l'homme gris la salua et fit signe à Shoking de le suivre.

Le lendemain, en effet, un peu avant minuit, une barque se détacha de la rive droite de la Tamise et glissa silencieusement dans le brouillard. Deux hommes la montaient : Shoking et l'homme gris. Shoking assis à l'avant, maniait les deux avirons. Debout, à l'arrière, l'homme gris, tête nue, enveloppé dans un manteau couleur de muraille, paraissait absorbé par une rêverie profonde. La barque descendait au fil de l'eau et le brouillard était si épais que les réverbères du pont de Westminster apparaissaient, dans l'éloignement, comme des charbons couverts de cendres. Shoking soupirait de temps à autre. Tout à coup, et comme ils approchaient du pont, il dit vivement : — Maître, c'est donc bien vrai? Vous allez à ce rendez-vous?

Cette question directe arracha l'homme gris à sa contemplation. — Sans doute, dit-il. Shoking eut un nouveau soupir. — A votre place, murmura-t-il, je sais bien ce que je ferais. — Que ferais-tu? — Je n'irais pas. — Ah! et pourquoi?

— Je craindrais un piége. Un sourire passa sur les lèvres de l'homme gris, mais il ne répondit pas. Shoking ne se tint pas pour battu. — Qu'est-ce que vous voulez! dit-il, on n'est pas maître de ses pressentiments. — Ah! tu as des pressentiments? — Oui, maître. — Quels sont-ils? — J'ai l'idée que si vous allez plus loin... — Eh bien? — Il vous arrivera malheur.

L'homme gris haussa les épaules; puis il tira sa montre, et en approcha son cigare, dont il se fit un flambeau pour voir l'heure. — Minuit moins un quart, dit-il. Au lieu de bavarder, ami Shoking, fais-moi le plaisir de nager plus vigoureusement. Il ne faut pas faire attendre miss Ellen.

— Vous croyez à donc l'amour de cette vipère?
— Oui. Shoking leva les yeux aux ciel, et il eut un regard qui voulait dire : — Pardonnez-lui, mon Dieu! mais l'amour le rend aveugle. Ce n'est pas miss Ellen qui l'aime, c'est lui qui est fou.

— Hâte-toi! dit brusquement l'homme gris, comme s'il eût deviné les secrètes pensées de Shoking.

Shoking se mit alors à frapper l'eau de ses deux avirons avec une sorte de rage, et comme s'il eût eu hâte à quelque tragique dénoûment. L'homme gris était retombé dans sa rêverie. La barque rasa les murs du Parlement, passa sous la dernière arche du pont, du côté de la rive gauche, puis vint stopper à ce même endroit où elle s'était arrêtée déjà, cette nuit-là où l'homme gris avait pénétré dans l'hôtel Palmure par le souterrain. La Tamise avait grossi et l'homme gris fit cette remarque, qu'à la marée haute l'eau monterait jusqu'à l'orifice du souterrain. Shoking, désespérant d'arrêter son maître, avait saisi l'anneau de fer enfoncé dans une des pierres de la digue. Puis, au moyen d'une corde, il y avait fixé la barque de telle sorte que l'homme gris pouvait atteindre l'entrée du boyau en se haussant sur le banc où tout à l'heure il était assis avec Shoking. — Tu vas m'attendre, dit-il. — Ainsi, maître, dit Shoking, tentant un dernier effort, vous ne me croyez pas ? — Non. — Vous croyez à l'amour de miss Ellen ? — J'en serai sûr dans une heure.

Shoking leva un dernir regard vers le ciel nuageux, comme pour le prendre à témoin de la folie de son maître. — Avez-vous vos pistolets, au moins? dit-il encore. — Non. — Votre poignard. — Pas davantage. — Mais c'est de la folie ! s'écria Shoking au désespoir. — Imbécile ! dit l'homme gris, ou as-tu vu qu'on allait armé à un rendez-vous d'amour? En même temps, il saisit à deux mains la pierre qui servait d'entablement à l'orifice du souterrain, se hissa lestement dessus et dit : — Attends-moi ! Puis, Shoking le vit disparaître et se trouva seul... — Oh ! j'ai peur... j'ai peur... murmura-t-il alors.

XXXV

Shoking avait peur... Non pour lui, à cette heure, bien que nous ayons pu voir que Shoking tenait assez à la vie et n'en faisait nullement fi; mais il s'oubliait, en ce moment, pour ne songer qu'à l'homme gris. Or, cela tenait peut-être à ce que Shoking n'ayant jamais été ni beau ni riche, ne s'était pas par conséquent jamais trouvé l'enfant gâté du beau sexe, mais il ne croyait guère à l'amour et estimait que la femme n'a d'autre mission sérieuse en ce monde que de tromper l'homme du soir au matin. Et quand il fut seul dans la barque. Shoking soupira de plus belle et se dit : — Décidément, il n'y a pas d'homme complétement fort. Chacun a sa faiblesse, et mon pauvre maître, l'homme gris a la sienne. Il croit à l'amour ! Moi j'ai dans l'idée qu'il va donner tête baissée dans un piége que lui a tendu ce diable en jupons qui nous a déjà joué tant de mauvais tours... Et je n'ai plus qu'un espoir, c'est qu'une fois dans le piége, il s'en tirera.

Ceci n'était pas, au demeurant, trop mal raisonné, attendu que si Shoking croyait au piége, il n'abandonnait pas sa foi robuste dans les ressources prodigieuses de l'homme gris. Il y avait bien un quart d'heure que celui-ci était entré dans le souterrain. Les suppositions les plus épouvantables s'étaient tout à coup présentées à l'esprit troublé de Shoking. D'abord il avait cru qu'on allait assassiner l'homme gris, et qu'il entendrait ses cris d'agonie ; puis il s'était imaginé que le souterrain était plein de barils poudre et qu'on allait le faire sauter, puis encore une foule d'autres dénoûments tragiques. Mais rien de tout cela n'arrivait, et le plus grand calme paraissait régner dans le souterrain. Cependant tout à coup, un bruit frappa l'oreille inquiète de Shoking. Ce bruit ne venait pas du souterrain, mais bien du milieu de la Tamise, et c'était un bruit d'avirons frappant l'eau avec une cadence et une régularité parfaite. Shoking se dit : — Ce sont des mariniers ou des pêcheurs, ou peut-être même des agents de police du bateau le *Royalist*. Tenons-nous tranquille, ils ne me verront pas. Le bruit cependant, devenait plus distinct et la barque paraissait approcher de plus en plus, viendrait raser la berge au point de se trouver bord à bord avec celle de Shoking.

Cependant elle se rapprochait de minute en minute. Shoking ne la voyait pas encore, mais il entendait un murmure confus de voix se mêler au bruit des avirons. Enfin, tout à coup, elle déchira le brouillard et apparut aux yeux de Shoking. Alors celui-ci se coucha à plat ventre dans le canot. Mais la barque gouvernait droit sur lui. Une vague inquiétude s'empara alors de Shoking. Il y avait trois hommes dedans : un qui se tenait debout à l'arrière; deux autres qui nageaient. La nuit était noire, on le sait; mais si Shoking ne pouvait voir le visage de ces trois hommes, il entendit tout à coup une voix qui le fit tressaillir. Cette voix, il l'avait entendue déjà; et cependant, il ne pouvait dire encore quel était l'homme à qui elle appartenait. — Oui, disait-elle, c'est pour demain matin.

— Ça va bien à Newgate, répondit une autre voix, celle du second batelier sans doute, mais qui était tout à fait inconnue à Shoking. — Hier, on a pendu la nourrisseuse. Demain... — Demain, reprit la première voix, ce sera le tour de ce pauvre John.

26.

Cette fois, un souvenir traverse le cerveau de Shoking. Il savait enfin quelle était cette voix. C'était la voix de Nichols. Et la barque avançait toujours, et l'épouvante s'empara de Shoking, qui n'osait bouger et se disait : — S'ils me reconnaissent, je suis perdu!

En effet, en ce moment-là, Shoking se repentait amèrement d'avoir quitté cette bonne peau noire dans laquelle l'homme gris l'avait fait entrer. Tout à coup Nichols et son compagnon donnèrent un dernier coup d'aviron et la barque vint heurter le canot de Shoking, qui se redressa éperdu, tant la secousse avait été violente!...

XXXVI

En se redressant, Shoking avait obéi à une inspiration. Oubliant l'homme gris pour ne songer qu'à sa propre conservation, il avait voulu se jeter à l'eau et se sauver à la nage. Cela eût été facile peut-être, en admettant que la barque de Nichols eût heurté la sienne par hasard. Il était évident qu'alors Shoking avait le temps de se précipiter dans la rivière avant qu'on l'eut reconnu. Mais, hélas! le hasard n'était pour rien dans cette rencontre, comme on le va voir. A peine Shoking était-il debout que Nichols sauta dans le canot et prit le malheureux à la gorge. Shoking jeta un cri et voulut se débattre. — Me reconnais-tu, dit Nichols!

Shoking se débattit encore; mais alors, l'homme qui se tenait debout dans la barque, dit d'une voix impérieuse : — Garrottez-moi ce drôle... Et Shoking reconnut la voix du révérend Peters Town, comme il avait reconnu celle de Nichols. — S'il crie, tue-le! dit encore le prêtre. — Les morts reviennent, pensa Shoking, dont les cheveux se hérissaient.

— Tu es cause de la mort de John qu'on va pendre demain matin, dit Nichols, mais tu auras ton compte tout à l'heure. — Grâce! balbutia Shoking. — Vous ferez de ce garçon ce que vous voudrez plus tard, dit le révérend. Pour le moment, contentez-vous de le réduire à l'impuissance.

Nichols était assisté d'un solide gaillard. Tous deux se jetèrent sur Shoking, le renversèrent, et en un tour de main il fut garrotté et on lui mit un mouchoir dans la bouche pour l'empêcher de crier. — Maintenant, dit le révérend, poussez votre barque jusque sous l'escalier du pont de Westminster. On m'attend chez lord Palmure. Nichols et son compagnon repassèrent dans la barque, laissant Shoking dans le canot. Bien qu'il fût réduit à une impuissance complète, Shoking reprit courage en les voyant s'éloigner. Un moment même il espéra que l'homme gris reviendrait assez à temps pour le délivrer. Mais son espérance fut encore déçue. En trois coups d'aviron la barque de Nichols alla heurter la première marche de l'escalier du pont de Westminster. Alors le révérend quitta la barque, et la Tamise, portant sa voix comme un écho, Shoking l'entendit qui disait : — Vous savez ce que vous avez à faire à présent? — Oui, Votre Honneur, répondit Nichols.

Shoking, qui était parvenu à soulever sa tête jusqu'au niveau du bordage de son canot, vit alors le révérend mettre le pied sur l'escalier et monter rapidement, tandis que la barque virait de bord et revenait en droite ligne sur le canot. — Ah! pensait Shoking éperdu, c'est pourtant le maître qui l'a voulu. Du moment où le révérend n'est pas noyé, et où on l'attend chez lord Palmure, c'est que l'homme gris est tombé dans un piége. Il est perdu, et moi aussi. Nichols revint et son compagnon et lui passèrent de nouveau dans le canot. Seulement, ils avaient chacun à la main un instrument dont Shoking ne put tout d'abord définir la nature et la destination, mais qui ressemblait à un énorme bâton. — Ah! ah! mon camarade, ricana Nichols, tu as voulu nous jouer des tours, au révérend Peters Town et à moi. Eh bien! tu verras tout à l'heure, ce qu'il en coûte.

En même temps, il brandit l'instrument qu'il avait à la main et Shoking entendit un bruit sourd. Cet instrument, qui n'était autre qu'un pieu en fer venait de heurter la pierre qui servait d'entablement à l'orifice du souterrain. — A la besogne! répéta le compagnon de Nichols. Et tous deux se mirent à attaquer vigoureusement les pierres de la digue. Alors Shoking domina sa propre épouvante pour ne plus songer qu'au maître. Il avait compris!...

Nichols et l'homme qui était avec lui attaquaient la digue de façon à élargir la brèche du souterrain jusqu'au-dessous du niveau de l'eau; et l'eau se précipiterait alors dans le souterrain... Et l'homme gris serait noyé!... Et l'âme de Shoking s'éleva tout à coup jusqu'aux attitudes de la prière, et et ses lèvres murmurèrent : — Mon Dieu! mon Dieu! vous qui protégez l'Irlande, ne nous sauverez-vous donc point?

Mais Nichols et son compagnon continuaient leur besogne; les pierres se détachaient une à une, et tout à coup le canot dans lequel Shoking était couché fut pris et agité comme par un tourbillon. La Tamise se précipitait en bouillonnant dans le boyau souterrain, où l'homme gris était allé follement à un rendez-vous d'amour...

XXXVII

Suivons maintenant l'homme gris que Shoking avait en vain essayé de retenir. L'homme gris, sans armes, ayant même laissé son manteau dans le canot était résolûment entré dans ce souterrain qui passait sous une partie de Belgrave square et aboutissait à l'hôtel Palmure. Si on se souvient de la promenade nocturne que miss Ellen, son père et Paddy, qui portait un flambeau, avaient faite quelques jours auparavant, on se rappellera la conformation exacte du souterrain. Si on le suivait en partant du côté de la rivière, on trouvait un plan incliné qui montait légèrement jusqu'à cette salle ronde dans laquelle descendait, comme un puisard, l'escalier qui prenait naissance derrière le mur du cabinet de lord Palmure. Cette salle ronde, entièrement taillée dans le roc et la pierre, avait dû, comme lord Palmure, l'avait expliqué à sa fille, servir de lieu de réunion aux partisans du roi Charles Ier, alors qu'ils travaillaient à le sauver. Il s'y trouvait trois issues: l'une, qui était la continuation du souterrain jusqu'à la Tamise, l'autre, qui menait à l'escalier, et une troisième, qui avait été murée, mais dont on apercevait parfaitement encore l'ouverture par les joints des pierres rapportées en forme de cintre. L'homme gris fit d'abord quelques pas dans les ténèbres; puis, comme il avançait toujours, un rayon de lumière le frappa au visage.

Le souterrain, on s'en souvient sans doute, décrivait une courbe légère tout en montant, et cela expliquait pourquoi l'homme gris avait d'abord marché dans l'obscurité. — Elle m'attend ! se dit-il. Et il doubla le pas. A mesure qu'elle avançait, la lumière devenait plus vive, mais elle était sans rayons; on eût dit la clarté de la lune par une belle nuit d'été, sur les collines de quelque pays méridional. L'homme gris avançait toujours. Tout à coup, il s'arrêta, un peu étonné, et comme ébloui. Il était au seuil de la salle ronde; mais de la salle ronde métamorphosée par la baguette de quelque fée invisible. Ce n'était plus un souterrain, c'était un boudoir. Un boudoir éclairé par une lampe à globe dépoli, tendu d'étoffes de soie aux couleurs harmonieuses, jonché d'un épais tapis, garni de meubles élégants. Miss Ellen avait, en une nuit et une journée, converti ce lieu mystérieux en une petite salle au demi-jour voluptueux, et telle que l'homme le plus épris aurait pu la rêver pour y recevoir son idole. Un sourire lui vint aux lèvres, et il entra dans le boudoir improvisé. — J'arrive le premier, se dit-il. En effet, la salle était vide encore. Mais l'homme gris avait fait quelques pas à peine, que miss Ellen parut. Elle avait mis une robe de velours noir qui rehaussait encore l'éclat de ses épaules blanches et de ses bras nus. Sa luxuriante chevelure dénouée retombait en boucles confuses des deux côtés de son col de cygne. Elle vint à l'homme gris et lui dit en lui tendant la main : — C'est bien. Vous êtes exact. Et elle se pelotonna comme une belle tigresse au fond d'une ottomane, lui indiqua un siége auprès d'elle, et dit encore : — M'aimez-vous toujours, monsieur. — Comme vous m'aimez, répondit-il. Et il se mit à genoux devant elle et se mit à lui parler cette langue éloquente et séductrice de la passion, qu'on ne parle que de l'autre côté du détroit, c'est-à-dire en France et en Italie, et que les Anglais ignoreront toujours. Mais soudain, miss Ellen l'interrompit par un éclat de rire. — Oh! fou que vous êtes! dit-elle. Il se releva lentement, mais sans surprise. — En vérité! dit-il, vous trouvez que je suis fou? — Oui, fou et niais.

— Vraiment? et pourquoi? — Mais parce que, fit-elle d'une voix qui devint sifflante et moqueuse, tandis qu'un regard plein de haine jaillissait de ses yeux, parce que vous avez pu croire un seul instant que je vous aimerais... — Je le crois encore, dit-il. Et il lui prit la main et y posa ses lèvres. Miss Ellen avait maintenant un rire de damnée : — Savez-vous, fit-elle, que vous êtes tombé dans un piége? — Ah! dit-il. — Un piége d'où l'Irlande entière ne saurait vous tirer. Je vous ai pourtant prévenu, dit-elle encore, je vous ai dit hier : prenez garde! oserez-vous donc venir? — C'est vrai, dit froidement l'homme gris, et je suis venu.

Elle montra du doigt la porte de l'escalier. — Tenez, dit-elle, la maison de mon père et cet escalier sont pleins de policemen et de soldats. — En vérité! fit-il avec calme. — Et peut-être, continua-t-elle, pensez-vous qu'il vous sera facile de vous en aller par là... Et elle désignait l'entrée du souterrain qui descendait à la Tamise. L'homme gris ne répondit pas. En ce moment on entendit un bruit sourd qui ressemblait au roulement lointain du tonnerre. — Entendez-vous ce bruit dit encore miss Ellen. — Oui, dit l'homme gris, c'est le fleuve qui entre dans le souterrain et qui va monter lentement jusqu'ici, de telle sorte qu'il me reste à choisir : ou me noyer, ou me livrer aux policemen... — Ah! vous savez cela? dit-elle avec un rire de démon... — Je le sais depuis ce matin. — Et vous êtes venu? — Vous le voyez. — Mais vous êtes fou! — Non, car vous me haïssiez ce matin, il y a une heure, tout à l'heure encore, dit-il froidement; et maintenant que je suis perdu, vous allez m'aimer! Et il courba soudain miss Ellen sous la flamme magnétique de son regard. Le bruit sourd augmentait et la Tamise montait toujours...

XXXIII

Que se passa-t-il alors? Ceux-là seuls qui comprennent ce pouvoir mystérieux qu'on appelle le magnétisme, pourraient le dire. Cela dura-t-il une minute, une heure ou un siècle? Nul ne le sut. Mais tout à coup miss Ellen, vaincue, palpitante comme la colombe sous la serre de l'épervier, miss Ellen se jeta aux genoux de l'homme gris. — Ah! dit-elle, pardonne-moi... pardonne-moi... car je t'aime!... Et elle disait vrai cette fois, car, tout à coup elle se releva et se suspendit brusquement à son cou. — Mon Dieu! dit-elle, mais il faut fuir... il le faut... sans cela... tu serais perdu... Ah! mais il en est temps encore... Et elle riait et pleurait en même temps. Et elle répétait : — Fuis... mais, fuis ! mon bien-aimé... ou plutôt non, fuyons ensemble.. emmène-moi... je te suivrai au bout du monde... Et elle l'entraînait vers le souterrain ; et souriant, impassible, il la laissait faire et disait : — Je savais bien que tu finirais par m'aimer...

Tout à coup, elle recula et poussa un cri. L'eau montait, écumante, terrible, amenant la mort avec elle. — Trop tard ! s'écria miss Ellen. —Trop tard, dit l'homme gris, souriant toujours. Elle courut à cette porte qui avait été murée : — Ah ! dit-elle, tu es fort, tu es habile, tu vas enfoncer cette porte.. Tu l'enfonceras, n'est-ce pas ? Je ne sais pas où elle mène... mais qu'importe ! Et elle s'était ruée sur la porte murée et y ensanglantait ses ongles. — C'est de la pierre, dit l'homme gris, impossible ! Et son front n'avait rien perdu de sa sérénité. Miss Ellen haletait, son front était ruisselant, son visage baigné de larmes, ses yeux lançaient des éclairs... — Je savais bien que tu m'aimerais, dit encore l'homme gris, que cette pensée paraissait préoccuper uniquement.

La Tamise montait toujours, et le flot vint soudain leur mouiller les pieds, les forçant de se réfugier vers l'endroit le plus élevé de la salle ronde, qui était en même temps l'entrée de cet escalier qui montait chez lord Palmure. Alors miss Ellen fut prise d'un véritable désespoir; puis, comme elle se tordait les mains, une inspiration lui vint :

— Ah! dit-elle, tu es assez brave, tu es assez fort, n'est-ce pas, pour passer sur le corps de trente misérables policemen? Prends tes pistolets, prends ton poignard... — Je n'ai pas d'armes, dit-il simplement. — Pas d'armes! s'écria-t-elle, tu n'as pas d'armes? — Non. Et il lui répéta ce qu'il avait déjà dit à Shoking : — « Vient-on avec des armes à un rendez-vous d'amour? »

Alors folle, désespérée, semblable à une tigresse qui fait à ses petits un rempart de son corps, elle se plaça devant lui, enlaçant son cou de ses deux bras, se cramponnant à lui avec furie : — Ils ne t'auront qu'après m'avoir tuée! dit-elle. Et comme elle parlait ainsi, un bruit se fit entendre dans l'escalier, et le révérend Peters Town apparut sur la dernière marche, précédant les policemen.

— Arrêtez cet homme! ordonna-t-il

Miss Ellen obéit à une dernière inspiration; elle tenta de séduire le cœur endurci de ce prêtre. — Laissez-nous passer, dit-elle. Arrière! laissez-nous passer... au nom de Dieu... au nom de tout ce que vous avez de plus cher... grâce! grâce! je l'aime!... Elle continuait à le masquer de son corps, le couvrant de larmes et de baisers..

Si elle avait eu un poignard, elle se fût ruée sur le révérend Peters Town et l'eût assassiné... Mais, comme l'homme gris, elle était sans armes. Et le révérend s'écria : — Miss Ellen, il y a longtemps que j'ai prévu ce qui m'arrive aujourd'hui. Mais, je ne suis pas une femme, moi, j'ai l'âme virile, et je ne fais pas grâce à mes ennemis...— Qu'on arrête cet homme !

Et, à ce dernier ordre donné d'une voix impérieuse, les policemen s'avancèrent vers l'homme gris et lui mirent la main sur l'épaule. — Je suis prêt à vous suivre, répondit-il. Il soutenait dans ses bras miss Ellen, éperdue et défaillante, et il attacha sur le révérend Peters Town un regard de défi. — Elle vient de me perdre, dit-il, mais elle me sauvera un jour !

. . . .

FIN DU QUATRIÈME VOLUME

www.ingramcontent.com/pod-product-compliance
Lightning Source LLC
Chambersburg PA
CBHW072112220426
43664CB00013B/2090